STORYTELLING

APRENDA A CONTAR
HISTÓRIAS COM
STEVE JOBS,
PAPA FRANCISCO,
CHURCHILL
E OUTRAS LENDAS
DA LIDERANÇA

CARMINE GALLO

STORYTELLING

APRENDA A CONTAR HISTÓRIAS COM STEVE JOBS, PAPA FRANCISCO, CHURCHILL E OUTRAS LENDAS DA LIDERANÇA

ALTA BOOKS
EDITORA
Rio de Janeiro, 2019

Storytelling: Aprenda a contar histórias com Steve Jobs, Papa Francisco, Churchill e outras lendas da liderança

Editora-chefe: Adriana Salles Gomes
Publisher: Lindsay Gois
Tradução: Bruno Scartozzoni
Preparação de texto: Alexandra Delfino de Sousa
Revisão: Cristina Fernandes, Marcia Menin e Lindsay Gois
Diagramação: Carlos Borges Jr.
Capa: Debs Bianchi | Biancheria, Pedro Ursini e Hermes Ursini
Ilustração capa – Steve Jobs: Andrew | Noun Project
Produção Editorial - HSM Editora - CNPJ: 01.619.385/0001-32

Erratas e arquivos de apoio: No site da editora relatamos, com a devida correção, qualquer erro encontrado em nossos livros, bem como disponibilizamos arquivos de apoio se aplicáveis à obra em questão.

Acesse o site www.altabooks.com.br e procure pelo título do livro desejado para ter acesso às erratas, aos arquivos de apoio e/ou a outros conteúdos aplicáveis à obra.

Suporte Técnico: A obra é comercializada na forma em que está, sem direito a suporte técnico ou orientação pessoal/exclusiva ao leitor.

1ª edição

Dados Internacionais de Catalogação na Publicação (CIP)
Andreia de Almeida CRB-8/7889

Gallo, Carmine
Storytelling: aprenda a contar histórias com Steve Jobs, Papa Francisco, Churchill e outras lendas da liderança / Carmine Gallo ; tradução de Bruno Scartozzoni. — Rio de Janeiro : Alta Books, 2019.
344 p.

Bibliografia
ISBN: 978-85-508-1025-6

1. Apresentações empresariais 2. Comunicação empresarial 3. Sucesso nos negócios 4. Comunicação na administração 5. Comunicação nas organizações I. Título II. Scartozzoni, Bruno

17-0699 CDD 658.452

Índices para catálogo sistemático:

1. Apresentações empresariais

ALTA BOOKS EDITORA

Rua Viúva Cláudio, 291 — Bairro Industrial do Jacaré
CEP: 20.970-031 — Rio de Janeiro (RJ)
Tels.: (21) 3278-8069 / 3278-8419
www.altabooks.com.br — altabooks@altabooks.com.br
www.facebook.com/altabooks — www.instagram.com/altabooks

Dedicado

a Vanessa,

por acreditar em nós.

PREFÁCIO ESPECIAL
para a edição brasileira

Você já teve a honra de escrever um prefácio alguma vez na vida? Isso, você mesmo, caro leitor. É com você que eu estou falando. Faço essa pergunta retórica, neste diálogo de uma via só, para que você entenda o desafio que tenho nas mãos.

Um prefácio parece ser algo fácil, por um lado. Certamente é mais fácil do que escrever um livro. Por outro lado, é uma grande responsabilidade. Para a maioria das pessoas, será o primeiro contato feito com uma obra escrita por um terceiro.

É como aquele amigo que convida você para uma festa, mas, quando você chega lá com salgadinhos e cervejas, ele teve de dar uma saída, e aí sobra para o amigo do amigo, geralmente um desconhecido, lhe apresentar a casa e as pessoas.

Antes de sentar e abrir o arquivo para escrever o texto, resolvi fazer uma enquete no Facebook sobre o tipo de prefácio que as pessoas gostariam de ler. Tive várias respostas, inclusive algumas bastante contraditórias. Tem gente que odeia prefácios, tem gente que espera ser envolvido por uma boa história. Tem gente que prefere algo direto e curto, tem gente que não se importa com o tamanho desde que o texto seja bom. Em outras palavras, isso não me ajudou muito. E ainda, como bônus, algumas pessoas fizeram um comentário que me deixou um pouco preocupado. Algo assim: "Espero que o prefácio me conte alguma curiosidade sobre o autor ou os bastidores do livro".

Bom, a verdade é que não conheço Carmine Gallo pessoalmente e também não tenho nenhuma história de bastidores para contar. Trocamos algumas mensagens por LinkedIn, e ele parece ser um cara muito legal. O livro certamente é bom. Mas tudo o que eu tenho para dizer do autor você provavelmente já sabe. Gallo é um grande especialista em storytelling para o mundo corporativo e escreveu outros livros sobre assuntos correlatos.

Se você é do tipo que curte prefácios curtos, pode parar por aqui. Juro que não ficarei ofendido.

Para quem chegou até esta linha, vou falar dos bastidores da edição brasileira.

Meses atrás, a HSM Publishing me convidou para o desafio de traduzir e comentar um dos livros sobre storytelling mais vendidos nos Estados Unidos – este mesmo que está em suas mãos agora.

Talvez você não me conheça, mas fui uma das primeiras pessoas a trazer essa técnica para o mundo corporativo brasileiro, cerca de dez anos atrás. De lá para cá, prestei consultoria para organizações de todos os portes e segmentos e também ministrei cursos sobre o tema em praticamente todos os estados. Enfim, nada melhor do que alguém que vive de storytelling para traduzir um livro sobre storytelling.

Então conversei com minhas editoras (Adriana e Lindsay, um beijo para vocês!) e acertamos detalhes de como seriam minhas "intervenções". Só que aí eu comecei a traduzir o livro e, bem, fui me inspirando em cada ensinamento. Cada capítulo gerava uma nova ideia para clientes e alunos. Até que, em determinado ponto, senti que deveria propor algo diferente também para o próprio livro.

Ora, o storytelling no mundo corporativo é sobre as empresas se reconectarem com as emoções humanas, é sobre a busca por maior legitimidade, é sobre olhar nos olhos do seu cliente ou funcionário, envolvendo-o como se vocês estivessem em uma mesa de bar (a bebida alcoólica é opcional).

O autor deste livro, Carmine Gallo, é o tipo de pessoa que faz isso a cada parágrafo. O tempo todo. Você vai ver. Por isso mesmo senti a necessidade de dar um passo além, e foi aí que sugeri fazermos um livro com videocomentários.

Isso mesmo, este livro é dividido em cinco partes e, ao final de cada uma, você encontrará um QR CODE que o levará até um vídeo no qual eu comento aquele trecho, trazendo um pouco da minha experiência no nosso mercado. É como se eu, você e o autor deste livro estivéssemos em uma mesa de bar, mas no caso só eu consigo falar.

Posso até não conhecer Carmine Gallo, porém certamente fui tocado por suas provocações. A versão brasileira deste livro é um resultado direto disso. E aqui tomarei a liberdade de falar não só por mim, como também pelo autor.

Esperamos que você também se sinta inspirado.

Boas histórias!

Bruno Scartozzoni
Especialista em storytelling, palestrante e professor convidado da
Escola de Comunicações e Artes da USP

PREFÁCIO
Sua história é minha paixão

Eu estava deitado de costas.

Tinha dormido sobre uma camada de gelo do lado de fora de meu apartamento de 46 metros quadrados, no oeste de Wisconsin. O termômetro havia chegado a –17ºC naquela manhã – muitos graus mais frio, se for levada em conta a sensação provocada pelo vento. Eu vestia meu único e caríssimo terno, feito na Itália, que havia orgulhosamente comprado em San Francisco alguns dias antes de pegar meu carro e dirigir 3 mil quilômetros para começar em meu primeiro emprego na televisão, como âncora do noticiário matutino.

Enquanto eu permanecia deitado na calçada naquela manhã gelada, olhando para um conjunto de apartamentos decadente na pior parte da cidade, muitas dúvidas passaram por minha mente: "Tomei a decisão correta em largar a faculdade de direito – a escolha "segura" – para perseguir minha paixão, uma carreira em jornalismo? Ficaria preso em um salário de US$ 15 mil ao ano pelo resto de minha carreira? Meu pai, que chegou a estas terras depois da Segunda Guerra Mundial como imigrante italiano com US$ 20 no bolso, teria orgulho de minha decisão? Ou o ex-prisioneiro de guerra sentiria que seu filho tinha desperdiçado uma chance de fazer a América?".

Eu não tinha resposta a todas essas questões naquele momento, mas cheguei a duas conclusões. A primeira: é melhor comprar ternos em promoções "leve dois, pague um", preferencialmente com desconto, se você quase não consegue pagar seu aluguel de US$ 400 por mês. A segunda: seguir minha paixão seria muito, muito duro, bem mais do que o gelo que eu tinha acabado de rachar com minha cabeça. E, assim, me levantei, peguei meus papéis, agora grudados no chão congelado, tirei a neve de meu terno e continuei a caminhar para o trabalho. Eu não estava preparado para o inverno de Wisconsin, mas estava preparado para enfrentar qualquer obstáculo que surgisse. Afinal, você não escolhe sua paixão; ela o escolhe.

Vinte e cinco anos depois, eu me peguei fazendo a mesma pergunta novamente: "Por que estou aqui?". Em maio de 2014, fui convidado para palestrar no Khosla Ventures Summit, encontro exclusivo de empreendedores e CEOs que aconteceu em um resort aos pés da ponte Golden Gate, no condado de Marin. Vinod Khosla, investidor de risco e bilionário, tinha me convidado pessoalmente, porém, a princípio, não consegui entender o motivo. Entre os outros palestrantes estavam Bill Gates, Sergey Brin e Larry Page, fundadores do Google, Marc Benioff, CEO da Salesforce, Condoleezza Rice, ex-secretária de Estado dos EUA, e Tony Blair, ex-primeiro-ministro britânico. Durante o elegante jantar na primeira noite da conferência, eu me sentia como a única pessoa na sala que precisava de uma apresentação, então comecei a questionar meu papel no evento: "Eu não sou bilionário. Não erradiquei a varíola, nem governei um país. Por que estou aqui?".

Khosla, no entanto, me deixou mais confortável quando subi ao palco. Ele disse aos empreendedores na plateia: "Vocês são todos brilhantes, por isso invisto em vocês, mas muitos não conseguem contar uma história emocional, e é por essa razão que convidei Carmine Gallo para falar".

Apesar de mais confortável, fiquei assustado ao observar a sala e perceber que cada um dos presentes já era um storyteller. De fato, eu havia escrito sobre os mais famosos deles e seus estilos de comunicação. Contudo, os jovens empreendedores na plateia também eram storytellers, alguns melhores do que outros, mas todos tinham tido de aprender a contar uma história, porque, em algum momento, sentiram a esperança de mudar o mundo com suas ideias. Na verdade, aqueles que se destacaram sabiam intuitivamente o que os neurocientistas e pesquisadores estão começando a entender: uma história emocional e vívida é muito mais persuasiva do que montes de dados em 85 slides de PowerPoint. Alguém pode ter uma grande ideia, mas, se não inspirar outras pessoas a comprar essa ideia, ela não terá importância.

O que me deixou ainda mais assustado enquanto interagia com aquele grupo foi a intensidade com que os empreendedores de sucesso e autoridades – indivíduos que, de muitas maneiras, já eram mestres da comunicação, muitos parecendo ser storytellers natos – ansiavam por aprender mais sobre a mais elementar – e crucial – arte da apresentação de si mesmo, de ideias e de negócios. Eles tinham percebido o imenso potencial que existe mesmo em pequenas melhorias.

Nessa época do evento do Khosla, fiquei pensando sobre o tema de meu próximo livro. Eu estava no circuito de palestras de promoção de *TED – Falar, Convencer, Emocionar*, sobre os segredos das apresentações dos maiores pensadores e empreendedores do mundo. Conforme eu rodava o país divulgando o livro, não importava quem era o público ou onde eu estava falando, sempre encontrava aquele capítulo que ressoava mais forte: como os melhores palestrantes do TED dominam a arte do storytelling, como as grandes histórias parecem ser o fundamento de todos os grandes comunicadores. Conforme eu me envolvia para lá e para cá com minhas plateias, percebia, como nunca antes havia notado, que o storytelling tinha sido tão importante não só para a palestra perfeita como também para a grande missão de trazer à tona o potencial de alguém.

E não era só enquanto eu promovia meu livro; percebi o assunto do storytelling surgindo em uma série de outros contextos. Quando entrevistei o famoso investidor de risco Ben Horowitz, ele observou que, entre os empreendedores, "storytelling é a habilidade mais desprezada". Richard Branson escreveu em seu blog um post intitulado "The art of storytelling can drive change" [A arte do storytelling pode promover a mudança]. Em um voo, sentei-me ao lado de um vendedor da Salesforce, que disse: "Temos uma nova maneira de captar testemunhos de clientes em vídeo, mas estamos com dificuldade para contar histórias com isso". Em outro voo, dessa vez para Paris, encontrei um profissional de vendas da gigante mundial de tecnologia, a SAP. Ele revelou: "Minha empresa acabou de contratar uma nova gerente de marketing. O cargo dela é 'storyteller-chefe'. Enquanto a companhia está simplificando sua história no nível macro, tenho dificuldade de simplificar minha história no PowerPoint. Disseram que nenhuma apresentação deve durar mais do que 18 minutos, como no TED".

Conseguir um storytelling eficiente e breve é um desafio significativo para muitos. Em outra viagem, eu me reuni com os principais executivos de uma empresa mundial de energia, e eles me contaram sobre a mais recente ordem de seu CEO: novas apresentações de negócios não poderiam ter mais do que dez slides. "Como contamos nossa história em dez slides?", questionou ele. Na mesma ocasião, outro executivo me perguntou: "Tenho uma reunião com o primeiro-ministro do Vietnã na próxima semana. Como posso contar para ele, em 20 minutos, a história de quem somos, por que fazemos o que fazemos e por que o país deveria ser nosso parceiro e não de nossos concorrentes?". Estive com líderes das maiores organizações do mundo e jovens empreendedores que preparavam o discurso de sua vida para o programa *Shark Tank*, da rede ABC. Eles queriam saber: "Como posso contar a história de minha ideia?".

Todos nós somos storytellers. Não nos chamamos assim, mas é o que fazemos todos os dias. Embora compartilhemos histórias há milhares de anos, as habilidades necessárias para ter sucesso na Era Industrial eram muito diferentes das requeridas atualmente. A capacidade de vender ideias na forma de histórias é hoje mais importante do que nunca. As ideias são a moeda do século 21. Na Era da Informação, na economia do conhecimento, você é tão valioso quanto suas ideias. Uma história constitui o meio pelo qual você transfere essas ideias para os outros, e empacotá-las com emoção, contexto e relevância é a habilidade que o tornará mais valioso na próxima década.

Storytelling é o ato de enquadrar uma ideia em uma narrativa que informa, esclarece e inspira. Este livro é sobre as histórias que você conta para crescer na carreira, construir uma empresa, vender uma ideia e tirar seus sonhos da imaginação para a realidade.

Quando você oferece seu produto ou serviço para um novo cliente, está contando uma história. Quando instrui uma equipe ou educa uma classe, está contando uma história. Quando elabora uma apresentação de PowerPoint para sua próxima reunião de vendas, está contando uma história. Quando participa de uma entrevista de emprego e o recrutador lhe pergunta sobre suas experiências anteriores, está contando uma história. Quando escreve um e-mail, cria um post para um blog ou para o Facebook ou grava um vídeo para o canal do YouTube da empresa, está contando uma história. No entanto, existe uma diferença entre uma história, uma boa história e uma história transformadora, que constrói confiança, alavanca as vendas e inspira as pessoas a ter sonhos maiores.

Nestas páginas, apresento a você alguns dos maiores storytellers corporativos de nosso tempo: Richard Branson, Howard Schultz, Tony Fadell, Sheryl Sandberg, Joel Osteen, Herb Kelleher, Gary Vaynerchuk, Mark Burnett, Oprah Winfrey, Warren Buffett, Steve Wynn, Tony Robbins, Steve Jobs e outros cujo nome pode soar menos familiar, mas que transformaram em líderes em suas áreas graças à habilidade de contar histórias transformadoras. Vários deles deram palestras no TED que se tornaram virais, não pelos dados que apontaram, e sim pelas histórias que contaram. As ideias que pegam são embrulhadas em uma história.

Entrevistei pessoalmente muitos dos storytellers deste livro. Todos dominavam a arte e a ciência do storytelling para inspirar, motivar e, por fim, convencer as pessoas a tomar a linha de ação desejada. Entretanto, compartilhavam outro traço comum: enfrentaram adversidades e desejavam dividir as lições que aprenderam.

Uma das grandes descobertas deste livro é o fato de que a maioria dos grandes storytellers teve dificuldades na vida e conseguiu transformá-las em vitórias. Seus fracassos os tornam mais interessantes porque, como você verá, somos naturalmente ávidos por histórias de superação.

As dificuldades são parte da natureza, motivo pelo qual é quase impossível ignorar as histórias de adversidades. Pérolas, diamantes e vinhos mundialmente premiados representam conquistas da natureza diante de adversidades. Formam-se pérolas enquanto uma ostra se protege de irritantes grãos de areia. Formam-se diamantes sob a pressão esmagadora e calor intenso do manto da Terra. E as melhores uvas vêm de montanhas íngremes ou solos rochosos que tensionam as raízes e produzem frutas que explodem de sabor; elas têm mais "personalidade". Gostamos especialmente de histórias com um diamante no final, uma resolução satisfatória para a dificuldade. Líderes inspiradores com frequência contam histórias de adversidades para criar uma ligação emocional com seu público. Abrace sua história, porque é disso que se fazem as lendas e os legados.

O storytelling não é algo que nós fazemos.

O storytelling é o que somos.

SUMÁRIO

INTRODUÇÃO

RICHARD BRANSON

DOPAMINA E O POVO DO KALAHARI

"A arte do storytelling pode promover a mudança." – Richard Branson

Em uma pequena mancha de terra nas Ilhas Virgens, um grupo de ambiciosos empreendedores compartilha seu espaço com alguns habitantes: flamingos, uma tartaruga-de-patas-vermelhas e 35 lêmures de Madagascar. "Existem apenas 200 lêmures restantes no mundo", explica Sir Richard Branson, enquanto um deles tenta pular de uma árvore para outra. "E, se ele não conseguir, haverá apenas 199", brinca.

Enquanto as espécies raras de animais são um presente para contemplar, os empreendedores esperam por um presente financeiro de Branson, o dono da ilha. O fundador do Virgin Group é proprietário de cerca de 30 hectares desse exuberante paraíso tropical chamado Ilha Necker. É sua casa e seu esconderijo. Nesse dia, é também o cenário de uma das mais atípicas competições de vendas que o mundo já viu. Os finalistas – alguns dos quais eu treinei para contar a história de seus produtos de modo mais eficiente – estão aqui para vender suas ideias a Richard Branson.

Bill Tai, investidor de risco de carreira e patrocinador da competição, tem investido em empresas desde 1991. Ele já viu várias ondas de tecnologia no Vale do Silício e acredita que agora, mais do que nunca, a habilidade de comunicar ideias de maneira simples e clara e contar histórias envolventes é crucial para quem quer se destacar no mercado de ideias. Profissionais de tecnologia e cientistas não falam mais somente com seus pares. Se não conseguem explicar os benefícios de seus produtos para os clientes, suas ideias não pegam. Eles precisam traduzir a linguagem dos bits e bytes em uma história que qualquer um entenda. Tai encontrou espírito semelhante em Richard Branson, que acredita fortemente na arte do storytelling para promover a mudança. "Contar uma história é uma das melhores maneiras que temos para o surgimento de novas ideias e ainda aprender sobre cada um de nós e o mundo",[1] diz Branson. Ele intuitivamente sabe o que os neurocientistas estão confirmando em laboratório: nosso cérebro é naturalmente feito para histórias.

Para entender a crença de Branson de que o storytelling pode causar impacto positivo no futuro, precisamos olhar para o passado. Um milhão de anos atrás, os humanos obtiveram o controle de um elemento que foi fundamental para a sobrevivência da espécie. O elemento explica por que alguns discursos falham miseravelmente, enquanto outros resultam em sucesso no lançamento de uma marca. Ele explica por que muitas ideias falham em engrenar, enquanto outras ativam movimentos globais. Ele explica por que muitos líderes falham em inspirar suas equipes, enquanto outros convencem pessoas a atravessar as paredes. O elemento é o fogo.

A LUZ DO FOGO E O POVO DO KALAHARI

Os antropólogos consideram o fogo a faísca que despertou a evolução humana. Isso faz sentido, porque, assim que nossos ancestrais controlaram o fogo, puderam cozinhar comida, o que aumentou radicalmente o tamanho do cérebro humano. O fogo também espantava os predadores à noite, outro ponto positivo se você quisesse viver para assistir ao nascer do sol. Até recentemente, entretanto, poucos cientistas tinham estudado um dos mais profundos benefícios do fogo: despertar nossa imaginação por meio das histórias.

A luz do fogo esticou o dia, proporcionando mais tempo para outros propósitos além de apenas caçar e coletar. Conforme as pessoas compartilhavam suas experiências pessoais em volta da fogueira, aprendiam a evitar o perigo, a caçar em equipe de modo mais eficiente e a fortalecer tradições culturais. Os antropólogos sociais acreditam que o storytelling correspondeu a 80% das conversas de nossos ancestrais em torno do fogo.

No deserto do Kalahari, no sul da África, um grupo de nômades conhecidos como boxímanes ainda passa os dias procurando alimentos como melões, castanhas, sementes e antílopes. Eles são caçadores-coletores de dia e storytellers à noite. Quando o sol se põe no Kalahari, acendem o fogo e contam histórias, assim como seus ancestrais faziam milhares de anos atrás. De manhã e à tarde, as conversas são focadas em sobrevivência – estratégias de caça, gerenciamento de recursos, mediação de disputas etc.; apenas 6% envolvem histórias.[2] À noite é, literalmente, uma história diferente. Conforme a brasa do fogo vai estendendo o dia, os boxímanes dedicam 81% das conversas ao redor da fogueira para contar histórias. Homens e mulheres contam histórias, principalmente, sobre membros de outras tribos que conhecem e aventuras engraçadas ou empolgantes. Para esse povo, o storytelling ativa a imaginação, cria laços entre grupos de pessoas que não se conhecem e transmite informações sobre situações críticas para sua sobrevivência.

Nem todos os comunicadores têm a habilidade do storytelling, mesmo em sociedades tribais. Entre os boxímanes, assim como entre os palestrantes do TED ou líderes empresariais, os melhores storytellers deixam a plateia rolando de rir, paralisada de suspense ou inspirada a buscar a própria aventura. E os melhores dos melhores – os mais admirados – usam "comunicação multimodal", como gestos, imitações, efeitos sonoros e canções. Os storytellers aprenderam que precisam entregar informação, transmitir experiências, inspirar e entreter. Se as pessoas não se sentem entretidas, param de escutar e dormem, assim como acontece em milhões de apresentações de negócios todos os dias. Os humanos evoluíram até perceber as histórias como entretenimento porque, se não prestassem atenção a elas, poderiam virar almoço de tigre.

"Histórias contadas à luz do fogo colocam os ouvintes no mesmo comprimento de onda emocional, de entendimento, confiança e simpatia e constroem reputações positivas por qualidades como humor, sociabilidade e inovação",[3] explica Polly Wiessner, professora de antropologia da University of Utah. "Por meio de histórias e discussões, as pessoas coletam experiências de outras e acumulam conhecimento de ações que outros tentaram. A conversa da noite era crucial para transmitir o panorama geral." Wiessner, que viveu durante três meses com os boxímanes no noroeste de Botsuana e gravou suas conversas, diz que o "apetite" pela luz do fogo permanece conosco até os dias de hoje.

O apetite público por histórias é o que torna alguns povos muito, muito ricos. Há mais de 2.500 anos, um retórico chamado Górgias aprendeu que grandes storytellers podem inspirar plateias. Ele viajou pela antiga Grécia ensinando retórica, argumentando especificamente que adicionar histórias emocionais ao discurso de alguém pode "frear o medo, banir a dor, criar alegria e despertar piedade". Górgias ajudava as pessoas a construir argumentos mais fortes, o que lhe rendeu muitos admiradores. Ele se tornou um dos cidadãos mais ricos da Grécia por causa de sua habilidade de storytelling. Contar grandes histórias ainda torna as pessoas ricas, sobretudo os empreendedores que têm uma ideia para vender.

AS FERRAMENTAS MUDARAM

De volta à ilha Necker, Richard Branson sorri conforme ouve os empreendedores usarem o poder das histórias para fazê-lo rir e pensar e para inspirá-lo a investir em suas ideias. As histórias dão a Branson uma nova maneira de olhar para o mundo e, por fim, reforçam sua percepção de que inovações capazes de mudar o mundo não são apenas possíveis ao longo de sua vida, mas ele próprio pode ter um papel no desenvolvimento dessas ideias. Branson gosta tanto de histórias ao redor da fogueira que contratou um artista local para construir uma linda esfera de metal para abrigar uma gigantesca bola de fogo.

As conversas à luz do fogo devem ter começado cerca de 400 mil anos atrás, mas nosso cérebro ainda hoje está ligado a essas histórias. Claro, muita coisa mudou. Em vez de caçar comida, os empreendedores que tentam impressionar Branson estão em busca de dinheiro. E as ferramentas também mudaram: o PowerPoint substituiu as pinturas rupestres.

No entanto, uma coisa não mudou: nosso desejo – um grande desejo – de ouvir histórias cativantes. Aqueles que dominam a habilidade do storytelling podem ter influência desproporcional sobre os outros. De acordo com Uri Hasson, neurocientista da Princeton University, uma pessoa que conta histórias convincentes realmente pode plantar ideias, pensamentos e emoções no cérebro do ouvinte. A arte do storytelling é sua mais poderosa arma na guerra das ideias.

Em Necker, nos dez minutos dados a cada empreendedor para articular sua visão da ideia ou produto, eles precisam conquistar a atenção de Branson, convencê-lo de que a ideia tem potencial para impactar o mundo positivamente e ainda inspirá-lo a fazer um aporte financeiro substancial na empresa. A maioria das pessoas, a quem são dados dez minutos para vender uma ideia, presume que os potenciais investidores querem ouvir tudo sobre finanças, números e dados. Elas estão parcialmente corretas. Mas esses empreendedores estão negligenciando os principais achados da neurociência: a emoção vence a lógica. Você não consegue chegar à mente de alguém sem antes tocar seu coração, e o caminho para o coração corre pelo cérebro, começando pela amígdala cerebelar.

A AMÍGDALA: A MELHOR AMIGA DE UM STORYTELLER

Por muitos anos, os pesquisadores da medicina acreditaram que as pessoas poderiam se viciar apenas em drogas e álcool. Então, surgiram as tecnologias de neuroimagem, que lhes permitiram que ver a corrente sanguínea no cérebro, revelando que os humanos também podem se viciar em atividades como sexo, jogos, comida e compras. Algumas sequestram o cérebro de maneira tão forte quanto as drogas. A heroína, por exemplo, produz uma poderosa explosão de dopamina – tão intensa, que uma única vez pode fisgar a pessoa por toda a vida. Os cientistas vêm descobrindo que os mesmos centros de recompensa do cérebro estão envolvidos na persuasão, na motivação e na memória. Essas descobertas têm implicações profundas para seu sucesso.

Por exemplo, os pesquisadores agora sabem que um pensamento pode evocar um "estado somático", o que significa que os pensamentos ativam as mesmas regiões do cérebro que seriam ativadas se você estivesse vivendo uma experiência na vida real. Vamos supor que você tenha ganhado US$ 20 milhões na loteria. Você estaria eufórico porque sua amígdala cerebelar – uma estrutura de núcleos em forma de amêndoa no lóbulo frontal – teria liberado o fluxo de um neurotransmissor chamado dopamina, a substância química do prazer. Agora feche os olhos e se veja ganhando na loteria. Imagine as visões, os sons e os sentimentos associados ao evento. Quem está com você quando recebe a notícia? Qual é sua expressão facial? Que coisas você pode fazer agora com o dinheiro? Você talvez não se dê conta, mas seus lábios gradualmente se curvam em um sorriso. Você está recebendo uma pequena dose de dopamina, que o faz sentir-se bem porque está ativando as mesmas regiões do cérebro que seriam ativadas se realmente ganhasse. Esse é o poder da amígdala. Uma grande história libera um fluxo de substâncias químicas como cortisol, oxitocina e dopamina.

Graças à neurociência, aprendemos mais sobre storytelling nos últimos dez anos do que sabíamos desde que os humanos começaram a desenhar figuras em paredes de cavernas. Agora sabemos qual substância química nos leva a prestar atenção a um interlocutor (cortisol) e qual nos faz sentir empatia por outra pessoa (ocitocina). Também sabemos o que ativa esses neuroquímicos. Sabemos quais histórias funcionam e por que funcionam, e podemos provar isso cientificamente.

O vício em histórias não é ruim. Se os storytellers inspiradores não existissem, o mundo seria um lugar muito diferente, e não para melhor. Por exemplo, em uma série de seis discursos em 1940, o primeiro-ministro britânico Winston Churchill teve êxito em transformar completamente a opinião pública na Segunda Guerra Mundial. Uma nação que 14 dias antes havia se conformado em se reconciliar com a Alemanha nazista decidiu pegar em armas e lutar até o fim depois de ouvir os poderosos argumentos do líder. Embora a Alemanha tenha conquistado grande parte da Europa Ocidental, Churchill habilmente pintou um quadro dos britânicos derrotando o exército de Hitler. "Qual é nossa meta?", perguntou ele retoricamente. "A vitória. Vitória a qualquer custo, vitória apesar de todo o terror, vitória não importa quão longo e duro seja o caminho. Sem vitória, não há sobrevivência." Por meio do dom do storytelling, Churchill mudou radicalmente o destino de toda uma civilização. O interessante é que ele não nasceu com esse dom. Assim como o domínio de qualquer arte, ele teve de trabalhar duro para isso. Tinha medo de palco no começo de sua carreira política. Richard Branson, o famoso pastor Joel Osteen e os bilionários Barbara Corcoran e Warren Buffett também tinham medo de falar em público. Os grandes storytellers parecem não fazer esforços porque tiveram de se esforçar muito para ser grandes.

Os líderes mais inspiradores da história foram storytellers: Jesus, John F. Kennedy, Martin Luther King Jr., Ronald Reagan, Nelson Mandela, Henry Ford e Steve Jobs. Muitos empreendedores e líderes inspiradores dos dias de hoje também são storytellers: Richard Branson, Bill Gates, Mark Burnett e Sheryl Sandberg. Vários storytellers presentes neste livro mudaram o curso da história. Alguns são heróis dos negócios. Alguns inspiraram movimentos. Acima de tudo, todos são realizadores de sonhos. Eles alcançaram as estrelas e motivaram o resto de nós a criar os próprios projetos. Este livro é sobre os visionários que assumem riscos, dominam a arte de contar histórias e nos inspiram a viver melhor. Alguns nos fazem rir. Alguns nos levam a pensar. Alguns nos dão energia. Por meio da arte de contar histórias que informam e desafiam, eles constroem empresas, conduzem o mundo adiante e nos fazem sentir que também podemos alcançar o impossível.

SOMOS TODOS STORYTELLERS

O storytelling é parte fundamental da comunicação. Em um mundo em que as pessoas são bombardeadas por escolhas, as histórias constantemente são o fator decisivo pelo qual decidimos fazer negócios com alguém. Somos todos storytellers. Contamos histórias para vender nossas ideias. Contamos histórias para convencer os investidores a apoiar um produto. Contamos histórias para educar estudantes. Contamos histórias para motivar equipes. Contamos histórias para convencer os doadores a fazer um cheque. Contamos histórias para encorajar nossas crianças a alcançar todo o seu potencial. Aprenda a contar uma história, e sua vida e a vida daqueles que você toca serão radicalmente transformadas.

Este livro contém mais de 50 storytellers que mudaram o mundo ou impactaram negócios graças, em grande parte, ao domínio da arte e ciência de contar histórias. Cada um deles está incluído em uma das cinco categorias planejadas para inspirar você a pensar de maneira diferente em sua narrativa e em como construir histórias em sua comunicação diária:

- Storytellers que acendem nossa chama interior
- Storytellers que educam
- Storytellers que simplificam
- Storytellers que motivam
- Storytellers que criaram movimentos

Cada capítulo é dividido em três seções. Primeiro, você vai conhecer a própria história do storyteller. Os homens e as mulheres perfilados neste livro são, na maioria, pessoas comuns que usaram o storytelling para conseguir resultados incomuns. A segunda seção examina as ferramentas desses storytellers mais detalhadamente – por que funcionam e como são aplicadas. Por fim, cada capítulo se encerra com um pequeno resumo da lição aprendida – o segredo dos storytellers.

Depois que você aprender os segredos dos storytellers e por que eles funcionam, poderá aplicar as técnicas a praticamente qualquer tipo de comunicação: falar em público, elaborar apresentações de PowerPoint, escrever em blogs, redigir e-mails, criar peças de propaganda e marketing ou simplesmente vender uma ideia em uma reunião no Starbucks. Você vai aprender a enquadrar uma ideia para informar, esclarecer e inspirar.

Nos próximos dez anos, a habilidade de contar sua história de maneira persuasiva será decisiva – a mais decisiva – para alcançar seus sonhos. Uma vez que a próxima década se distinguirá pelas maiores promessas que a civilização já conheceu, a história que você se conta e a história que compartilha com os outros liberarão seu potencial e, muito possivelmente, mudarão o mundo. Não está na hora de dividi-las?

PARTE I

STORYTELLERS QUE ACENDEM NOSSA CHAMA INTERIOR

CAPÍTULO 1

STEVE JOBS

O QUE ALEGRA SEU CORAÇÃO?

"Pessoas que têm uma paixão podem mudar o mundo para melhor." – Steve Jobs

Enquanto o sol se punha sobre o rio Hudson em um dia frio de outubro, dois homens estavam no terraço de um luxuoso apartamento, ignorando a vista para o Central Park, em Nova York. Um deles, um rebelde de 26 anos vestindo blusa de gola olímpica e calça jeans, olhava para seus tênis de corrida havia um bom tempo sem falar uma palavra sequer. Então, mais rápido do que se pode acender a luz, virou-se para o homem a seu lado – um executivo bem-sucedido, a um mês de seu 45º aniversário – e falou as palavras que transformariam a carreira de ambos, além de mudar o mundo dos negócios para sempre.

Foi na sacada do apartamento do edifício San Remo, em março de 1983, que Steve Jobs desafiou John Sculley com uma simples, porém devastadora, pergunta: "Você quer vender água com açúcar pelo resto da vida ou quer ter a chance de mudar o mundo?".

Scully havia negado a oferta de Jobs para comandar a Apple, alegando que pretendia continuar em sua posição na PepsiCo. A pergunta de Jobs, porém, forçou-o a fazer uma séria busca interior. "Eu engasguei porque sabia que ficaria o resto da vida pensando no que eu teria perdido", recorda Scully a respeito daquela pergunta que veio como um soco no estômago.

O soco no estômago. O momento "uau!". O momento "aha!". Independentemente de como você escolha chamar, transformações radicais podem acontecer em um instante. No entanto, uma ideia só vai pegar se a pessoa que a teve conseguir convencer os outros a agir. Caso contrário, ideias são apenas neurônios atirando no cérebro de alguém. O maior desperdício é uma ideia não realizada que falha em se conectar com seu público, não porque ela seja ruim, mas porque não está empacotada de maneira a fazer as pessoas se mexerem.

Este é um livro sobre ideias que capturaram nossa imaginação e mudaram o mundo. É sobre realizadores de sonhos, visionários, gente que se arriscou e dominou a arte do storytelling para dar vida a essas ideias. Steve Jobs foi inegavelmente o maior storyteller de negócios de nosso tempo.

De volta à sacada do apartamento em 1983, Sculley testemunhou o famoso "campo de distorção da realidade" de Steve Jobs, expressão cunhada para descrever seu misto de carisma com habilidade de convencer as pessoas de que elas poderiam realizar o impossível. Depois de ouvir a notícia de que Jobs falecera, em outubro de 2011, Sculley disse: "Steve Jobs era intensamente apaixonado por fazer a diferença substancial na vida de seus companheiros humanos enquanto estivesse neste planeta. Ele nunca priorizava o dinheiro ou media sua vida pela posse de coisas. [...] Um líder mundial está morto, mas as lições que sua liderança nos ensinou estão vivas".[1]

Os ensinamentos de Jobs realmente vivem na carreira de ex-colegas, como Jony Ive, designer-chefe da Apple, Tim Cook, CEO da empresa, Tony Fadell, fundador da Nest Labs, e John Lasseter, chefe de criação dos estúdios Disney e da Pixar. Jobs os inspirou a se comunicar de modo diferenciado, a vender suas ideias de um jeito que capturasse a imaginação do público. Ele revolucionou o design de computadores, é claro. Também foi um dos grandes storytellers de nosso tempo. Toda apresentação pública que Steve Jobs dava lembrava uma peça da Broadway e tinha todos os componentes clássicos de uma grande narrativa: cenários e surpresas, heróis e vilões. Praticamente todo grande líder de tecnologia – e quase todo jovem empreendedor – agora tenta criar apresentações "ao estilo Steve Jobs". Embora qualquer um possa copiar o design minimalista de suas apresentações, isso não vai adiantar até que, e a menos que, se aprenda o real segredo do "dom do storytelling" de Steve Jobs. E esse dom não estava em um slide. Estava no coração dele.

AS FERRAMENTAS DOS STORYTELLERS

Em março de 2011, o visionário que fez de "só mais uma coisa" um bordão pessoal subiu ao palco uma última vez para revelar o molho secreto da Apple. Steve Jobs, magro e fraco por causa do câncer que tiraria sua vida alguns meses depois, fez uma aparição inesperada para introduzir um novo produto, o iPad 2. Poucas pessoas na plateia esperavam que ele aparecesse, já que estava em sua terceira licença médica. "Nós trabalhamos neste produto por um bom tempo, e eu não quero perder isso", contou para o animado público. Jobs terminou sua apresentação com a seguinte observação:

> "É o casamento da tecnologia com as humanidades que alegra nosso coração."

Em uma frase, Steve Jobs captou a essência do que faz um storyteller inspirador. Como Sculley também captou quando disse que Jobs era apaixonado por fazer a diferença. Paixão é tudo, e Jobs tinha muita.

Desde que fundou a Apple, em 1976, com seu amigo Steve Wozniak, Jobs combinou paixão, lógica e emoção para criar conexões profundamente significativas com o público. Sua capacidade de cativar a multidão é lendária. Depois de entrevistar, para meu livro *Faça como Steve Jobs*, seus colegas, designers de apresentações e pessoas que o conheciam melhor, descobri que seu segredo para cativar o público não estava no design dos slides, apesar de serem lindos. Agora, muitos líderes tentam imitar o estilo de apresentação de Steve Jobs (executivos da Apple ainda usam o mesmo padrão para grandes lançamentos de produto). Jobs captou nossa imaginação porque tinha grande apreço pela maneira como a tecnologia poderia mudar o mundo e teve coragem de expressar isso.

Sua história começa com sua paixão. Você não conseguirá inspirar se não estiver inspirado. Paixão, porém, é um quebra-cabeça. Quase todas as pessoas sabem quando a veem, mas têm dificuldade de descobri-la para si mesmas. Steve Jobs descobriu sua paixão perguntando: "O que alegra meu coração?". A resposta a essa pergunta é um tanto diferente da resposta a "O que eu faço?". Steve Jobs fazia computadores; construir ferramentas que ajudassem as pessoas a liberar sua criatividade era o que alegrava seu coração.

A questão "o que alegra o coração de alguém" está no DNA da Apple. Tim Cook, o CEO, repete uma versão da frase em suas apresentações e lançamentos de produto. Ele perguntou certa vez: "O que faz seu coração bater?". Em outra ocasião, no lançamento do novo iPad Air, em outubro de 2014, Cook estava falando sobre os altos índices de satisfação de clientes e disse: "É isso que alegra nosso coração".

Steve Jobs tinha a paixão na manga. Em 1997, voltou à companhia que havia cofundado depois de ter sido mandado embora 12 anos antes. Jobs fez uma reunião com a equipe, na qual falou sobre o papel que a paixão teria para revitalizar a marca.

> Marketing tem a ver com valores. E esse é um mundo muito complicado. É um mundo muito barulhento, e não teremos a oportunidade de as pessoas se lembrarem tanto de nós. Nenhuma empresa tem. Por isso, devemos ser muito claros sobre o que queremos que elas saibam a nosso respeito. Nossos clientes querem saber quem é a Apple e o que representamos. E o que não somos é fabricantes de caixas com as quais as pessoas possam fazer seus trabalhos, embora façamos isso bem. [...] A Apple é mais do que isso. O principal valor da Apple é acreditar que gente com paixão pode mudar o mundo para melhor.[2]

Em 12 de junho de 2005, Steve Jobs fez um dos maiores discursos de formatura da história: 2.250 palavras em 15 minutos. Jobs, o storyteller, construiu uma narrativa em três partes com base em um tema central: faça o que você ama. "Tenham a coragem de seguir seu coração e sua intuição. De alguma forma, eles já sabem o que vocês realmente querem ser", disse ele aos graduandos.

O discurso, supercomovente, teve mais de 20 milhões de visualizações no YouTube. Os funcionários da Apple falam com convicção que a paixão de Steve Jobs continua viva no DNA da empresa. Quando lançou uma nova versão de seu sistema operacional, o OS X, a Apple secretamente escondeu um presente, sabendo que alguém o descobriria. Incorporada ao processador de texto do Mac, o Pages, está a transcrição daquele discurso de formatura. A paixão é contagiosa. A paixão é irresistível. A paixão abastece a chama anterior.

PERGUNTE-SE: "O QUE ALEGRA MEU CORAÇÃO?"

Sua paixão não é um passatempo nem mesmo um hobby, mas algo profundamente significativo, o núcleo de sua identidade. Por exemplo, eu tenho o golfe como hobby. Embora goste do jogo – na verdade, amo –, ele não está no centro de quem eu sou. Está, entretanto, no coração do superastro do golfe Rory McIlroy. Quando lhe pediram para descrever seu amor pelo jogo, ele disse: "É sobre o que penso quando acordo pela manhã. É sobre o que penso quando vou para a cama". Para McIlroy, o golfe não é apenas um passatempo; é o que alegra seu coração.

Fui convidado para dar uma palestra na prestigiosa conferência LeWeb, em Paris, um encontro de vários dias com os empreendedores mais apaixonados do mundo para troca de informações sobre tecnologia, inovação e empreendedorismo. Nos bastidores, conheci Ferran Adrià, o chef visionário que criou o restaurante mais famoso do mundo, El Bulli.

"Qual é a qualidade que todo empreendedor de sucesso tem?", perguntei-lhe.

"Isso é impossível de responder", disse ele. "Existem muitos caminhos para o sucesso."

Adrià se virou, e eu entendi que era um sinal para o fim de nossa conversa. Então, ele olhou para mim e afirmou: "Vou voltar atrás. Existe UMA coisa que todo empreendedor de sucesso tem, e é paixão".

"Como você sabe quando a encontra?", perguntei.

"Vamos colocar do seguinte modo: quando você vê uma garrafa de vinho, o que você pensa sobre ela?"

"Que é uma bebida", respondi.

"Exato. Você enxerga uma bebida, mas eu vejo um vinhedo. Eu vejo um ingrediente. Eu vejo alegria. Eu vejo família. Eu vejo amigos. Eu vejo celebração."

Eu gosto de vinho, mas, para Adrià, a bebida alegra seu coração.

Muitos anos atrás, entrevistei Chris Gardner, o homem interpretado pelo ator Will Smith no filme *À Procura da Felicidade*. Gardner recontou sua história de quando foi morador de rua, passando as noites no banheiro do metrô com seu filho de 2 anos. Durante o dia, ele colocava seu único terno, deixava o filho em uma creche e recebia treinamento não remunerado para se tornar corretor de ações. Você já sabe como a história termina. Gardner chegou ao topo da empresa e ficou multimilionário.

Quando eu trabalhava em San Francisco, pegava o metrô e passava pela estação suburbana onde Gardner costumava dormir com seu filho. Eu reparava no rosto das pessoas sentadas perto de mim. Muito poucas pareciam felizes. Elas observavam o celular de cara fechada ou olhavam pela janela com expressão perdida. O brilho em seus olhos havia desaparecido. Em algum ponto do caminho, elas tinham perdido de vista sua paixão. "Como é possível para um morador de rua que dorme no banheiro do metrô ter mais tesão pela vida do que aqueles que têm um emprego e vão de metrô para o trabalho?" Foi exatamente isso que perguntei a Gardner. Sua resposta mudou minha vida.

Gardner disse: "O segredo para o sucesso é encontrar alguma coisa que você ame tanto fazer que não espera o nascer do sol para fazê-la de novo".[3]

Ele emergiu das profundezas da pobreza justamente porque foi atrás daquilo que alegrava seu coração.

Se você ainda precisa encontrar sua paixão, faça-se uma pergunta melhor. Não pergunte: "O que quero fazer?", mas: "O que alegra meu coração?". Essas perguntas levarão a respostas muito diferentes.

Antes de aprender a arte do storytelling e dominar as técnicas específicas que o ajudarão a inspirar o mundo com suas ideias, você deve ter muito claro o que quer que as pessoas saibam a seu respeito. Comece o processo fazendo-se as perguntas certas. Por exemplo, eu me reuni com a equipe de uma startup de serviços de saúde que tinha o apoio de uma das maiores companhias de capital de risco do Vale do Silício. A empresa havia desenvolvido um exame de sangue para detectar câncer. Eu fiz ao CEO uma série de quatro perguntas com o objetivo de evocar uma resposta emocional e chegar a uma mensagem que pudesse ser usada para contar a história da organização a seu público-chave (investidores, médicos e mídia). Observe como cada pergunta é progressivamente mais emocional que a anterior e leva a respostas muito diferentes:

1. Por que você iniciou uma empresa? "Para impactar a vida dos pacientes."
2. O que faz sua empresa? "Desenvolve uma ferramenta que permite detectar câncer com um simples teste sanguíneo."
3. Pelo que você é apaixonado? "Pelos cuidados com os pacientes. Toda semana vemos pacientes iniciando um tratamento que pode salvar a vida deles."
4. O que alegra seu coração? "Estávamos trabalhando com um oncologista que nos contou sobre uma paciente diagnosticada com câncer pancreático. Já havia se espalhado por toda parte. Disseram à paciente que ela tinha dois meses de vida. Não havia esperança. Seu oncologista conhecia nosso exame de sangue e decidiu tentar. O resultado encontrou uma mutação no câncer dela. A mutação era inconsistente com o câncer pancreático. A paciente tinha câncer de ovário. Seu oncologista mudou o tratamento. Em 12 semanas, ela não tinha mais câncer detectável. Essas histórias me dão energia e fazem com que eu trabalhe noite adentro."

Reflita sobre o que aconteceu nessa conversa. As primeiras três questões resultaram em respostas factuais. A quarta – "O que alegra seu coração?" – levou a uma história. Fatos isolados não inspiram. O coração de sua história dá alma aos fatos. Apresentações cheias de dados não ganham corações e mentes; histórias, sim. Slides com design complementam a história, mas a história vem em primeiro lugar.

John Lasseter, o chefe de criação da Disney e da Pixar, que disse dever sua carreira a Steve Jobs, certa vez também afirmou que, no desenvolvimento de uma história, o enredo pode mudar drasticamente: os personagens podem ir e vir, assim como o cenário. O que você não pode mudar é o coração da história, porque ele é o fundamento para todo o resto.

Um famoso investidor de risco uma vez me contou que escuta apresentações como se fossem música. Ele se pergunta: "Será que os clientes gostarão desses versos? Será que seus ganchos emocionais conseguirão inspirar as pessoas a se juntar à jornada do herói?". O investidor está procurando uma conexão emocional. Ele está em busca de uma pulsação, de uma paixão. Certa vez, em uma sala de reunião na sede do Facebook, vi uma frase escrita em um quadro branco: "O que faz nosso coração bater?". Quem escreveu isso talvez estivesse pensando em Steve Jobs e no que encantava seu coração. O primeiro passo para contar uma história inspiradora é descobrir seu verso, o caminho que faz seu coração alegrar-se.

O SEGREDO DOS STORYTELLERS

Os storytellers inspiradores são eles mesmos inspirados. Têm muita clareza sobre sua motivação, sobre a paixão que os guia, e compartilham entusiasticamente essa paixão com seu público. Pergunte a si mesmo: "O que alegra meu coração?". A resposta é a fundação sobre a qual todas as grandes histórias são construídas.

CAPÍTULO 2

MARK BURNETT

DE VENDEDOR DE CAMISETAS A MEGAPRODUTOR

"A vida não é encontrar-se. A vida é criar-se." –
George Bernard Shaw

Mark teve muito tempo para pensar sobre sua história no voo de 5 mil milhas do Aeroporto de Heathrow, em Londres, para o Aeroporto Internacional de Los Angeles. Ele não tinha trabalho nem lugar para morar e possuía apenas algumas centenas de dólares. No papel, seu currículo não era atraente. Embora tivesse servido no exército britânico, Mark estava com 22 anos e não havia ingressado na faculdade. Como poderia alcançar o sucesso em um país que nunca tinha visitado? No voo, decidiu escrever a própria história e tornar-se muito, muito bom em contá-la. Ainda que não fosse norte-americano, ele tinha dois traços de personalidade que o ajudariam a alcançar o sonho americano: otimismo e autoconfiança.

Mark pousou em Los Angeles, em 18 de outubro de 1982, como um jovem da classe operária do extremo leste de Londres e sem bilhete de volta. No aeroporto, ele se encontrou com seu amigo Nick, que lhe deu boas notícias: uma família rica de Beverly Hills, que ele conhecia, procurava uma babá. Mark fez uma entrevista com o casal naquela noite. Inicialmente, estava desconfortável com sua experiência, ou com a falta dela. Além do mais, babás homens eram incomuns em Los Angeles, e Mark não era alguém que dominasse as tarefas domésticas. Então, ele fez um discurso ao qual a família não pôde resistir. Usando a eficiente técnica narrativa da analogia, contou ao casal que ter um ex-paraquedista inglês em casa era garantia de proteção, "como contratar uma babá e um segurança ao mesmo tempo".

O desempenho de Mark garantiu-lhe um trabalho menos de 24 horas depois de pousar nos Estados Unidos. A primeiríssima tarefa que o produtor de TV Mark Burnett realizou no novo país foi esvaziar uma máquina de lavar louças, aparelho que ele nunca tinha visto até aquele dia.

Em dois anos como babá, ele estudou os hábitos dos ricos e aprendeu uma valiosa lição sobre o sucesso, que o catapultaria para o topo da indústria da TV. Entendeu que a história de sua vida era uma página em branco e ele era o autor, encarregado de construir a narrativa. Depois, deu-se conta de que tinha o dom do storytelling para vender ideias. E esse dom ele levou para a praia.

O primeiro plano de negócios de Burnett – se ele tivesse escrito um – teria cabido em um guardanapo: comprar camisetas por US$ 2 e vender por US$ 18. Como ele não tinha dinheiro para alugar uma tenda, alugou uma cerca e, como não podia arcar com a cerca toda, ficou com um trecho de 3 metros.

Embora nunca tivesse trabalhado como vendedor, jamais tivesse ido a um seminário de vendas, nem lido um livro sobre o assunto, ele era excelente nisso, porque sabia o segredo dos storytellers. "Clientes compram de pessoas com quem se sentem confortáveis, pessoas que eles consideram amigas",[1] diz Burnett. E amigos não "vendem". Eles contam histórias.

Burnett aprendeu a contar a história de suas camisetas e a moldar a narrativa de acordo com a grande variedade de personalidades que visitavam a orla da Califórnia. Ele aprendeu que fatos e dados convenciam "clientes analíticos" (por exemplo, engenheiros, médicos, cientistas). "Eles queriam saber como a camiseta tinha sido feita e se a costura iria durar. Eu não dizia bobagens nesse ponto", explica. Ele descobriu que "clientes emocionais" eram menos movidos por fatos e mais propensos a tomar decisões depois de sentir o tecido e apreciar as cores oferecidas. Burnett contava as histórias de onde as camisetas eram feitas, quem as confeccionava e as técnicas que resultavam naqueles designs. "No teatro, isso seria chamado de representar para a plateia", compara. Na calçada, ele aprendeu a ler o público e a construir a narrativa que se encaixasse melhor com o jeito de pensar de cada um.

Burnett passou dois anos vendendo camisetas para milhares de pessoas de todos os tipos e de todas as partes do mundo. Era tão bom em vender que pagava o aluguel mensal de US$ 1,5 mil dólares no primeiro dia de trabalho de cada mês. Guardava a maior parte do que ganhava e reinvestia o dinheiro em negócios imobiliários lucrativos. Fez seu primeiro milhão nos primeiros oito anos nos Estados Unidos.

Em 1998, Burnett comprou os direitos para produzir *Survivor*, uma competição entre equipes criada na Grã-Bretanha. Ele achava que encontraria público nos Estados Unidos. Como ex-paraquedista, era apaixonado por esportes radicais e sabia que confinar um grupo de pessoas em circunstâncias desafiadoras traria à tona heróis e vilões, os alicerces das histórias clássicas. Contudo, para levar o programa à TV, precisaria de uma emissora que o transmitisse, e isso significava usar suas habilidades de storyteller para convencer os executivos.

Em essência, *Survivor* é um reality show no qual um grupo de pessoas é isolado em um local remoto para competir em desafios pelo prêmio de US$ 1 milhão. Esse é o discurso simples. No entanto, como você vai se lembrar, existem diferenças entre uma história, uma boa história e uma história irresistível. Burnett sempre vendeu o programa como um drama, e não como um jogo. "Quando eu viajava a negócios, olhava os passageiros a minha volta e imaginava que havíamos caído em uma ilha. Onde eu me encaixaria em nossa nova sociedade? Quem seria o líder e quem o seguiria? Quem chegaria ao limite?",[2] recorda ele. Os participantes eram "náufragos" agrupados em "tribos" e banidos da ilha um a um em um "conselho tribal".

"Minhas melhores habilidades sempre foram contar histórias e vender ideias", admite Burnett em sua biografia, *Jump In*. "Todo sucesso começa com a habilidade de vender algo, seja uma camiseta, seja uma ideia." Ele era bom em contar histórias, mas o storytelling requer prática, e nem mesmo os mais talentosos comunicadores acertam na primeira tentativa. Burnett trabalhou em seu discurso incessantemente, usando seus amigos como público. "No começo, a venda saiu prolixa, supercomplicada.

Minhas companhias nos jantares se recostavam na cadeira, concordando vagamente com a cabeça como se estivessem ouvindo, e então ficavam com o olhar perdido e os pensamentos longe."[3] Burnett reconheceu o "olhar perdido" de seus dias de vendedor de camisetas em Venice Beach. Ao simplificar a história, o olhar passou a ser de excitação. "Conforme aperfeiçoava a venda, tornando-a mais rápida, fluida e excitante, fui notando que meus amigos se inclinavam para ouvir cada sílaba. Seus olhos brilhavam. Eles me bombardeavam de perguntas, que eu aprendi a responder com o mesmo polimento com o qual fazia o discurso."

O discurso nem sempre funcionou. O canal Discovery não quis saber. Um executivo da rede USA rejeitou em 30 segundos. A CBS, que acabaria comprando o programa, negou-se na primeira tentativa. Quando se trata de vender ideias, Burnett acredita que um "não" simplesmente significa que a pessoa não comprou sua visão naquele momento. Outra poderá fazê-lo, mas você deve aprender com o "não" e refinar sua história para o máximo impacto. Assim, quando uma oportunidade se apresentar, você pode fazer o discurso de sua vida.

Para Burnett, a oportunidade chegou quando o chefe da divisão de dramaturgia da CBS gostou do que ouviu e levou a ideia para o presidente da emissora. Les Moonves tinha a reputação de ser um dos executivos mais durões da televisão e quis ouvir a apresentação de Burnett pessoalmente. "Com minhas habilidades devidamente lapidadas em todos os jantares e apresentações anteriores, entrei confiante na enorme sala de Leslie e fiz a venda de minha vida",[4] lembra Burnett. Ele começou seu discurso entregando a Moonves um exemplar falso da revista *Newsweek* com *Survivor* na capa. "Tenha coragem e projete confiança, não importa quanto esteja nervoso", aconselha, ao pensar naquela reunião. A apresentação funcionou, e Moonves aprovou um orçamento grande o suficiente para pagar 39 diárias de filmagem na ilha de Pulau Tiga, no mar da China Meridional.

Survivor dominou os índices de audiência e se tornou o reality show mais visto de todos os tempos. Em 2003, Burnett vendeu outra ideia para um próspero homem de negócios que sabia alguma coisa sobre a arte de vender, Donald Trump. Apesar de ser responsável pelo programa número um da TV, Burnett admite que estava entusiasmado e "um pouco nervoso" com a apresentação para Trump. "Eu queria ter meu discurso perfeitamente ensaiado. Trump me daria uma oportunidade. Eu não podia me permitir um tropeço."[5] Depois de trabalhar incansavelmente no discurso, Burnett reuniu coragem e entrou na sala de Trump. "Entreguei um esboço claro, conciso e vigoroso de toda a série, seu valor educacional, seu drama e seu potencial comercial."[6] Quarenta e cinco minutos depois, Trump e Burnett apertaram-se as mãos, selando o acordo para *O Aprendiz*.

Estive com Burnett em fevereiro de 2014, enquanto um de seus outros programas estava fazendo história na TV: *The Voice*. Se o sucesso deixa pistas, não custa notar que todos os storytellers deste livro, inclusive Burnett, são otimistas. Não o tipo de otimista que tem uma visão do "copo meio cheio" das coisas. Eles têm uma crença inabalável em sua capacidade de conseguir o impossível. A linguagem que usam revela suas intenções. Onde muitas pessoas têm "objetivos", os storytellers inspiradores veem oportunidades e não deixam ninguém atrapalhar seu caminho. Acima de tudo, eles acreditam em suas ideias e estão dispostos a pagar o preço para fazer desses sonhos realidade. Confiam em seus "instintos", em sua "intuição", em seu "coração" ou, no caso de Burnett, no "chamado". "No final das contas, você nunca terá certeza de que está no caminho correto", diz.[7] "Você apenas tem de ouvir o chamado e confiar que tudo vai dar certo. O caminho não está claro. Você será guiado, mas, se não começar a andar, não chegará a lugar algum. Comece a andar, mesmo que não saiba para onde o caminho o levará."

AS FERRAMENTAS DOS STORYTELLERS

Peter Thiel, fundador do PayPal, classificaria Burnett como um "otimista definitivo", alguém que enxerga o futuro melhor do que o presente e trabalha para que isso aconteça. De acordo com Thiel em *De Zero a Um*, otimistas definitivos são os inventores e visionários que movem suas gerações adiante. São aqueles que, apesar das circunstâncias, como dificuldades econômicas e incertezas, fazem planos corajosos e tornam o mundo mais rico e próspero.

Otimismo implacável é uma qualidade que Burnett tem em abundância. Nem todos os otimistas são storytellers, mas quase todos os storytellers inspiradores são otimistas. Eles têm o que Solomon Snyder, diretor do departamento de neurociência da escola de medicina da Johns Hopkins University, chama de "o princípio da audácia". Snyder passou mais de 40 anos identificando os traços de cientistas que fizeram as maiores descobertas. Ele constatou que, enquanto as ideias originais e o pensamento criativo são os pilares das conquistas científicas, os cientistas que mudaram o mundo têm uma qualidade que os separa de seus pares intelectuais: audácia. Snyder define audácia como a atitude de ir à luta, a convicção e a autoconfiança para perseguir uma ideia e articulá-la "ainda que o mundo lhe dê um soco no nariz".[8]

Burnett levou muitos socos no nariz. Independentemente de quantos acertos ele tivesse debaixo do braço, toda nova venda encontrava um coro de ceticismo. Os críticos e derrotistas vinham com tudo para falar por que sua ideia nunca teria público. Não esperavam que *Survivor* sobrevivesse. Nem *O Aprendiz*, *Shark Tank* ou *The Voice*.

Burnett me contou que ele e sua mulher, Roma Downey, encontraram os céticos mais duros quando produziram a série de TV a cabo *A Bíblia*. "Um grande número de pessoas me disse para não fazê-la",[9] lembra ele. "Era um projeto assustador. Havia vários motivos pelos quais poderíamos tê-lo evitado: muito difícil, muito caro e muito grande. O que deixaram de perceber é que não era um negócio para nós. Era um chamado." *A Bíblia* foi exibida no History Channel em março de 2013 e atraiu mais de 100 milhões de espectadores.

Storytellers inspiradores como Burnett não jogam para perder. Sonham com grandes realizações e têm coragem, convicção e confiança para compartilhar suas ideias, mesmo que levem socos no nariz de tempos em tempos.

O SEGREDO DOS STORYTELLERS

Storytellers de sucesso acreditam na força de suas ideias. Sabem que essas ideias não se vendem sozinhas. Por isso, trabalham "incansavelmente" para criar e contar uma história envolvente. Quando sua ideia é rejeitada, não desistem dela e aprendem com isso. Enxergam o "não" como uma oportunidade de tornar a próxima venda um "sim".

CAPÍTULO 3

JOEL OSTEEN

DOMINANDO O MEDO DE PALCO PARA LOTAR O YANKEE STADIUM

"Se um homem escrever um livro melhor ou fizer um sermão melhor, o mundo construirá um caminho até sua porta." – Ralph Waldo Emerson

Joel nunca achou que ficaria confortável falando para uma plateia. Seu pai havia fundado uma igreja em uma loja de alimentos abandonada, na zona norte de Houston. Depois da faculdade, Joel retornou à igreja para apoiar o ministério. Preferiu ficar nos bastidores e, pelos 17 anos seguintes, manteve-se atrás da câmera, gravando e editando os sermões do pai para a televisão.

O pai de Joel, pensando que o filho tinha um dom negligenciado, tentou duramente persuadi-lo a fazer somente um sermão. No entanto, toda vez que o assunto vinha à tona, Joel declinava educadamente – sempre, sempre, sempre. Ele era introvertido e preferia ficar fora dos holofotes. A verdade é que temia falar em público e mal conseguia conter a tremedeira das mãos quando fazia os anúncios da igreja. Em todas essas ocasiões, quando encarava a plateia por um curto momento, experimentava os clássicos sintomas de medo de palco: palmas das mãos suadas, coração acelerado e respiração rápida.

Seu pai, porém, continuou a encorajá-lo, e finalmente, em 17 de janeiro de 1999, Joel cedeu. Não conseguia explicar por que tinha decidido pregar naquela semana; simplesmente sentiu um chamado. Por um momento, pensou que o chamador havia errado o número; estava uma pilha de nervos. "Minha personalidade é quieta e reservada. Meu pai era sempre a pessoa do palco. Eu apenas não sabia que estava em mim",[1] recorda Joel. "Quando falei a meu pai que pregaria, não queria isso. Só o fiz para que ele ficasse orgulhoso. Eu estava nervoso. Falei muito rápido. Tudo o que lembro é quão nervoso e aterrorizado fiquei. Foi a pior semana de minha vida!"

A semana ficaria pior. Seu pai foi levado ao hospital com complicações da diálise. Ele assistiria ao primeiro sermão do filho de uma cama de hospital. John Osteen estava em paz quando faleceu, cinco dias depois.

Duas semanas após o ocorrido, com exatamente um sermão debaixo do braço, Joel Osteen, o filho de John, tornou-se pastor da Lakewood Church, em Houston. A igreja que havia começado com 90 paroquianos no fundo de uma antiga loja de alimentos tinha crescido para atender 5 mil fiéis à época da morte de John Osteen. Hoje, é a maior igreja dos Estados Unidos, com 50 mil pessoas comparecendo aos cultos toda semana, no antigo Compaq Center de Houston. Mais de 10 milhões de espectadores assistem aos sermões de Osteen semanalmente nos Estados Unidos e outros milhões os veem nos cem países para os quais o programa é transmitido.

Tornar-se um storyteller confiante não acontece da noite para o dia. Osteen pregou toda semana, por dois anos, antes de começar a se sentir confortável como pastor. Os primeiros anos foram duros. Certa vez, ele ouviu duas fiéis falarem: "Ele nunca será tão bom quanto o pai". Era difícil mudar o sentimento de que ele nunca poderia se igualar ao pai. Se as palavras são como sementes, Osteen estava plantando as palavras erradas para sua nova fase de vida. Ele se fixou nessas palavras, permitindo que elas criassem raízes. Recitava os rótulos negativos repetidamente para si mesmo: "Você não é bom o bastante. Você não tem o que é necessário. Essas mulheres estão certas; você nunca será tão bom quanto seu pai".

No entanto, ele estava motivado a melhorar e começou a praticar aquilo que faz até hoje: escrever os próprios sermões e ensaiar cada um por seis horas antes de pregar ao vivo. A prática ajudou Osteen a refinar suas palavras e sua entrega, mas ele ainda precisava mudar seu diálogo interno. Tinha de se forçar a alterar a mais importante história de todas: a que contava a si mesmo.

Decidiu, então, substituir o diálogo interno negativo por palavras que pudessem lhe conferir poder para atingir todo o seu potencial. Mudou o canal que estava passando em sua mente. Em vez de assistir a reprises de "Eu não sou bom o suficiente", tornou-se espectador fiel de "Posso fazer qualquer coisa". Toda manhã, Osteen afirmava a si mesmo: "Eu sou forte. Sou confiante. Estou a caminho da plenitude de meu destino. Sou vencedor, e não vítima". Isso, combinado com seu rigoroso treino para cada sermão, fez toda diferença, e, assim que ele chegou lá, não conseguiu mais parar, inspirando milhões em estádios abarrotados ao redor do mundo. "Hoje, quando entro no palco, eu me sinto humilde e recompensado por tanta gente ter vindo. Agora digo a mim mesmo que darei meu melhor, na esperança de motivar alguns a tomar uma direção positiva."[2]

Apenas dez anos depois que aquele jovem com medo de palco subiu ao púlpito, Osteen lotou o Yankee Stadium no primeiro evento que não era de beisebol nessa nova arena (noticiou-se que ele superou os Rolling Stones, que fizeram o evento inaugural). "O que pensei que seria meu momento mais difícil me lançou ao momento mais iluminado. Eu estava muito confortável nos bastidores. Às vezes, algo diferente empurra você para seu destino de vida", [3] conta Osteen, enquanto reflete sobre suas primeiras semanas como pastor.

É natural ser contaminado pela crítica. Joel Osteen se sentiu ferido ao ouvir pessoas sugerindo que ele não era um pregador tão bom quanto seu pai. Pode não ter se dado conta naquele tempo, mas reestruturar seu diálogo interno reforçou uma das mais poderosas teorias da psicologia: a autoeficácia.

AS FERRAMENTAS DOS STORYTELLERS

Em 1925, a população da cidade de Mundare, em Alberta, Canadá, era de 400 pessoas. Hoje em dia não é muito maior, tendo chegado a 800 habitantes. Cem anos atrás, um imigrante da Europa Oriental era um dos homens que ajudavam a colocar os trilhos daquela que ficou conhecida como a ferrovia transcontinental canadense. Ele também cortava árvores para construir sua casa, arrancando as raízes com as próprias mãos. Movia as pedras sem máquinas pesadas, apenas com a ajuda de dois cavalos. Abriu a estrada para chegar até sua casa e ajudou a construir a única igreja e a única escola. Sua mulher administrava o serviço de entregas da cidade, pegando os mantimentos que chegavam de trem e levando-os para os moradores.

Essas diligentes pessoas nunca receberam reconhecimento público como notáveis cidadãos canadenses, mas seu filho, sim. Albert Bandura, filho de uma ucraniana e um polonês sem educação formal, seria um dos psicólogos mais famosos do mundo.

Bandura frequentou a escola que seu pai ajudara a construir, a única da cidade, com dois professores que ensinavam em todas os anos, do 1º ao 12º. "Normalmente, essas condições seriam vistas como um severo obstáculo educacional",[4] explica. "No entanto, isso me permitiu aprender a ter responsabilidade por meu desenvolvimento educacional. O conteúdo desses cursos é perecível, mas a aquisição de autodirecionamento me serviu muito bem, de maneira que minha teoria psicológica é fundada na ação humana, o que significa que a pessoa pode determinar o curso de sua vida. Em muitos sentidos, minha teoria é realmente um reflexo de meu caminho de vida."

Em 1977, Bandura publicou um artigo que mudou o modo como estudamos o sucesso e a motivação. Em "Self-efficacy: toward a unifying theory of behavioral change" [Autoeficácia: para uma teoria unificadora da mudança de comportamento], ele identificou uma diferença fundamental entre as pessoas que conquistam seus objetivos e aquelas que fracassam. As bem-sucedidas acreditam em sua habilidade de conquistar o objetivo. "Indivíduos muito seguros de suas capacidades encaram tarefas difíceis como desafios a serem vencidos e não ameaças a serem evitadas",[5] diz Bandura. Em outras palavras, se você realmente acreditar que pode fazer algo, terá mais chances de conseguir.

Uma pessoa com elevada autoeficácia acredita que pode alcançar seu objetivo e dá os passos necessários para que isso aconteça. Trabalha mais que as outras. Levanta mais as mãos. Faz perguntas. Pratica, erra e tenta novamente. Uma pessoa com baixa autoeficácia não precisa dos outros para se destruir. Faz isso sozinha. Rapidamente perde a confiança. Evita o risco e os desafios porque, de toda maneira, não terá sucesso (ou pelo menos assim pensa). Tende a desistir depois que ouve comentários negativos.

A boa notícia sobre a autoeficácia, como já vimos no caso de Joel Osteen, é que não é um traço predeterminado. Podemos desenvolvê-la. Osteen começou com baixa autoeficácia ("Eu não consigo pregar. Não sou bom orador. Ninguém quer me ouvir") e depois mudou para alta ("Eu motivarei as pessoas com minhas palavras. Todo mundo quer ouvir a história que tenho a compartilhar"). Em vez de se autodestruir, ele passou a esperar resultados positivos, um ingrediente essencial na fórmula de sucesso de Bandura.

Isso ajuda a contar com o apoio dos outros. De acordo com Bandura, "as pessoas socialmente convencidas de que possuem capacidade de dominar situações difíceis" tendem a fazer maiores esforços. A esposa de Osteen, Victoria, era sua campeã. Ano após ano, Victoria encorajava Joel a dar um passo. Ele acredita que um dos maiores motivos para ter chegado lá tão rápido foi o fato de Victoria acreditar nele. Ela o ajudou a ter mais confiança em si mesmo.

Joel Osteen é, acima de tudo, um storyteller. Ele compartilha histórias que plantam sementes de esperança. Entendeu que as melhores histórias são aquelas que falam sobre a própria transformação pessoal. Nesse trecho de um de seus sermões, Osteen conta como sua esposa lhe deu confiança para subir ao palco: "Uma das primeiras coisas que fiz foi cancelar a transmissão nacional de TV de meu pai. Pensei: 'Eu não vou para a TV. Não sei pregar. Ninguém vai me ouvir'. Contei a Victoria o que tinha feito, e ela disse: 'Joel, você precisa ligar para aquele homem e pegar o horário da TV de volta. As pessoas estarão assistindo ao programa no mundo todo'. Ela me convenceu a mantê-lo".[6]

Em seguida, Osteen usa sua história pessoal para reforçar o título do sermão, "É muito pequeno". Nessa parte, ele também se vale de um poderoso recurso retórico, a repetição enfática, que consiste no uso reiterado de uma palavra, expressão ou frase no mesmo discurso: "Eu nunca sonhei que a igreja cresceria. Havia 6 mil fiéis naquele tempo. Eu pensava que, se pudesse apenas manter o que meus pais haviam construído, já seria algo grande. No entanto, a grandeza de Deus é muito maior do que nossa grandeza. Minha grandeza era manter; a grandeza de Deus era multiplicar. Minha grandeza era segurar; a grandeza de Deus era impulsionar. Nossa grandeza é pagar as contas; a grandeza de Deus é ficar livre de dívidas e sobrar bastante. Nossa grandeza é conseguir aquela promoção; a grandeza de Deus é ter a própria empresa".

Depois de conectar sua história pessoal com o grande tema do sermão e aplicar isso à vida dos ouvintes, Osteen concluiu retomando a sua história: "Quando meu pai foi encontrar Deus, ele tinha um auditório com 8 mil assentos. Já era uma grande igreja, mas Deus disse que era muito pequena. Eu tenho um centro da Compaq. Tenho estádios para lotar. Tenho livros para publicar. Tenho líderes mundiais para encontrar. Durante toda a minha vida, quando eu achava que havia alcançado meus limites, Deus falava: 'Está bom, mas é muito pequeno'".

Li um artigo acadêmico de um aluno de comunicação que havia estudado as técnicas de Osteen. Ele escreveu que ficou "perplexo" com sua popularidade porque a mensagem soava "muito boa para ser verdade". Entretanto, depois de começar a ler os livros de Osteen e assistir a seus sermões, passou a ter um sentimento de calma. O lado "analítico" deu lugar a uma "resposta emotiva" maior. O estudante largou a raiva e a frustração que estava sentindo naquele momento de sua vida. Começou a dormir melhor. Encarou o mundo com um renovado senso de confiança e esperança, um "persistente sentimento de que o dia seguinte poderia ser melhor". O jovem que se propôs a explicar o impacto de Osteen sobre as pessoas sentiu os efeitos em si mesmo. Sem querer, tornou-se um case sobre o poder das histórias. Também não se deu conta de que o storyteller que ele escolheu estudar nunca teria chegado ao topo se não tivesse remodelado seu diálogo interno anos antes.

A HISTÓRIA QUE VOCÊ ESCOLHE CONTAR A SI MESMO

A história que você escolhe contar a si mesmo exerce uma poderosa influência sobre sua habilidade de cativar pessoas. Algumas crenças limitam seu potencial. Se você acredita que nunca conseguirá um emprego, provavelmente não conseguirá. Se acredita que nunca encontrará o trabalho dos sonhos, provavelmente não encontrará. Se acredita que não tem uma história para compartilhar, não achará nenhuma. E, se não acredita que algum dia dominará a arte de falar em público, provavelmente não dominará.

Vejo que pessoas que ficam nervosas ao falar em público dizem coisas terríveis a si mesmas, palavras que nunca deveriam ser ditas a alguém:

- Sou terrível dando palestras.
- Uma vez fiquei nervoso e isso me arruinou. Sou um orador horrível.
- Ninguém quer me ouvir. Sou chato.

Se esses são os tipos de frases que você diz a si mesmo dia após dia, não é de surpreender que fique nervoso! Você não pode controlar o que outras pessoas falam a seu respeito, mas pode controlar a história que passa em sua cabeça. A confiança de Osteen cresceu conforme ele substituía rótulos negativos por palavras de encorajamento, poder e força. "Rótulos errados podem distanciar você de seu destino", diz ele.

Pesquisadores acadêmicos no campo da comunicação afirmam que é praticamente impossível evitarmos o medo de falar em público. Isso é natural e vem de milhares de anos de evolução, da época em que os seres humanos precisavam ser aceitos em grupos sociais para sobreviver. Nossos ancestrais que não ligavam para a impressão que deixavam nos outros eram expulsos da tribo ou vila. Isso não é bom quando um tigre está na esquina à espreita. É totalmente aceitável, normal e compreensível *querer ser querido*. Na verdade, os comunicadores que não ficam nem um pouco nervosos são, com frequência, maus comunicadores, porque não ligam para seu desempenho, nem se preocupam em melhorar sua capacidade. Storytellers de sucesso aprendem a *gerenciar* seu medo e não a eliminá-lo. Reformular seu diálogo interno, a história que você conta a si mesmo, o ajudará a gerenciar e controlar seu medo.

Você tem ideias que estão destinadas a serem compartilhadas; histórias que estão destinadas a serem contadas. Muitas pessoas deixam suas ideias trancadas porque têm medo de falar em público ou de ser severamente julgadas. O medo de falar – o medo de se expressar – é um dos mais comuns para a maioria de nós. A boa notícia é que você pode superá-lo e, assim como Joel Osteen provou, superá-lo para valer.

O SEGREDO DOS STORYTELLERS

Storytellers inspiradores nem sempre nascem assim; eles se fazem. E eles se tornam ótimos reformulando a história que contam a si mesmos

CAPÍTULO 4

STING

UM ASTRO DO ROCK REDESCOBRE SEU TALENTO NA HISTÓRIA DE SUA JUVENTUDE

"Nunca houve dúvidas sobre o poder das narrativas em mudar as crenças." – Professora Melanie Green

Gordon nasceu e foi criado "nas sombras de um estaleiro em uma pequena cidade na costa nordeste da Inglaterra".[1] Suas lembranças mais antigas são de navios imensos no final da rua, bloqueando o sol. Toda manhã o menino observava pela janela milhares de pessoas indo trabalhar, na desgastante tarefa de construir embarcações gigantescas que transportariam cargas, soldados ou passageiros através dos oceanos. Muitos navios famosos saíram daquele estaleiro. O *RMS Carpathia* zarpou em 1912 para resgatar os sobreviventes do *Titanic*. Lá foram construídos navios para a Segunda Guerra Mundial, entre eles o *Sheffield* e o *Victorious*, que ajudaram a afundar o *Bismarck*, encouraçado da Alemanha nazista.

"O estaleiro era barulhento, perigoso e altamente tóxico. Apesar disso, os homens e as mulheres que trabalhavam nesses navios eram extraordinariamente orgulhosos do que faziam, e com razão. Algumas das maiores embarcações do planeta Terra foram construídas bem no final de minha rua",[2] lembra Gordon.

O pai de Gordon queria que seu filho se tornasse um trabalhador do estaleiro. O filho, porém, tinha os próprios sonhos, que o levariam para longe do encardido porto de sua juventude. Certa vez, viu a Rainha

Mãe chegar à cidade para batizar um navio. Ele e milhares de outras crianças ficaram nas ruas, balançando bandeiras do Reino Unido, conforme a família real passava em seu Rolls-Royce. Esse foi o evento que mudou a vida de Gordon. Ele reescreveu o final da narrativa construída por seu pai. Gordon decidiu que *ele* seria a pessoa no carro e que o trabalho de sua vida o levaria o mais longe possível do estaleiro de Wallsend. Imaginou uma vida extraordinária. Ele se encontraria com reis e rainhas, presidentes e primeiros-ministros. Milhões conheceriam seu nome. Viajaria para lugares exóticos e voltaria para seu castelo.

Esses sonhos de infância se tornaram realidade para Gordon Summer, que mais tarde seria conhecido por seu apelido, "Sting". Ele escreveu a história de sua vida com sucesso, e as histórias que conta em suas músicas são capazes de conectar milhões de fãs. Sting é um dos músicos que mais vendem no mundo. Em 1977, ele e seus amigos formaram The Police, banda de new wave que vendeu mais de 75 milhões de álbuns, o que os colocou entre os artistas que mais venderam em todos os tempos. A banda acabou em 1986, e Sting iniciou uma carreira solo de sucesso... até o dia em que as canções pararam de surgir.

AS FERRAMENTAS DOS STORYTELLERS

Sting teve um bloqueio criativo. E não foi o tipo comum de bloqueio, em que basta uma caminhada vigorosa para reiniciar o processo de ter ideias. Não, esse foi crônico. "Dia após dia você encara a página branca, e não vem nada. E esses dias se tornam semanas, e as semanas se tornam meses, e logo esses meses se tornam anos, com poucos resultados diante de seus esforços. Sem canções. Então, você começa a se fazer perguntas: 'O que eu fiz para ofender os deuses que me abandonaram?', 'O dom de compor músicas me foi tirado tão facilmente quanto foi concedido?'."[3]

Sting encontrou sua musa perdida nas histórias de sua juventude. Pensou consigo mesmo: "E se seu melhor trabalho não fosse de jeito nenhum sobre você, mas sobre outra pessoa? Teria seu melhor trabalho acontecido quando você ignorou o próprio ego e parou de contar sua história, contando a história de outra pessoa, de alguém que talvez não tivesse voz, e você, empaticamente, se colocou em seu lugar por um tempo ou viu o mundo com os olhos dele?".

Sting decidiu escrever sobre o que conhecia. Retornou para a monótona paisagem do estaleiro, o lugar ao qual ele havia prometido nunca voltar. E contou as histórias das pessoas que conhecia, as histórias de suas revoltas, frustrações, alegrias, esperanças e sonhos. *The Last Ship*, seu musical da Broadway, é sobre a vida em Wallsend. Nele, Sting conta a história de Gideon Fletcher, que, assim como ele, sonhava com um futuro diferente e saiu da cidade como adolescente rebelde. Conta a história de Meg Dawnson, uma ruiva estonteante que Gideon amava e por quem retorna, vendo que os anos mudaram não só a ela, como a toda a cidade. Conta a história do irreverente padre O'Brien, um boca-suja que gostava de beber, mas também inspirava a comunidade. "Uma das primeiras coisas que escrevi foi uma lista de pessoas que eu conhecia, e elas se tornaram personagens em um tipo de drama tridimensional no qual explicam quem são, o que fazem, suas esperanças e seus medos do futuro",[4] explica Sting.

Ele revelou sua história, a história de sua origem, a narrativa da vida que moldou sua identidade. Grandes compositores são especialistas em contar a própria história. Se você não sabe de onde vêm os personagens, não ligará para onde eles vão.

A HISTÓRIA DE SEU PASSADO CRIA A VISÃO DE SEU FUTURO

Mary foi meu primeiro amor. Ainda posso ouvir a porta de tela bater. Vejo seu vestido balançar enquanto ela dança através da varanda. O rádio no fundo está tocando uma música de Roy Orbison. Mary fere uma porção de corações. Na verdade, tantos que "havia fantasmas nos olhos" de todos os garotos que ela dispensou. Eles gritavam seu nome enquanto "assombravam estradas litorâneas empoeiradas nas carcaças de Chevrolets queimados". O interessante sobre Mary é que ela não era bonita, mas, ei, era OK. Claro, estou falando da personagem da canção *Thunder Road*, de Bruce Springsteen, cuja letra foi considerada pela revista *Rolling Stone* uma das melhores já escritas.

Springsteen estava com apenas 24 anos quando escreveu algumas das letras mais sólidas da história do rock. As músicas tinham personagens com quem você queria se envolver, cenários e uma história de fundo. Springsteen, adolescente problemático que encontrou consolo nas canções de Roy Orbison, uma vez falou que escreveu histórias sobre pessoas que conhecia – pessoas da classe operária lutando para viver dentro do orçamento em Freehold, uma decadente cidade industrial de Nova Jersey.

Existe algo sobre música, dificuldades e Nova Jersey. Outro roqueiro desse estado, Jon Bon Jovi, também é um especialista em histórias. Ele nos apresentou a Tommy e Gina. Tommy trabalha nas docas. O sindicato está em greve e Tommy está sem sorte. Gina trabalha no restaurante o dia todo e sonha em fugir. Ela chora à noite, e, quando Tommy diz: "Baby, está tudo bem. Temos um ao outro e isso é o bastante", um estádio lotado não consegue deixar de cantar o refrão bem alto: "Pegue minha mão e eu juro que vamos conseguir, oh, oh, como em uma prece". A história dá ao público um motivo para se importar com Tommy e Gina. Os personagens não são reais; ainda assim, todo mundo pode se enxergar em seu conflito e em sua busca de redenção.

Todos nós temos uma história. O dom de contar histórias frequentemente vem embalado nos eventos ou pessoas que moldaram nossa vida.

Um professor universitário de comunicação certa vez dividiu os alunos em duplas e pediu que contassem uma história um ao outro, a história de um evento significativo de sua vida. Ele me falou de uma estudante que se aproximou dele e disse: "Não tenho nenhum momento significativo em minha vida".

"Você hoje é a mesma pessoa – no segundo ano da faculdade – que era quando estava no terceiro ano da escola?", perguntou-lhe o professor.

"Não, claro que não", respondeu ela.

"Então, alguma coisa aconteceu com você que a fez crescer, que a forçou a olhar para o mundo de modo diferente. Esse evento é um momento significativo."

O rosto da estudante brilhou conforme ela começou a refletir, talvez pela primeira vez, sobre os eventos e as pessoas que levaram a sua transformação pessoal.

O que aconteceu em seu passado importa mais quando cria uma visão ou uma cultura que o conduz para o futuro.

Um dia recebi uma carta escrita à mão do fundador e CEO de uma companhia de seleção de pessoas que cresce rapidamente. Em 12 anos, Bobby Herrera construiu o Populus Group do zero até alcançar uma receita anual de US$ 200 milhões. A carta começava com a seguinte história:

> Quando eu tinha 17 anos, meu irmão e eu estávamos retornando de uma viagem por causa de um jogo de basquete. O time parou para jantar, e todos deixaram o ônibus, exceto meu irmão e eu. Não tínhamos dinheiro para jantar com o resto do grupo e, por isso, ficamos no ônibus. Alguns minutos depois, um dos pais veio a bordo. Eu me lembro da conversa como se tivesse acontecido hoje. Ele disse: "Eu ficaria muito feliz se vocês me deixassem pagar seu jantar e se juntassem ao resto do time. Ninguém precisa saber. Tudo o que vocês têm de fazer para me agradecer é fazer a mesma coisa para outra criança no futuro". Isso ficou em meu coração para sempre. Quando penso em todos os riscos que corri na vida e em tudo o que passei para fazer desta empresa o que ela é, foi por causa do presente que recebi nesse dia. Eu não queria nada mais do que criar um meio de poder fazer a mesma coisa por outras crianças como eu naquele ônibus.[5]

Esse ato de bondade no ônibus inspirou o jovem a construir uma empresa para "devolver à sociedade". Hoje essa companhia e seus 3 mil funcionários e consultores estão comprometidos em fazer diferença na vida dos jovens das nove cidades em que operam. Os funcionários dedicam parte de seu tempo ao trabalho voluntário e se comprometem a ajudar cerca de 1.500 crianças por ano com novos materiais escolares, eventos com alimentação e parcerias com bancos de alimentos e organizações beneficentes.

Herrera compartilha sua história pessoal daquele pai no ônibus como uma ferramenta para ensinar seus colaboradores sobre a cultura organizacional que ele quer criar: que recompense a criatividade, a inovação e o espírito empreendedor.

"Uma grande cultura ajuda a atrair grandes pessoas",[6] diz ele. "A cultura está para o recrutamento assim como o serviço está para os clientes. Assim como os clientes são atraídos por um serviço acima da média, pessoas fantásticas são atraídas por uma grande cultura. Independentemente de planejarmos ou não, a cultura vai acontecer. Por que não criar a cultura que queremos?"

O líder empresarial, por definição, define a visão. No entanto, a visão será ignorada se não estiver acompanhada de uma história convincente. Por exemplo, Herrera conta aos funcionários que "todo mundo merece uma oportunidade para ter sucesso. É por isso que existimos". Se você não soubesse da história do fundador, da história do pai no ônibus, da visão cultural que ele propõe, isso soaria como retórica vazia. A história dá significado à visão. "Com o tempo, a cultura se torna uma incrível vantagem competitiva que ninguém pode tirar de você", comenta Herrera. "Se o serviço for bom, as pessoas tentarão copiá-lo, mas uma grande cultura é praticamente impossível de duplicar, a não ser que você tenha as mesmas pessoas fantásticas."

Preste atenção a seu passado. Ele contém histórias sobre onde você esteve, como chegou aqui e onde está agora. Às vezes, quando você se sente emperrado, as histórias de seu passado e as pessoas que conheceu podem impulsioná-lo adiante. Pergunte a Sting.

O SEGREDO DOS STORYTELLERS

Storytellers inspiradores são ansiosos para compartilhar a própria história, porque ela é um presente que moldou sua vida, sua carreira e seus negócios.

CAPÍTULO 5

TONY ROBBINS

MUDE SUA HISTÓRIA, MUDE SUA VIDA

"A vida tem significado apenas na luta." –
Stevie Wonder

Um garoto pobre é criado por uma mãe solteira que luta contra o alcoolismo e é inclinada à violência. Ele conquista fama e fortuna e se torna milionário antes dos 30 anos. Os bons tempos acabam, e ele quebra. É forçado a viver em uma quitinete, lavando louça na banheira. O homem reconquista sua fortuna e mais um pouco. Hoje anda com a realeza. Pela bagatela de US$ 1 milhão ao ano, aconselha reis e rainhas, presidentes e primeiros-ministros, celebridades e líderes empresariais. Trocou o apartamento minúsculo por um resort de 121,4 hectares no norte de Fiji.

Se você ainda não adivinhou, o protagonista desta história é o guru motivacional Tony Robbins. Com seus 2 metros de altura, é um grande homem com uma grande missão: ele se autodenomina "caçador da felicidade humana". Também é um dos palestrantes de maior sucesso da atualidade. A palestra de Robbins no TED obteve mais de 14 milhões de visualizações, sendo uma das dez mais vistas da história do evento. Ele traz energia e paixão a seus seminários de 50 horas, que, ao todo, foram assistidos por 4 milhões de pessoas. Outros 50 milhões compraram seus livros e audiolivros. Aos 55 anos, Robbins é uma usina de energia motivacional, mas não nasceu assim. Foi uma conversa específica que o colocou na trilha do sucesso.

Robbins estava escrevendo um artigo sobre esportes para um anuário do ensino médio quando teve a oportunidade de entrevistar Howard Cosell, lendário âncora do jornalismo esportivo. Ele lhe perguntou o que era necessário para ser um narrador esportivo de sucesso. Cosell respondeu: "Você tem de aprender a entender a arte da comunicação e desenvolvê-la de maneira a captar a atenção do maior número de pessoas possível".[1]

Robbins aceitou o conselho e agiu com base nele. Estimulado pelo professor, concorreu para presidente do grêmio estudantil. Poucas pessoas acreditavam em suas chances de vitória, mas um discurso bem construído o colocou à frente na competição. Sua colega de classe Julie Fellinger estava lá quando Robbins subiu ao pódio. "Ele falou com o coração",[2] lembra ela. "Contou uma história sobre si mesmo, sobre sua luta para crescer. Foi muito tocante. Foi muito convincente. Foi inspirador. Ele foi eleito presidente do grêmio por causa disso." Quando Robbins tinha 11 anos, sua família não dispunha de dinheiro suficiente para comprar uma refeição para o Dia de Ação de Graças. Um estranho bateu à porta de sua casa e deixou alimentos. Robbins nunca esqueceu esse ato de bondade, e isso influenciou os programas de caridade que ele depois criou. O importante para o tópico do storytelling é que Robbins logo entendeu que, compartilhando sua dor pessoal, poderia criar forte conexão emocional com seus ouvintes, muitos dos quais estavam no colégio Glendora, em Los Angeles, em 1977 e viviam o mesmo contexto socioeconômico.

Nesse momento, Robbins aprendeu a lição fundamental sobre o que separa os super-realizadores de todos os demais. Pessoas que vivenciaram dor, pobreza, conflito ou desespero – e muitos dos storytellers deste livro experimentaram tudo isso – só são empoderadas por suas experiências quando desenvolvem a coragem de abraçar sua história, aprender com suas falhas e compartilhar suas lições de luta com os outros.

AS FERRAMENTAS DOS STORYTELLERS

"Eu sempre digo: 'Mude sua história, mude sua vida', porque, seja lá qual for sua história, ela dará forma a sua vida",[3] diz Robbins. Ele acredita que o problema é que algumas pessoas são viciadas em reviver as próprias histórias de dor até que isso se torne uma prisão mental, impedindo-as de atingir seu potencial. "Todos temos partes da vida que moldam a forma que aparentamos e como nos comportamos hoje. Todos temos uma história. Todos temos múltiplas histórias. A questão é: qual delas está se desenrolando agora?"

Robbins entrevistou e prestou consultoria para as pessoas mais bem--sucedidas de nosso tempo: Bill Clinton, Nelson Mandela, Marc Benioff e incontáveis outras. Em seus 30 anos de carreira estudando o crescimento e o desenvolvimento pessoal, Robbins descobriu que a maioria das pessoas bem-sucedidas compartilha uma história de conflito, e é a fome de escrever uma nova história que lhes permite superar suas circunstâncias limitantes. "Se você perguntar: 'Qual a diferença entre os seres humanos na maneira como se desempenham?',[4] a resposta não será a inteligência ou a habilidade", explica ele. "Praticamente qualquer conhecido nosso que tenha feito algo de que sinta orgulho na vida, ou que o tenha levado a se sentir bem consigo mesmo, teve de passar por obstáculos, suas histórias limitadoras. Eles tiveram de encontrar algo que quisessem muito. Essa fome frequentemente vem de uma história de frustração, ou dor, ou desejo. Encontrar essa pedra de toque e fazê-la pegar fogo é o que você precisa para realmente ajudar alguém que não esteja focado e faminto para mudar sua vida."

Robbins se agarra a sua história de ambição para manter a motivação e motivar os outros. Uma busca no Google por "Tony Robbins + 400 square foot apartment" [Tony Robbins + apartamento de 37 metros quadrados] fornecerá mais de 250 mil links. A história é de conhecimento público porque Robbins não a esconde. Ele a abraça e usa a dor que sentiu quando não tinha nada para comer, nem um teto sobre a cabeça, para impulsioná-lo adiante. Também usa essa história para se conectar com o público.

O sucesso deixa pistas e, frequentemente, essas pistas estão bem diante de seus olhos. As pessoas simplesmente querem saber que é possível viver uma vida melhor. Por meio de sua história, Robbins proporciona um exemplo vivo. "Se ele consegue fazer, eu também consigo", dizem a si próprias.

Robbins é amigo próximo do ator Sylvester Stallone, que tem uma história de luta similar. Quando Stallone escreveu o roteiro de *Rocky*, os produtores ofereceram US$ 350 mil pelos direitos autorais, com a ressalva de que Stallone, a quem eles não enxergavam como grande ator, não interpretasse o papel principal. Stallone, que naquela época tinha US$ 100 na conta, disse "não". "É minha história",[5] afirmou. Acabou negociando um acordo para interpretar o personagem principal por US$ 35 mil e uma participação nas receitas. *Rocky* faturou US$ 200 milhões. Stallone recusou vender seu roteiro para que nenhum outro ator interpretasse o personagem-título porque a história do pugilista era uma metáfora de *sua* história de vida.

O ARCO DRAMÁTICO

Um produtor de filmes de Hollywood uma vez me disse que *Rocky* é um dos melhores filmes já feitos porque tem um arco dramático irresistível. Um roteirista hábil cria um personagem com quem a gente se importa, e Rocky Balboa é a exata encarnação desse tipo de personagem. O filme é dividido em três partes. A primeira constrói a história de vida de Rocky, a luta que ele precisa vivenciar em seu caminho rumo à redenção. Rocky não é só azarado. É um pugilista medíocre que vive em um apartamento sujo e escuro. Consegue seu ganha-pão quebrando dedos para um agiota. No meio do filme, deparamos com um gancho emocional. Por meio de um golpe de sorte, Rocky Balboa consegue a oportunidade única de lutar contra o campeão mundial, Apollo Creed. Ele treina duro e de um jeito pouco convencional, socando peças de carne em vez dos tradicionais sacos de pancada, e corre, subindo e descendo, pelos degraus do Museu de Arte da Filadélfia, acompanhado pela vibrante trilha sonora de Bill Conti. Quando o público chega à terceira parte do filme – o conflito e resolução –, está emocionalmente envolvido com Rocky e torcendo para vê-lo alcançar seu objetivo, que, por sinal, não é ganhar a luta. Ele só quer completar a luta sem ser nocauteado. Rocky consegue, e, conforme abraça Adrian, que sempre esteve a seu lado, é praticamente impossível a plateia se manter sentada. As pessoas se levantam e comemoram com um personagem fictício porque foram transportadas para sua vida e enxergam algo de si mesmas em sua luta. "Se ele consegue fazer, eu também consigo."

A primeira regra para a produção de filmes emocionais é criar cenas, no começo da história, que coloquem a vida do herói em perspectiva. As pessoas constroem uma relação com personagens de quem gostam e com cujos conflitos se identificam. Caso contrário, não ligam para a solução. Assim como grandes filmes têm arcos dramáticos que levam o público a uma jornada de conflito e redenção, os mais bem-sucedidos storytellers empresariais também têm. Eles lutam, encontram forças em seu conflito e, no final, sucesso e redenção.

Quanto mais grandioso for o arco, melhor a história, e mais provável será despertar a paixão das pessoas. Em toda palestra, Tony Robbins conta a história de sua primeira luta porque esse arco deixa as pessoas emocionalmente interessadas em sua resolução. Quanto mais dramático, mais provável será despertar a paixão em seu público. Algumas pessoas na plateia podem ter vivenciado pobreza extrema, assim como Robbins. Outras vieram das classes média ou alta, mas podem ter sentido a dor de pais problemáticos ou algum evento que as tenha deixado desmoralizadas ou desiludidas. As pessoas se conectam à história de Robbins porque ela se torna *sua* história.

Praticamente todas as pessoas citadas neste livro encararam um desafio pessoal ou uma luta em sua vida e venceram essa luta em parte por falar dela e aprender com ela. Mas não se engane: a história de luta que elas compartilham com o mundo só é impactante porque elas a remodelaram e a abraçaram.

Todos nós vivenciamos eventos seminais em nossa vida. Em alguns casos, como o de Tony Robbins, foi a vivência de pobreza extrema, mas, para você, pode ser algo completamente diferente, como não ter conseguido cursar a faculdade que mais queria ou ter sido rejeitado em um trabalho. Você pode se envolver com o evento e usá-lo como experiência de crescimento, ou deixar que ele o controle, geralmente levando-o à lona. Seu potencial não está enraizado em sua história; ele é formado pela maneira como você *interpreta* sua história.

O SEGREDO DOS STORYTELLERS

As histórias têm o poder de moldar nossa vida e a vida de quem nos ouve. Nossa experiência pessoal - as histórias pelas quais passamos - construiu quem somos hoje. As histórias de superação de obstáculos proporcionam um arco dramático para a narrativa que contamos ao mundo. Storytellers inspiradores não evitam as partes difíceis de seus arcos, e sim abraçam cada passo como uma oportunidade para transformar e fazer uma conexão emocionalmente significativa com sua audiência.

CAPÍTULO 6

OPRAH

O PODER DE SUA LENDA PESSOAL

"Você precisa saber o que acende sua própria faísca, para poder iluminar o mundo." – Oprah Winfrey

Em 29 de janeiro de 1954, uma adolescente solteira deu à luz uma menina em Kosciusko, Mississippi. Os pais da criança não se amavam, nem tinham a intenção de criá-la. Então, enviaram-na para viver com a avó dela, Hattie Mae.

À medida que a bebê amadurecia e se tornava uma menininha precoce, Hattie Mae a encorajava a ler livros, começando pela Bíblia. Aos 3 anos, a garota começou sua "carreira" de oradora, recitando versículos da Bíblia que havia memorizado. Além disso, sua família se reunia na casa da avó para trocar histórias sobre a guerra na Europa. "Se meu gosto pelo storytelling começou em algum lugar, foi na sala de jantar de minha avó. Lá eu aprendi a amar o som da linguagem, a amar como as palavras ganham cadência."[1]

Conforme os anos passavam, a menina ficava cada vez mais confortável em frente a qualquer plateia, até que, um dia, suas habilidades de storyteller a tornaram uma das pessoas mais influentes do planeta e um exemplo para milhões de mulheres.

No entanto, a estrada para a fama e riqueza não foi fácil. A garota teve uma infância difícil, que esmagaria a maioria das pessoas. Vivenciou a pobreza extrema, a negligência, o racismo e o abuso sexual.

Mudou sua vida por volta dos 16 anos, depois de ler a autobiografia de Maya Angelou, *Eu Sei Por Que o Pássaro Canta na Gaiola*. "A cada página, parecia que a vida dela imitava a minha",[2] escreveria a menina mais tarde. "Conhecer Maya naquelas páginas era como me conhecer por completo. Pela primeira vez, como adolescente negra, minha experiência foi validada."

Inspirada no jeito de escrever de Maya Angelou, a garota concluiu que aprimorar seus talentos como oradora a ajudaria a deixar sua marca no mundo e então começou a se dedicar a essa arte. Em 1970, ganhou uma competição de oratória, que lhe garantiu uma bolsa de quatro anos na Tennessee State University, onde se graduou em oratória e teatro. A menina Oprah Winfrey escolheu a carreira de jornalismo.

Começou como repórter e âncora de TV em Baltimore, Maryland. No entanto, o jornalismo não parecia natural para ela. Não era apaixonada pelo trabalho, e, apesar de receber US$ 25 mil por ano – na época, uma fortuna para ela –, ficou presa a esse patamar. Como é sempre o caso, a cadeia de eventos que mudaria sua vida teve início com uma adversidade. Oprah logo entendeu que o jornalismo não era para ela. Parecia um "ato não natural", que a deixava relutante em abraçar seu papel na transmissão. O chefe de Oprah queria demiti-la, mas não estava disposto a pagar a multa do contrato. Então, ele a "rebaixou", tornando-a apresentadora de um obscuro programa de entrevistas da emissora. Sua primeira entrevista a levou a perguntar a um vendedor de sorvetes da empresa Carvel sobre o sorvete multissabores. Enquanto a maioria dos jornalistas "sérios" se sentiria insultada, Oprah imediatamente se deu conta de que encontrara seu lugar no mundo. "Todos têm um chamado, e sua verdadeira tarefa na vida é descobrir o que é e pôr as mãos na massa para realizá-lo."[3] Oprah trocou Baltimore por Chicago e começou a perseguir seu chamado.

Quando recebeu a ligação para comandar um talk show local em Chicago, o rei desse formato era Phil Donahue. Praticamente todas as pessoas da vida de Oprah, exceto Gayle, seu melhor amigo, disseram que ela fracassaria. Entretanto, a única voz que importava era aquela que vinha de seu coração. "Realmente sou guiada por uma força que é maior do que eu mesma",[4] disse uma vez aos estudantes de MBA da

Stanford University. "Todos os seres humanos são chamados. O chamado vai além da definição do trabalho de cada um. Existe um momento inato e supremo de destino para todo mundo."

Você não pode inspirar a menos que esteja inspirado. O segredo de dominar a arte do storytelling é, em primeiro lugar, cavar fundo e identificar sua verdadeira paixão, seu chamado. Se você não comprar sua história, ninguém mais a comprará.

AS FERRAMENTAS DOS STORYTELLERS

Paulo Coelho, um dos autores favoritos de Oprah, descreve o chamado como uma "lenda pessoal" em seu livro *O Alquimista*. Quando uma pessoa escolhe um caminho que preenche sua alma com paixão e entusiasmo, está seguindo sua lenda pessoal, e, quando isso ocorre, "todo o universo conspira a seu favor".

Oprah descobriu que fazer reportagens não era sua lenda pessoal, assim como não era sentar-se em uma cadeira atrás de uma mesa, como âncora. Quando começou seu talk show em Chicago, ela também estava se desviando de sua lenda pessoal – quase sempre apresentando histórias de um tipo bem comum nos talk shows de hoje em dia, explorando seus convidados. Um episódio particularmente brutal deixaria clara a necessidade de estabelecer um caminho e uma missão diferentes para seu programa. Três convidados – um homem, sua mulher e a amante – apareceram para falar sobre infidelidade. O homem revelou, ao vivo, que a amante estava grávida. O impacto visceral dessa notícia na esposa assustada proporcionou a Oprah um momento "transformador". "Eu olhei para o rosto dela e senti sua humilhação. Senti sua vergonha. E pensei: nunca mais."[5] Oprah decidiu assumir o controle de sua lenda pessoal. Disse a seus produtores que nunca mais seria usada pela TV. Em vez disso, usaria a TV como plataforma para compartilhar histórias que provocassem impacto positivo. "Meu trabalho não é ser entrevistadora ou apresentadora de talk show. Estou aqui para aumentar o nível de consciência, para conectar pessoas a ideias e histórias, de modo que elas se identifiquem e procurem uma vida melhor."

Você só vai atingir a plenitude de seu destino quando se tornar autoconsciente e conectado a sua voz interior. Storytellers inspiradores conhecem o propósito central de sua vida. Suas mensagens fluem facilmente do significado que eles tiram de sua história de vida, quase sempre um conto de luta e redenção, de tensão e triunfo.

Oprah não chama a si mesma de "apresentadora de talk show" porque enxerga sua história de vida como a de alguém que faz uma contribuição mais profunda à sociedade. Entende seu papel como o de ampliar a consciência do público. Storytellers inspiradores colocam em seus trabalhos significados que vão além de um cargo ou produto. Howard Schultz, CEO da Starbucks, não está no negócio de vender café; ele está no negócio de pessoas. Steve Jobs não fabricava computadores; enriquecia vidas. Richard Branson não vende assentos em voos; eleva a experiência do cliente. E Oprah Winfrey não é uma apresentadora de talk show; ela amplia a consciência humana.

Todos nós temos uma plataforma de storytelling, uma tela a ser pintada. A plataforma de Oprah pode ser maior do que a sua, mas todos começam com uma folha em branco para escrever sua história. Se você é escritor, seu blog pode ser a tela. Se você é pai, pode se candidatar a presidente do Grupo de Pais e Mestres e usar essa oportunidade como sua tela. Se você tem um negócio, a área de vendas é seu palco. As plataformas aparecem em diferentes formas e tamanhos, mas todas oferecem uma oportunidade para compartilhar sua história. "Seja lá onde você esteja, essa será sua plataforma, seu palco, seu círculo de influência. Esse é seu talk show, e é aí que seu poder está",[6] diz Oprah.

Como storyteller, Oprah usa uma técnica narrativa clássica para inspirar sua audiência: começa com um início simples, ajuda o público a se identificar com a história e transforma a experiência em lição. O público pode alcançar os três passos em dois minutos, assim como ela fez quando aceitou o Prêmio Humanitário Bob Hope no Emmy de 2003.

> Cresci em Nashville, com um pai que tinha uma barbearia. Eu não conseguia convencê-lo a se aposentar. Todo feriado os mendigos pediam a meu pai cortes de cabelo e dinheiro. Todos esses caras sempre acabavam em nossa mesa de jantar. Certa vez, questionei: "Pai, por que não podemos

ter pessoas normais na ceia de Natal?". Meu pai disse: "Elas são pessoas normais. Querem a mesma coisa que você". E eu perguntei: "O quê?". E ele respondeu: "Ser alimentadas". Naquela época, eu pensava que ele falava somente do jantar, porém, mais tarde, aprendi quanto aquilo era profundo. Afinal, todos nós somos pessoas normais, procurando a mesma coisa. Nós só queremos saber que alguém se importa conosco.[7]

A estrutura clássica das histórias requer que a narrativa comece com um fato, um evento ou uma ação. A história de Oprah começou com um evento de sua vida, a conversa na ceia de Natal. A segunda marca da narrativa clássica é a transformação – o protagonista sofre uma mudança, uma transformação. A transformação de Oprah aconteceu quando seu pai deu uma explicação para convidar moradores de rua para a ceia de Natal. O terceiro e último passo é o protagonista aprender uma lição que finalmente leva o herói a viver uma vida melhor.

Oprah é habilidosa em se conectar com o público e fazê-lo se sentir capaz de realizar a mesma transformação. "O segredo para o sucesso de 25 anos do programa é que as pessoas podem se enxergar em mim. No mundo todo, as pessoas podem se enxergar em mim",[8] disse ela aos estudantes de administração de Stanford.

J. K. Rowling, autora da série *Harry Potter*, tem algo muito em comum com Oprah. Ambas as mulheres vivenciaram a pobreza extrema, seguiram suas paixões e se tornaram bilionárias. Oprah e Rowling também tomaram a decisão de reescrever a história da vida delas, alavancando suas dificuldades e seguindo a estrutura da narrativa clássica para inspirar o público.

Em seu famoso discurso de formatura de Harvard, Rowling seguiu a estrutura de história em três partes: 1) evento-gatilho, 2) transformação e 3) lição aprendida.[9]

Evento-gatilho: Sete anos depois de se graduar na universidade, Rowling vivenciou um fracasso "épico". "Um casamento excepcionalmente curto implodiu, e eu estava sem emprego, era mãe solteira e a pessoa mais pobre possível sem ser moradora de rua na Grã-Bretanha. Os receios que meus pais tinham por mim, e que eu tinha por mim mesma, haviam se tornado realidade. Por todos os critérios, eu era o maior fracasso que conhecia."

Transformação: Rowling descobriu o benefício do fracasso. "O fracasso significou livrar-me do que não era essencial. Parei de fingir a mim mesma que era outra coisa e comecei a direcionar toda a minha energia a terminar o único trabalho que importava para mim [escrever *Harry Potter*]. Mesmo que eu tivesse sido bem-sucedida em outras coisas, nunca havia encontrado determinação para ter êxito no único lugar a que eu acreditava realmente pertencer. Assim, o fundo do poço se tornou o pilar sobre o qual reconstruí minha vida... O fracasso me ensinou coisas sobre mim mesma que eu não poderia ter aprendido de outra maneira."

Lição de vida: "Você pode nunca fracassar na mesma escala que eu, mas algum fracasso na vida é inevitável. É impossível viver sem fracassar em algo, a menos que você viva com tanto cuidado que acabe não vivendo nada – nesse caso, você fracassa por definição. Saber que você voltou mais sábio e mais forte de contratempos significa que, para sempre, estará certo de sua capacidade de sobreviver. Você nunca se conhecerá de verdade, nem a força de seus relacionamentos, até que sejam testados pela adversidade. Esse conhecimento é uma grande dádiva".

O SEGREDO DOS STORYTELLERS

Os storytellers mais inspiradores do mundo alinham sua personalidade com seus propósitos de vida para criar uma lenda pessoal. Ao destacarem sua luta em uma narrativa em três partes, eles nos inspiram a trabalhar mais duro, ter aspirações maiores ou simplesmente viver uma vida melhor. Nós nos enxergamos em sua luta. Simpatizamos com suas inseguranças. Aplaudimos seu sucesso, porque ele nos traz esperança. Se eles conseguem superar seus obstáculos, nós também conseguimos.

CAPÍTULO 7

HOWARD SCHULTZ

O REI DO CAFÉ COLOCA SEU CORAÇÃO NA EMPRESA

"Quanto mais tediosa sua origem, mais provavelmente você usará sua imaginação e inventará mundos onde tudo parecerá possível." – Howard Schultz

Em um dia frio de janeiro de 1961, Fred Schultz quebrou o tornozelo enquanto trabalhava como entregador de fraldas. Ele odiava o trabalho, mas perdê-lo seria pior: isso o colocaria em uma espiral negativa. Howard, filho de Fred, tinha 7 anos naquela época e se lembra perfeitamente do acidente. "A imagem de meu pai jogado no sofá, com a perna engessada, incapaz de trabalhar ou ganhar dinheiro, moído pelo mundo, ainda está gravada em minha mente."[1]

Fred Schultz e sua família não tinham renda, plano de saúde, seguro-desemprego, nem mesmo onde cair mortos. Ainda jovem, vivendo uma vida difícil em uma casa popular do Brooklyn, Howard teve a experiência que moldaria seus valores e aspirações: "Eu soube, em meu coração, que, se um dia estivesse em uma posição de fazer diferença, não deixaria as pessoas para trás". Hoje, como CEO e presidente da Starbucks, Howard Schultz está em condições de fazer diferença para mais de 180 mil funcionários e suas famílias.

Schultz sempre conta a história de seu pai para exemplificar a missão e os valores da Starbucks. A história de seu pai molda o "porquê" das iniciativas da organização. A visão de Schultz era construir uma empresa que tratasse as pessoas com dignidade e respeito, o tratamento que seu pai nunca teve. "Café é o produto que vendemos, porém não é nosso negócio", diz ele. "Não estamos no negócio de café. Bem, estamos como produto. Mas estamos no negócio de pessoas. É tudo conexão humana."[2]

Como deve ser uma empresa que está no negócio de pessoas? Ela deve oferecer seguro-saúde a todos os funcionários, até os de meio período. Deve criar um plano de distribuição de lucros inovador, com oferta de ações a todos os funcionários. Deve se comprometer a contratar 10 mil militares veteranos em cinco anos. Se Howard Schultz tivesse construído uma companhia que estivesse somente no negócio de café, ela seria bem diferente do que é hoje e muito provavelmente teria bem menos sucesso. "Tratar os funcionários com benevolência não deveria ser visto como custo que diminui o lucro, e sim como uma potente carga de energia que pode fazer com que a empresa se torne algo muito maior do que um líder poderia vislumbrar",[3] escreve ele. "A Starbucks se tornou um legado vivo de meu pai." Moldando a organização dessa maneira, Schultz não a está posicionando como produtora de lucros. Em vez disso, é uma história na qual os funcionários interpretam o papel principal.

Enquanto a história do pai de Schultz serviu de combustível para seu desejo de construir uma empresa que tratasse os funcionários com o merecido respeito, outro evento transformou a Starbucks de uma pequena loja de grãos de café em uma rede que serve 60 milhões de clientes por semana. Eis aqui como Schultz se lembrou da experiência em uma conversa com Oprah Winfrey:

> As pessoas acham que sou o fundador da Starbucks. Eu era só um funcionário quando a Starbucks tinha apenas quatro lojas. Fui enviado para a Itália em uma viagem da empresa e retornei com a sensação de que a Starbucks estava no negócio errado. O que eu quis trazer de volta foi o ritual diário, o senso de comunidade e a ideia de que poderíamos construir esse terceiro lugar entre a casa e o trabalho nos Estados Unidos. Foi uma epifania. Eu fiquei fora de mim. Entrei e vi aquela sinfonia de atividade, o romance e o teatro do café. O café estava no centro da conversa, criando um senso de comunidade. Foi o que me tocou.[4]

A experiência "tocou" Schultz porque ele viu a história daquilo que a Starbucks se tornaria. Schultz nunca se cansa de contar as histórias de sua infância ou de sua visita à Itália. E isso é uma boa coisa. Existe uma relação direta entre suas histórias, funcionários engajados e clientes satisfeitos, que enxergam suas lojas como algo maior do que um lugar onde dar aquela energizada matinal.

AS FERRAMENTAS DOS STORYTELLERS

Schultz estudou comunicação e oratória na University of Michigan e aprendeu o papel que as histórias exercem na mobilização de funcionários em torno de um propósito. Ele usaria a história de sua viagem à Itália para dar vida a sua visão. A visão de Schultz para a Starbucks era criar "um terceiro lugar entre a casa e o trabalho". Essa história preenche sua visão com detalhes sensoriais.

Schultz conta a história da Itália com frequência, sempre com detalhes consistentes, e ela se tornou parte das tradições da Starbucks. Aqui, ele está em uma entrevista para o programa *The Disruptors*, no canal Bloomberg; observe como é parecida com a história que ele contou a Oprah: "Um ano depois de entrar para a empresa, fui à Itália pela primeira vez. Você não pode andar por nenhuma grande cidade ou vila sem entrar em uma cafeteria e ver o senso de comunidade, romance e teatro ao redor do expresso. Isso me fez entender que a Starbucks não estava na parte certa do negócio de café. O verdadeiro negócio e a real oportunidade eram integrar a bebida com um senso de destino e comunidade na loja".[5]

Schultz leva 30 segundos para contar a história de origem, a história da marca Starbucks. Ela foi decisiva para o sucesso da marca porque, em 1987, poucas pessoas nos Estados Unidos tinham ouvido falar do café latte. Não sabiam o que fazer com o conceito de "terceiro lugar". Mesmo os fundadores da Starbucks rejeitaram, de início, a ideia de Schultz. Ele deixou a empresa por dois anos e abriu a própria cafeteria italiana. Os fundadores, em dificuldade financeira, o chamaram de volta e, em 1987, venderam-lhe a companhia por US$ 3,8 milhões.

Só então Schultz realmente teve a oportunidade de realizar sua visão completa, criando uma experiência na qual as pessoas iriam à loja para curtir seu café e conversar, e não só para comprar grãos. No ano seguinte, quando, de acordo com Schultz, "a generosidade com funcionários estava completamente fora de moda, a Starbucks se tornou uma das poucas empresas a dar cobertura de plano de saúde para todos os funcionários, inclusive os de meio período". O que guiou e ainda guia Schultz é o objetivo, sempre declarado, de tratar os funcionários bem e, em troca, ser recompensado com bom serviço e lealdade. Além do mais, é a coisa certa a fazer.

Mais uma vez voltamos ao tema da origem humilde dos grandes storytellers do mundo. Schultz entende que, se os clientes podem se enxergar em sua história de origem humilde, eles sentirão uma conexão maior com o storyteller e sua marca. "Eu quero inspirar as pessoas a viver seus sonhos",[6] diz ele. "Venho de raízes comuns, sem colher de prata, sem pedigree, sem mentores desde o início. Ousei sonhar grandes sonhos. Estou convencido de que a maioria das pessoas pode alcançar seus sonhos e ir além, se tiver a determinação de continuar tentando."

HISTÓRIAS AUTÊNTICAS CONECTAM AS PESSOAS DE MODO PROFUNDO E SIGNIFICATIVO

As histórias de origem combinam conceitos e ideias em uma rica tapeçaria sensorial, que ajuda os ouvintes a processar a ideia de maneira mais robusta. Os neurocientistas só agora estão começando a descobrir o que líderes como Howard Schultz entendem instintivamente: as histórias conectam dois seres humanos de modo profundo e significativo.

Em um artigo publicado em 2010 no *Journal of Neuroscience*, Uri Hasson, pesquisador da Princeton University, mostrou os resultados de um estudo profundamente importante sobre o poder das histórias. Por meio de escaneamento cerebral (fMRI – imagem por ressonância magnética funcional), Hasson gravou a atividade cerebral de uma jovem contando uma história real de sua vida, a história de uma experiência que ela teve no baile do colégio. Então, escaneou a atividade cerebral de pessoas ouvindo essa história e também a de pessoas descansando, sem ouvir a história. Para imitar as condições reais o melhor possível, a locutora foi instruída a contar a história como se fosse a um amigo. O pesquisador ainda pediu que os ouvintes preenchessem um questionário detalhado para avaliar quanto eles haviam entendido a história.

Hasson descobriu que o "acoplamento neural entre o emissor da mensagem e o ouvinte é propagado e extenso".[7] De maneira simples, quando a história foi contada, o cérebro da locutora e o do ouvinte mostraram notáveis padrões de atividade exatamente nas mesmas áreas. As duas pessoas estavam engajadas em "acoplamento neural", sofrendo uma mistura mental. O acoplamento somente aconteceu quando a locutora utilizou uma linguagem familiar para os ouvintes. Por exemplo, quando outro locutor contou uma história em russo para ouvintes que não falavam essa língua, o acoplamento não ocorreu.

Quando storytellers como Howard Schultz falam que eventos do passado moldaram a visão que tinham de uma empresa, estão criando conexões em dois níveis profundos: história e autenticidade. As histórias pertencem a eles.

A história de origem do fundador é uma forma simples e forte de passar uma experiência autêntica pela qual os clientes anseiam. As histórias de Schultz acertam nas três dimensões das marcas autênticas, assim definidas pela professora de marketing Julie Napoli: herança, sinceridade e compromisso com a qualidade. Os clientes querem saber de onde um produto vem, quais pessoas estão por trás dele e quanto são comprometidas em entregar um produto de qualidade. Os clientes não compram uma marca ou um logo tanto quanto compram um conjunto de valores. E não há maneira melhor de revelar os valores de uma empresa do que por meio das histórias que motivam as pessoas que a lideram e continuam a despertar a paixão daqueles que trabalham lá.

"Toda empresa deve ter uma causa",[8] escreve Howard Schultz. "Uma empresa pode crescer muito sem perder a paixão e a personalidade que a construíram, mas somente se for guiada por valores e pessoas. A chave é o coração." Sim, a chave é o coração, porém o caminho para o coração passa pela cabeça, e o storytelling é o veículo para chegar lá.

O SEGREDO DOS STORYTELLERS

Líderes inspiradores contam histórias pessoais para dar vida a sua visão. Eles deixam o coração aberto, porque sabem que um grupo de pessoas que compartilham uma paixão coletiva em torno de um propósito comum pode realizar qualquer coisa. O storyteller acessa a experiência ou o evento que acendeu a faísca de sua missão e repete a história de novo e de novo até que ela se torne parte do folclore da empresa.

CAPÍTULO 8

JOHN MACKEY

NÃO SOMOS VENDEDORES COM UMA MISSÃO, SOMOS MISSIONÁRIOS QUE VENDEM

"Que seu coração, doce coração, seja sua bússola quando estiver perdido, e que você o siga aonde quer que ele vá." – Lady Antebellum

No Memorial Day* de 1981, o nível do rio Shoal, no Texas, ultrapassou 2,50 metros, cobrindo partes de Austin. Foi a pior enchente da cidade em 70 anos. Caíram 150 milímetros de chuva por quatro horas, transformando as ruas em rios estrondosos, cuja água levou carros e pessoas pelo caminho. Treze morreram, e a enchente causou um prejuízo de mais de US$ 100 milhões (corrigidos para os dias de hoje).

O quarteirão 900 do North Lamar Boulevard foi especialmente devastado. Os carros nos estacionamentos de três concessionárias ficaram completamente submersos. Uma loja de alimentação natural, que havia sido aberta apenas um ano antes, teve perda total. A água destruíra tudo. Seus donos não tinham seguro contra enchente nem reserva de dinheiro. No entanto, quando tudo parecia perdido, algo inesperado aconteceu. Os funcionários e os clientes da loja se recusaram a deixá-la morrer. Eles começaram a aparecer com esfregões, baldes e pás. Os fundadores ficavam impressionados à medida que dezenas de pessoas continuavam chegando.

---

* Feriado nos Estados Unidos que homenageia veteranos de guerra. (N.T.)

"Por que você está fazendo isso?", perguntou um dos fundadores a um voluntário.

"Não tenho certeza se gostaria de viver em Austin se esta loja não estivesse aqui. Ela fez uma grande diferença em minha vida", respondeu o cliente.

Uma foto incrível foi tirada em frente à loja três dias depois da enchente. Mais de 50 pessoas que ajudaram posaram para o registro daquele momento. Embora estivessem cobertas de lama, cada uma trazia um sorriso tão largo quanto o rio Shoal é longo. Muitas delas eram funcionários que continuaram trabalhando de graça até que os donos pudessem conseguir um empréstimo e reabrir.

Revisitando aquele evento, um dos fundadores da loja pergunta: "Quantas empresas 'convencionais' conseguiriam reunir um exército voluntário de clientes e fornecedores para ajudar na hora da necessidade?".[1] Empresas convencionais não atraem amor, fidelidade e devoção. Empresas não convencionais, sim; empresas que têm uma história irresistível para contar.

Hoje, mais de 35 anos depois da enchente, o Whole Foods Market cresceu de uma loja em Austin para mais de 360 unidades na América do Norte e no Reino Unido. Com mais de US$ 11 bilhões em vendas todo ano, a folha de pagamento não é mais uma preocupação.

John Mackey, cofundador do Whole Foods, nunca teve uma única aula de administração na faculdade. Aprendeu filosofia, religião, história, literatura e tudo o mais que "alegrava seu coração". Mais tarde, ele disse que, sendo um empreendedor que nunca frequentou uma escola de administração, não tinha nada para "desaprender". Mackey dispunha de uma folha em branco na qual escreveu a história do tipo de empresa que queria construir.

AS FERRAMENTAS DOS STORYTELLERS

Aos 20 e poucos anos, John Mackey tomou uma decisão que guiaria sua vida e o ajudaria a criar uma categoria totalmente nova de negócios de alimentação. Tomou a decisão de seguir seu coração aonde quer que o levasse. "Aprendi que podemos canalizar nossos impulsos criativos mais profundos a fim de atingir nossos propósitos mais elevados, ajudando a transformar o mundo em um lugar melhor."[2]

No storytelling, a visão importa, e muito. Storytellers inspiradores pintam uma imagem vívida de como o mundo vai parecer quando eles realizarem seu propósito. De acordo com Mackey, o propósito de uma empresa é a diferença que ela está tentando fazer no mundo. "O propósito fornece energia e relevância para a empresa e sua marca",[3] escreve.

Storytellers inspiradores despertam paixão em seus funcionários e clientes porque têm absoluta clareza de seu propósito maior. "Nosso objetivo é ensinar que tudo o que ingerimos faz diferença não só para a saúde do próprio corpo e para quem produz e nos fornece alimento, mas também para a saúde do planeta como um todo",[4] diz Mackey.

Nenhum cliente ou funcionário voluntariamente pegará um esfregão para ajudar na limpeza depois de uma "enchente" a menos que tenha comprado o propósito maior da empresa. Seus funcionários trabalham por pagamento; fazem aquele "a mais" porque estão inspirados pela história de sua marca.

Em 2015, os millennials, os 82 milhões de jovens nascidos entre 1982 e 2000, tornaram-se oficialmente o maior grupo de pessoas da força de trabalho americana. Várias pesquisas sobre esse público mostram que o que eles querem em relação à cultura da empresa é muito diferente do que as gerações precedentes queriam. Um salário competitivo é importante, claro, mas os millennials colocam muito mais ênfase em propósito, paixão e significado. Querem trabalhar com equipes de pessoas que pensem parecido e estejam conectadas a algo maior do que elas mesmas. São inspirados por líderes que contam histórias capazes de incutir propósito e significado na própria empresa.

"A marca é só uma abstração. Uso essa palavra de vez em quando, mas não sou um grande fã dela porque, às vezes, quando as pessoas falam sobre gerir suas marcas, fogem do que é autêntico",[5] diz Mackey. "Sua marca é apenas o modo como as pessoas pensam na empresa ou no produto, então não acho que a marca seja mais importante do que o propósito ou os valores da organização. [...] Não somos vendedores com uma missão, somos missionários que vendem."

Ter um claro senso de propósito – e comunicar esse propósito consistentemente – é o atributo-chave que define o storytelling inspiracional, especialmente entre líderes que gerem as marcas mais admiradas do mundo.

A MISSÃO COMO VANTAGEM COMPETITIVA

Conheci recentemente um profissional de vendas que tinha acabado de aceitar um cargo de diretor para trabalhar com José Andrés, um dos mais admirados e inovadores chefs do mundo. Andrés chegou aos Estados Unidos com US$ 50 no bolso, um conjunto de facas de cozinha e a missão de fazer do mundo um lugar melhor por meio da comida. "Em dois minutos de reunião, eu queria trabalhar para o sr. Andrés", disse o executivo. "Seu senso de missão era contagiante."

Ele estava descrevendo o conceito que os psicólogos chamam de contágio emocional, a transferência de um estado de espírito entre duas pessoas. Quando você conhece alguém que está genuinamente apaixonado por sua missão, existe uma boa possibilidade de que a disposição dessa pessoa se propague, mudando sua percepção dela e de sua ideia, produto ou empresa. Para pessoas como José Andrés ou John Mackey, sua missão se tornou vantagem competitiva.

"Em um mundo que está evoluindo mais rápido do que nunca, as empresas conseguem diferenciar produtos, adquirir e reter talentos e até a lealdade dos investidores por meio de uma missão",[6] diz uma matéria de capa da revista *Fast Company*. "Quanto mais se foca algo para além do dinheiro, mais dinheiro se faz."

Todo ano o LinkedIn lança uma lista dos lugares nos quais as pessoas mais desejam trabalhar. Trata-se de uma medida de engajamento de funcionários. Em 2014, duas organizações chegaram ao topo da lista sem muita surpresa: Google e Apple. A surpresa ficou com o terceiro lugar: Unilever, empresa de bens de consumo de 140 anos. A companhia recebe o espantoso número de 2 milhões de candidatos a emprego por ano. Paul Polman, CEO da Unilever, acredita que a empresa seja tão desejada porque conta uma história de propósito da qual os funcionários querem fazer parte. "Se você for investigar, é de fato esse o orgulho que as pessoas têm. Colocar um propósito no centro de tudo o que a empresa faz é incrivelmente motivador para os funcionários",[7] diz ele.

O executivo lançou um "Plano de Vida Sustentável" que cobre as marcas da Unilever (Dove, Persil, Bertolli, Flora, entre outras) em todos os 180 países nos quais a empresa está. O propósito do plano é reduzir a pegada ecológica pela metade na próxima década e melhorar a qualidade nutricional dos produtos de alimentação. "Ter um propósito mais profundo no que fazemos como pessoas torna nossa vida mais completa – é uma tremenda força e motivação",[8] afirma Polman. "O que as pessoas querem na vida é ser reconhecidas, participar, crescer e fazer diferença. A diferença pode vir de várias formas: tocando alguém, ajudando os outros, criando algo."

Líderes empresariais inspiradores frequentemente transformam a missão da companhia nos componentes de uma história. Em 5 de junho de 2015, Doug McMillon, CEO do Walmart, abriu o encontro anual de acionistas assim: "No Walmart, nós amamos histórias. Realmente existe algo nelas. Gostamos de contá-las. E nos lembramos de ouvi-las. Repetimos as histórias e as passamos adiante. Também as escrevemos. Juntos, estamos escrevendo a história de nossa empresa".[9] McMillon recordou a audiência de que uma boa história tem heróis e vilões, pontos de virada surpreendentes, e, no final, o herói salva o dia. Na história do Walmart, explicou, os heróis são o 1,3 milhão de funcionários. A história tem um "interesse romântico": os clientes da empresa. A história tem um ponto de virada: os clientes estão mudando a maneira como compram. A história tem vilões: a burocracia, a condescendência e a morosidade. "Com a atitude certa, espírito de equipe e senso comum, vamos derrotar os bandidos e ganhar o coração dos clientes", concluiu ele.

McMillon, Mackey e outros líderes e lendas empresariais sabem que missão e propósito são uma vantagem competitiva. Faça disso um componente-chave da história de sua marca, e os clientes, funcionários e sócios farão tudo por você – ou o ajudarão na limpeza depois da enchente.

O SEGREDO DOS STORYTELLERS

Líderes inspiradores despertam paixão e lealdade colocando uma missão maior na narrativa de suas marcas. Um negócio, por definição, existe para dar lucro, como bem sabem os melhores storytellers corporativos. O que os destaca é o que fazem além disso. Eles embrulham seu produto, serviço, empresa ou causa em uma visão e um propósito que ultrapassam muito o dinheiro. Acendem a faísca de nossa paixão coletiva, porque falam para aquilo que nos torna humanos: a busca de significado.

CAPÍTULO 9

PETER GUBER

SE VOCÊ NÃO PODE CONTAR O QUE VENDE, NÃO PODE VENDER

"As histórias têm um poder único para ganhar o coração das pessoas." – Peter Guber

Mesmo o melhor storyteller falha de tempos em tempos. Storytellers bem-sucedidos ajustam sua técnica de vez em quando para continuar marcando pontos. Peter Guber, CEO da Mandalay Entertainment, lembra-se vividamente de seu fracasso ao tentar vender a nova arena de uma pequena liga de beisebol em Las Vegas.

Na época em que ele se reuniu com Oscar Goodman, prefeito de Las Vegas, a Mandalay tinha várias franquias de ligas de beisebol menores. Guber pediu o apoio de Goodman para um novo estádio. "Nosso sucesso dependia de minha habilidade para convencer o principal político de Las Vegas a encabeçar a campanha por um fundo municipal que financiaria esse projeto cívico multimilionário",[1] relembra Guber.

Na cabeça dele, o estádio de beisebol era um negócio irrecusável. Afinal de contas, ele havia financiado *Batman*, que batera vários recordes, e produzido dois filmes de sucesso baseados em Vegas: *Rain Man* e *Bugsy*. Guber entrou na sala confiante, armado com dados que, para ele, "hipnotizariam o prefeito". Tinha números de vendas, custos de construção, calendários etc. Apresentou as informações em slides de PowerPoint cheios de medidas e "dados arrasadores". Os dados eram de matar, mas não do tipo que Guber esperava. Eles mataram o negócio.

"Joguei um bloco de fatos brutos em Goodman – dados, estatísticas, registros, previsões –, mas não os organizei de maneira que envolvessem suas emoções",[2] recorda Guber. "Não foi surpresa que ele não tenha ficado balançado com minha oferta!" Guber entregou um monte de dados e se esqueceu da natureza do negócio em que estava: produzir histórias envolventes.

Guber é especialista em contar histórias na tela de cinema, mas falhou em utilizar as mesmas técnicas de storytelling na tela do computador. Cometeu o erro de mirar a "cabeça" e a "carteira" de Goodman, em vez de seu coração. Esqueceu-se da lição que aprendera na indústria do cinema: para ganhar mercado, é preciso levar o público a uma jornada emocional. "As histórias têm o poder único de mover corações, mentes, pés e carteiras do público na direção que o storyteller quiser", escreve Guber.

"Depois de minha derrota em Vegas, veio-me à lembrança que todo mundo na indústria compartilha um problema universal: para ter sucesso, você deve convencer os outros a apoiar sua visão, sonho ou causa. Seja para motivar seus executivos, seja para organizar os acionistas, influenciar a mídia, engajar clientes, convencer investidores ou encontrar um trabalho, você deve fazer uma apresentação capaz de captar a atenção dos ouvintes, fazê-los interiorizar seu objetivo como se fosse o deles e levá-los a agir em seu favor. Você tem de tocar seu coração, assim como sua mente – e é isso que um storyteller faz!"[3]

AS FERRAMENTAS DOS STORYTELLERS

Hoje Guber é um dos maiores defensores do storytelling nos negócios. "O storytelling com propósito é capaz de mudar o jogo",[4] acredita. Ele afirma que qualquer um pode construir uma história em três passos:

1. Obtenha a atenção de seus ouvintes com uma questão ou desafio inesperado.
2. Ofereça a eles uma experiência emocional, contando-lhes uma história de superação de dificuldades que, por fim, levará à conquista do desafio.

3. Estimule-os com um chamado para a ação.

"Os ouvintes raramente são fisgados quando não sentem algum tipo de desafio no início. Não permanecerão engajados se não estiverem excitados com a batalha no meio. E não se lembrarão da história nem agirão com base nela a menos que se sintam ansiosos pela resolução final",[5] explica Guber.

Segundo ele, histórias despertam a paixão do público quando servem de ponte entre o que o mundo é e o que pode ser. Uma apresentação ou venda de sucesso não é diferente de um grande filme e deve seguir os três passos de Guber para construir histórias. Por exemplo, em 2007, Steve Jobs, o maior storyteller empresarial do mundo, lançou o iPhone. Como esse não era o primeiro smartphone do mercado, ele teve de criar uma história irresistível. O trecho a seguir é uma breve transcrição editada da história que Jobs usou para lançar o iPhone, posicionando-o na categoria. Ele seguiu os três passos de Guber para construir histórias. Contou a história em exatamente quatro minutos – quatro minutos que se provaram irresistíveis.

Desafio: "Os telefones mais avançados são chamados de 'smartphones', é o que dizem. O problema é que eles não são tão espertos nem fáceis de usar... O que nós queremos é dar um salto com um produto muito mais esperto que qualquer celular que já existiu, além de superfácil de usar. Isso é o que o iPhone é. Então, vamos reinventar o telefone, e começaremos com uma interface de usuário revolucionária".[6]

Pergunta: "Por que precisamos de uma interface revolucionária?".

Conflito/Narrativa: "Aqui estão quatro smartphones: Motorola Q, BlackBerry, Palm Treo, Nokia E62 – os suspeitos de sempre [Jobs fez um trocadilho com *The Usual Suspects*, título do filme que no Brasil foi lançado como *Os Suspeitos*, associando, assim, os produtos a vilões]. O que há de errado em suas interfaces de usuário? O problema é a parte de baixo. É esta coisa aqui [disse, apontando para os teclados].

Eles têm estes teclados que estão aí, você precisando ou não deles. Todos têm teclas de controle de plástico fixas... as teclas e os controles não podem mudar. Como se resolve isso?". Mais uma vez, Jobs usou palavras como se contasse uma história de mistério – "resolver" o crime cometido.

Resolução: "O que vamos fazer é nos livrar de todas estas teclas e criar uma tela gigante. Como vamos nos comunicar com isso? Teremos de carregar um mouse? Vamos usar uma caneta stylus? Não. Quem quer uma stylus? Você tem de pegá-la toda hora, deixá-la de lado e aí acaba perdendo. Ugh! Ninguém quer uma stylus. Vamos usar o melhor instrumento de ponta do mundo, um instrumento com o qual todos nascemos. Vamos usar os dedos. E inventamos uma nova tecnologia chamada multitoque. Ela funciona como mágica. Você não precisa de uma stylus. É muito mais precisa do que qualquer outra tela de toque que você já viu. É superesperta. Você pode utilizar mais de um dedo. E, pessoal, nós patenteamos isso".

Em quatro minutos, Steve Jobs criou uma ponte entre o que era e o que poderia ser usando os pilares de uma narrativa convincente: heróis e vilões.

De acordo com Guber, um storyteller convence seu público a agir estimulando sua paixão. "As chaves do reino" não são apenas informações, diz. A chave é alcançar o coração das pessoas e, para isso, o storyteller deve colocá-las dentro da experiência, e não no plano de negócios.

Existem muitas técnicas específicas para contar uma história irresistível, e elas serão exploradas nas próximas partes deste livro. Por ora, considere que Guber está na indústria do entretenimento há mais de 40 anos e chegou à conclusão de que qualquer um pode aprender a contar uma boa história, pois isso é parte do que nós somos: a capacidade de contar histórias está em nosso DNA, porque os humanos contam histórias há mais de 10 mil anos. "Existe um tesouro a ser descoberto, e ele está dentro de você",[7] escreve ele. Vamos caçar o tesouro...

O SEGREDO DOS STORYTELLERS

Oradores que inspiram constroem uma estrutura de história para cada venda, apresentação, reunião ou conversa importante e, fazendo isso, introduzem três componentes que todos os bons filmes possuem: vilões, heróis e conflito.

Escaneie o QR code ou procure no canal HSM Publishing do YouTube por "Storytelling - Vídeo 1".

Nesse vídeo, Bruno Scartozzoni, tradutor e prefaciador do livro, fala sobre o poder das emoções e o quanto elas são essenciais para capturar a atenção do público.

PARTE II

STORYTELLERS QUE EDUCAM

CAPÍTULO 10

BRYAN STEVENSON

COMO UM STORYTELLER ENFEITIÇOU O PÚBLICO E CONSEGUIU A MAIS LONGA OVAÇÃO NO TED

"O que torna o TED único é que grandes ideias são embaladas em histórias pessoais." – Charlie Rose, *60 Minutes*

Aos 9 anos, um simples gesto mudou a vida de Bryan Stevenson e o colocou no caminho de se tornar um famoso advogado de direitos civis. Enquanto brincava com seus muitos primos, sua avó o chamou para uma conversa motivacional. "Eu me lembro como se tivesse acontecido ontem. Nunca me esquecerei",[1] diz ele, enquanto se recorda do evento. "Ela me puxou para o canto e disse: 'Bryan, eu vou falar uma coisa, mas você não pode contar isso para ninguém'. Então ela me fez sentar, olhou para mim e falou: 'Eu quero que saiba que andei observando você'. E continuou: 'Acho você especial. Penso que pode fazer o que quiser'."

A avó de Stevenson, então, pediu-lhe que fizesse uma promessa: que ele nunca tomaria bebidas alcoólicas. Stevenson, com 9 anos, rapidamente concordou. Cinco anos depois, sua promessa foi testada.

> Um dia, meu irmão chegou em casa com uma embalagem de meia dúzia de cervejas – não sei onde ele conseguiu – e me levou, com minha irmã, para o bosque. E ficamos por lá, fazendo a bagunça de sempre. Então, ele tomou um gole de cerveja e deu um pouco para minha irmã, que também tomou, e aí me ofereceu. Eu disse: "Não, não, não. Tá tudo

> bem. Vão em frente. Não vou beber nenhuma cerveja". Meu irmão insistiu: "Vamos lá. Vamos fazer isso hoje; você sempre faz o que a gente faz. Eu bebi, nossa irmã bebeu. Dê um gole". Eu respondi: "Não, não acho que isso seja certo. Vão em frente. Tomem vocês". Meu irmão me encarou e disse: "Qual é seu problema? Beba a cerveja". Ele me olhou bem sério e afirmou: "Ah, espero que você não esteja ainda pensando naquela conversa que a vovó teve com você". Eu disse: "De que você está falando?". Ele respondeu: "Ah, a vovó fala para todos os netos que eles são especiais". Eu fiquei arrasado. E vou admitir uma coisa para vocês. Vou falar algo que provavelmente não deveria falar. Sei que isso pode se espalhar rapidamente. Mas tenho 52 anos e devo admitir para vocês que nunca bebi uma gota de álcool. E não falo isso porque acho virtuoso; falo porque a identidade é algo poderoso.[2]

Stevenson contou essa história diante da plateia do TED em 2013 e recebeu a maior ovação dos 30 anos de história do evento, com pessoas aplaudindo em pé. Ele teve de sair antes do final da conferência para preparar um argumento urgente para a Suprema Corte. Mais tarde, ele soube que os espectadores daquele TED espontaneamente – e sem que alguém pedisse – doaram US$ 1 milhão para sua organização não governamental. Suas histórias tornaram seu argumento tão persuasivo que, de fato, ele recebeu US$ 55 mil por minuto de palestra.

AS FERRAMENTAS DOS STORYTELLERS

Aquela não foi a primeira vez que Stevenson contou uma história sobre sua avó. Como diretor de um escritório de advocacia sem fins lucrativos, a Equal Justice Initiative, ele está constantemente angariando fundos e compartilhando histórias com suas audiências.

"Por que você começa com a história de sua avó?",[3] perguntei.

"Porque todo mundo tem avó", respondeu.

Stevenson não teve a intenção de dar uma resposta irreverente. Ele sabe muito sobre persuasão, pois atua em casos na Suprema Corte – e ganha. Se determinado público não gosta de você e não se conecta logo à conversa, é improvável que você o convença a concordar com seu ponto de vista. E os pontos de vista que Stevenson defende são, pelo menos inicialmente, desagradáveis para um grande número de pessoas.

Stevenson representa prisioneiros do Alabama, argumentando que, em muitos casos, esses condenados à pena de morte foram mal representados no processo ou erroneamente julgados porque são negros ou pobres. O trabalho dele resultou na reversão de 78 sentenças de morte nesse estado dos EUA.

"Você tem de tornar fácil às pessoas se conectarem com o que está falando. Tem de conseguir um pouco de sua confiança", disse-me Stevenson. "Se você começar com algo muito esotérico e desconectado do dia a dia das pessoas, será mais difícil envolvê-las. Frequentemente falo sobre família porque a maioria de nós tem familiares com quem se relaciona. Falo sobre crianças e pessoas que são vulneráveis ou estão em dificuldades. Todas essas narrativas são criadas para ajudar o público a entender os problemas. A narrativa é extremamente importante em uma comunicação efetiva."

Quando não está atuando em casos de pena de morte, Stevenson dá aulas na faculdade de direito da Universidade de Nova York. Estudantes, professores e visitantes disputam assentos no auditório por causa de sua reputação de orador que "enfeitiça". Assim como outros storytellers deste livro, Stevenson adquiriu muitas de suas habilidades assistindo a outros oradores talentosos. Segundo ele, os pastores que via na igreja inspiraram seu estilo de falar. Um repórter que escreveu um longo perfil sobre Stevenson assim o resumiu:

> Ficou claro, durante uma série de conversas por vários meses, que as raízes para a dedicação singular de Stevenson – termo que ele prefere a "sacrifício" – estão ligadas à influência da Igreja Metodista Episcopal Africana em sua infância. O evangelho das almas perdidas procurando redenção ecoa em sua memória. "Eu acredito que cada pessoa em nossa sociedade é maior do que o pior que já fizeram", prega ele em quase todas as aparições. Sua voz é intensa, mas controlada. Sua cadência é a de um pregador no comando de uma congregação. "Eu acredito que,

> se você disser uma mentira, não será só um mentiroso. Se pegar algo que não lhe pertence, não será só um ladrão. E acredito até que, se você matar alguém, não será só um assassino. Existe uma dignidade humana básica que merece ser protegida."[4]

Pregadores que inspiram educam seu público com equilíbrio entre fatos e histórias, e as histórias são a maior parte de seu conteúdo. Acontece que os líderes empresariais inspiradores fazem o mesmo.

Depois que conversei com Bryan Stevenson, decidi analisar sua famosa palestra no TED – que é muito similar às apresentações que ele faz para captar recursos – e classifiquei cada linha do conteúdo. Usei as três categorias-chave de persuasão de Aristóteles: *pathos* (emoção-histórias), *logos* (lógico-analítico) e *ethos* (evidência-credibilidade). Por mais de 2 mil anos, os teóricos da comunicação assumiram que o *logos* reinava absoluto. Acreditavam que as pessoas tomavam decisões primariamente com base em evidências: fatos, razão e lógica. Se isso fosse verdade e você estivesse tentando criar uma mudança de paradigma – uma mudança significativa na maneira como as pessoas enxergam o mundo –, você estaria propenso a gastar mais tempo com o *logos* do que com o *pathos*.

Em 1984, o dr. Walter Fisher propôs outra teoria, que já foi confirmada pelas avançadas técnicas de escaneamento do cérebro mencionadas no capítulo 7. Segundo ele, os "humanos são storytellers", o que significa que nós entendemos e interpretamos experiências de vida como narrativas em andamento – histórias que contêm conflito, personagens e começo, meio e fim claros. Fisher descobriu que as pessoas se relacionam melhor com histórias do que com montanhas de dados. A persuasão efetiva depende de contar uma boa história. Se você puder colocar suas ideias na forma de narrativa, ajudará a audiência a entender melhor o mundo, dando-lhe um conjunto de referências e, por fim, encorajando o apoio dela a seu ponto de vista.

Agora, vamos voltar a Bryan Stevenson, mestre na arte de persuadir. Embora tenha muitas evidências que apoiam sua tese, ele, assim como Fisher, entende que os humanos são, antes de tudo, storytellers. Em sua palestra no TED, 65% do conteúdo recaiu na categoria *pathos* (emoção por meio de narrativa): Stevenson contou três histórias pessoais em 18 minutos. Fatos, números e estatísticas (*logos*) corresponderam a 25% do conteúdo. Informações com intenção de alavancar credibilidade (*ethos*) abrangeram os 10% restantes da palestra.

O padrão de Stevenson funciona brilhantemente. Ele se divide da seguinte maneira:

Nos primeiros cinco minutos, Stevenson estabelece seu tema – o poder da identidade – e conta a história sobre o dia em que sua avó fez com que ele prometesse não tomar bebida alcoólica. A história é seguida por vários parágrafos de dados, apoiando sua tese de que, enquanto ele teve sorte, muitos outros afro-americanos não tiveram. "Hoje este país é bem diferente do que era 40 anos atrás. Em 1972, havia 300 mil pessoas em cadeias e prisões. Atualmente, são 2,3 milhões. Um de cada três homens negros entre 18 e 30 anos de idade está preso ou em liberdade condicional."[5] Stevenson, então, passa para sua segunda história, sobre o dia em que conheceu Rosa Parks.

> A sra. Parks se virou para mim e pediu: "Agora, Bryan, me conte o que é a Equal Justice Initiative. Diga o que você está tentando fazer". E comecei a fazer meu discurso. Eu disse: "Bem, estamos tentando desafiar as injustiças. Estamos tentando ajudar pessoas que foram erroneamente condenadas. Estamos tentando enfrentar o preconceito e a discriminação na administração da justiça criminal. Estamos tentando acabar com a vida sem sentenças de liberdade condicional para crianças. Estamos tentando fazer algo sobre a pena de morte. Estamos tentando reduzir a população carcerária. Estamos tentando dar fim ao encarceramento em massa". Fiz todo o meu discurso e, quando terminei, a sra. Parks me olhou e fez: "Hummmm". Então ela disse: "Isso vai deixar você cansado, cansado, cansado". E foi aí que a sra. Carr [amiga da sra. Park] se inclinou, colocou o dedo na minha cara e falou: "Esse é o motivo pelo qual você tem de ser valente, valente, valente".

Stevenson fornece mais dados para reforçar o tema, algumas evidências do trabalho que tem feito, e conclui com uma terceira e última história pessoal, um poderoso relato sobre o dia em que esbarrou com o zelador do tribunal no caminho de uma audiência particularmente contenciosa. O zelador permaneceu sentado logo atrás dele, enquanto ele apresentava um apaixonado argumento para o juiz. "Durante o intervalo, havia um assistente do xerife ofendido pelo fato de o zelador ter aparecido ali. Então, o assistente perguntou para o velho negro: 'Jimmy, o que você está fazendo neste tribunal?'. E o velho negro se levantou, olhou para o assistente, olhou para mim e disse: 'Eu vim a esta sessão para dizer a esse jovem que mantenha o foco, que aguente firme'."

Em 18 minutos, Stevenson contou três histórias pessoais, fornecendo dados relevantes para apoiar seus argumentos, e arrancou lágrimas da plateia, que não teve escolha a não ser se levantar e aplaudir.

Em 1993, Walter McWilliams saiu de uma prisão no Alabama como homem livre. O tribunal de apelações anulou sua condenação depois de uma testemunha de seu julgamento por assassinato mudar o depoimento, após Stevenson ter descoberto evidências que apontavam para a inocência do homem. Entretanto, o tribunal de apelações estava relutante em julgar o caso até que Stevenson fez as rodas da justiça girarem concedendo uma entrevista para o programa *60 Minutes*. Um observador que acompanhou tudo se lembra da cena: "Bryan estava caloroso e afável como sempre, mas foi direto ao ponto. Contou a história da inocência de seu cliente e da manipulação do processo por meio de imprecisões e racismo. Bryan nos enfeitiçava conforme contava a história. Quando ele terminou, o produtor disse: 'Mesmo que só metade do que você falou seja verdade, estarei no Alabama em alguns dias'".[6] O programa levou ao ar uma reportagem devastadora. As histórias persuasivas de Stevenson colocaram as rodas da justiça em movimento.

"Quanto de seu sucesso se deve à eficiência do storytelling?",[7] perguntei a ele.

"Praticamente todo ele", respondeu.

> Tantos pressupostos podem condenar os clientes com quem me preocupo que, no fundo, trata-se de superar as narrativas que evoluíram sem muita reflexão. Quase tudo o que tentamos fazer vira comunicação. Você precisa de dados, fatos e análises que vão desafiar as pessoas, mas também precisa de narrativas para deixá-las confortáveis o suficiente

para se importarem com nossa causa e embarcarem em nossa jornada. Para conceitos e ideias, você consegue um resultado melhor engajando as pessoas pelo coração e pela mente do que tentando algum tipo de exercício analítico.

Muitos acham que a tarefa de convencer o público em assuntos complexos, assuntos que despertam resistência, é extremamente complicada. O storytelling não só ajuda, como é essencial.

"Uma história convincente, com estímulos emocionais, altera a química de nosso cérebro, tornando-nos mais confiáveis, compreensivos e abertos a ideias",[8] afirma o neurocientista Paul Zak. Lembre-se: os dados transmitem informações; as histórias educam, adicionando alma aos dados, e, dessa maneira, forçam as pessoas a reconsiderar suas crenças quase imutáveis.

O SEGREDO DOS STORYTELLERS

A maioria dos oradores que precisam educar seu público concentra grande parte do tempo de suas apresentações no que pensa que conquistará a audiência: fatos, números e dados. Eles dão pouca atenção a como as histórias mobilizam as pessoas. Os educadores mais inspiradores do mundo fazem exatamente o oposto, dedicando 65% ou mais de seus conteúdos a histórias que estabelecem confiança e criam uma relação mais profunda e emocional com seu público. Assim que se conectam à audiência, eles conseguem educar.

CAPÍTULO 11

BILL GATES

TRANSFORMANDO ESGOTO EM ÁGUA POTÁVEL

"Ensinar é difícil! Você precisa ter diferentes habilidades: usar reforço positivo, evitar que os alunos fiquem entediados, prender sua atenção de algum modo." – Bill Gates

Em 15 de janeiro de 2015, Bill Gates tomou um copo de água e a mídia ficou alvoroçada com a notícia. Até o *TMZ*, programa sobre celebridades que normalmente está preocupado com quem as estrelas de Hollywood namoram, cobriu o evento. É claro que o filantropo bilionário não bebeu uma água qualquer. Cinco minutos antes, o tal copo continha fezes humanas. E elas passaram por um processo que converteu material de esgoto em água limpa.

A água de Gates fez tanto sucesso, que Jimmy Fallon zombou disso em seu monólogo no *The Tonight Show*, convidando o empresário alguns dias depois para também tomá-la em seu programa. O blogueiro Perez Hilton divulgou o vídeo em seu site. Empresas de mídia de todo o mundo noticiaram: CNN, NPR, *Huffington Post*, BBC e outras. Tudo começou com o próprio Gates, que postou em seu blog um artigo e um vídeo chamados "How to Turn Poop into Drinking Water" [Como transformar cocô em água potável].

Gates consegue criar ações inusitadas como essa com bastante frequência, mas não porque quer atrair os holofotes para si. Com um patrimônio de US$ 50 bilhões, ele não precisa dessa exposição. No entanto, aprendeu que esse método pode ser muito eficiente em chamar a atenção para soluções reais de problemas muito complexos. Mais de 2,5 bilhões de pessoas não têm acesso a saneamento básico, um problema que mata 700 mil crianças por ano. É esse tipo de problema que tira o sono de Gates, e ele quer que o resto do mundo pense nisso também.

Então, por que Gates bebeu água feita de cocô? Pela mesma razão pela qual lançou mosquitos durante uma apresentação de PowerPoint. Ah, você não ouviu falar sobre os mosquitos?

Em 2009, Gates fez uma apresentação no TED sobre o número de mortes que a malária causava no mundo. Certa vez, ele disse que os tubarões são considerados mortais porque matam 10 humanos por ano. No entanto, os tubarões não são páreo para um pequeno mosquito, que tira 725 mil vidas por ano. Gates realmente quer resolver esse problema, mas, para promover uma discussão séria sobre o assunto, necessita chamar nossa atenção para ele antes. Após cerca de cinco minutos de sua palestra no TED, Gates disse: "A malária, claro, é transmitida por mosquitos. Eu trouxe alguns aqui para vocês experimentarem".[1] E, assim, foi para a frente do palco, abriu um pote de vidro, soltando os mosquitos. "Vou deixá-los voar pelo auditório. Não há razão para que só as pessoas pobres tenham de passar por isso."

Mais uma vez Gates conseguiu a atenção da mídia por meio de uma ação inusitada. Sua palestra apareceu até no telejornal noturno da NBC. Uma apresentação de PowerPoint chegou ao noticiário nacional da noite porque Gates cometeu uma violação. Ele violou expectativas e, fazendo isso, superou as expectativas da plateia.

AS FERRAMENTAS DOS STORYTELLERS

O cérebro humano é um sugador de energia. Consome uma quantidade excessiva de recursos do corpo. Nós desenvolvemos rituais diários para poupar energia. Se tivéssemos de reaprender todos os passos para escovar os dentes, não sobraria muito mais energia para outras coisas. O cérebro tenta se estabilizar em uma "zona de conforto". Grandes storytellers nos tiram desse conforto. Captam nossa atenção quebrando o padrão esperado.

No final dos anos 1970, a dra. Judee Burgoon, da University of Arizona, desenvolveu a "teoria da violação de expectativa". Esperamos que as pessoas se comportem de certa maneira. Se alguém se desvia da expectativa, ocorre uma "violação". As violações podem ser negativas. Por exemplo, se uma pessoa sentada a seu lado em um café barulhento está falando em um celular, você acha normal. No entanto, se alguém fala no celular em um cinema silencioso – ou no início do filme –, você fica muito aborrecido. Você "espera" silêncio nesse cenário. Uma violação é desconfortável, mas, em certos casos – como quando contam uma grande história –, o desconforto é bastante positivo.

Vamos voltar à palestra de Bill Gates no TED, em 2009. Você já viu apresentações de PowerPoint (talvez mais do que gostaria) e já desenvolveu uma expectativa de como são. Em uma apresentação sobre as causas da malária, você espera slides com gráficos, tabelas, dados, números e, talvez, uma ou duas imagens (um bom storyteller terá mais do que algumas imagens, mas falaremos disso mais adiante). Se a apresentação tiver cada um desses elementos, corresponderá a suas expectativas. Em outras palavras, será mediana e esquecível. Bill Gates quebrou as expectativas de maneira tão intensa que era impossível para a plateia ignorá-lo. Nessa era de conteúdo instantâneo e compartilhável, Gates teve um desempenho digno de Twitter.

De acordo com a professora Burgoon, violar expectativas é uma estratégia de comunicação "matadora". Ela diz que essa técnica pode melhorar "a atratividade, a credibilidade e a persuasão" de um orador. E funciona, porque o cérebro humano não consegue ignorar novidades.

O dr. A. K. Pradeep, especialista em neuromarketing de Berkeley, Califórnia, uma vez me disse: "Nosso cérebro é treinado para olhar para algo brilhante e novo, algo que se destaque".[2] Não estou sugerindo que você beba água com cocô ou solte mosquitos para se destacar em sua próxima apresentação de vendas. Estou sugerindo que você viole as expectativas. A seguir dou vários exemplos de como fazer isso. Você vai notar que a maioria foi extraordinariamente fácil de executar. Uma boa história não precisa ser complicada.

- Eu estava trabalhando com um grupo de especialistas em antiterrorismo que aconselhava oficiais locais sobre a segurança de suas cidades e a infraestrutura do estado. No desenvolvimento de sua apresentação, eles decidiram mostrar a foto de um cadeado quebrado em uma usina de energia. Eu lhes sugeri ir um passo além: pegar um cadeado real e colocá-lo na mesa conforme a apresentação ocorria. O cadeado estava corroído, enferrujado e quebrado. Os membros da plateia ficaram com aquilo na cabeça pelo resto da discussão. Ao final, eles responderam a uma pesquisa sobre o que tinham aprendido e disseram: "Precisamos atualizar nossa infraestrutura. Esse cadeado nos impressionou". Note que eles não falaram: "O slide 22 estava incrível". Os slides tinham um bom design, mas isso era "esperado". O cadeado corroído quebrou as expectativas.

- Na exposição Consumer Electronics Show (CES) de 2015, em Las Vegas, Brian Krzanich, CEO da Intel, soltou alguns drones. Em toda apresentação de CEOs na famosa feira, a plateia espera ver novos produtos e uma demonstração deles. Krzanich não desapontou. Lançou uma nova tecnologia de câmera chamada RealSense 3D. Disse que a câmera era tão avançada que poderia ser colocada em drones, dando a eles um senso de "visão" que lhes permitiria "ficar atentos" ao local e, dessa maneira, não bater em coisas. Os slides de sua apresentação tinham algumas fotos do produto, o que cumpria as expectativas. Krzanich deu um passo além e convidou "três amigos" a se juntar a ele no palco. Três drones apareceram e literalmente voaram a sua volta, no palco, sem baterem um no outro. A câmera tornou os robôs "cientes" daquilo que estava em torno deles. Krzanich continuou a falar para sua plateia sobre as implicações da tecnologia enquanto os drones voavam pelo palco. Os drones da Intel geraram o maior burburinho de toda a conferência. Mais tarde, descobri que a equipe responsável por criar a apresentação havia lido meu livro *Faça como Steve Jobs*. Jobs proporcionava momentos "uau!" em todo lançamento de produto. Essa é uma técnica que os líderes podem e devem copiar para dar vida às histórias de seus produtos.

- Em 2009, John Chambers, CEO da Cisco, lançou uma nova tecnologia chamada TelePresence em uma apresentação na Índia. Trata-se de um conjunto de câmeras e monitores de alta definição capaz de fazer parecer que duas pessoas em locais diferentes estão juntas na mesma sala. Chambers explicou que Marthin De Beer, vice-presidente da Cisco encarregado do vídeo, teve de ficar no escritório de San José, na Califórnia. "Marthin, eu gostaria que você estivesse aqui",[3] disse Chambers. No momento seguinte, De Beer andou pelo palco e ficou ao lado de Chambers, ou pelo menos foi o que pareceu. A Cisco havia configurado um monitor TelePresence, o que fez com que De Beer parecesse estar fisicamente no palco. "Pensei que você estivesse dando aula em San José, Marthin. Onde você está?", perguntou Chambers. "Estou na Califórnia, John", respondeu De Beer. "Estou a 22 mil quilômetros daí." Então, os dois executivos começaram uma apresentação sobre o futuro das reuniões virtuais, cuidados com a saúde e outras áreas nas quais as pessoas precisam colaborar face a face, mesmo estando a longa distância umas das outras. Chambers valoriza tanto o poder do storytelling que a Cisco envia pesquisas a seus clientes com o objetivo de avaliar as apresentações de seus executivos. O CEO divide abertamente suas pontuações e acompanha as dos outros. Na Cisco, o storytelling começa no topo.

- Em 2007, Steve Jobs lançou o primeiro iPhone. O público esperava que a Apple lançasse três produtos, porque Jobs havia criado essa expectativa no começo de sua apresentação. "Temos três produtos... O primeiro é um iPod de tela maior, com controles por toque. O segundo é um telefone celular revolucionário. E o terceiro é um grande avanço em aparelhos de comunicação pela internet."[4] Jobs fez uma pausa e repetiu: "Um iPod, um telefone e um aparelho de comunicação pela internet". Fez outra pausa e recomeçou: "Um iPod, um telefone... Vocês estão entendendo?

Não são três aparelhos separados. É um aparelho. E nós o estamos chamando de iPhone". Steve Jobs criou expectativas e, dentro dos 30 segundos seguintes, quebrou essas expectativas. O lançamento do iPhone, em 2007, é considerado por muitos uma das melhores apresentações de negócios de todos os tempos.

- Em minhas palestras sobre comunicação e storytelling, falo sobre a apresentação de Steve Jobs lançando o iPhone para criar meu momento "uau!". Pergunto para o público: "Quem viu a apresentação do iPhone em 2007?". Algumas mãos levantam. "Aposto que posso adivinhar de qual parte da apresentação vocês se lembram mais", digo. "Tenho tanta confiança nisso que até já a incluí em meu próximo slide. Você pode me contar o que mais o impressionou?", peço a alguns membros da plateia. Quase todas as pessoas que viram a apresentação dão a mesma resposta: "A parte em que Steve Jobs disse que tinha três produtos, mas acabou virando um". As pessoas ficam surpresas quando eu mostro que previ o que diriam. Não é mágica. Não é mediunidade. Eu simplesmente entendi a violação de expectativa.

Em um artigo de 1991 chamado "The Narrative Construction of Reality" [A construção narrativa da realidade],[5] o psicólogo Jerome Bruner escreveu que uma história é uma série de eventos que acontecem em certa ordem. Por exemplo, o garoto conhece a garota, eles se apaixonam, casam e vivem felizes para sempre. Uma "boa história", entretanto, tem quebra de expectativa. Em outras palavras, uma virada de página que o deixa colado na página ou na tela. É a quebra que transforma a história em uma narrativa atrativa, capaz de deixar o público sem respirar.

O autor Nicholas Sparks vendeu 100 milhões de livros porque é um mestre da quebra. Em *Diário de uma Paixão*, um homem lê uma história para uma mulher em uma casa de repouso. É uma história clássica. O garoto conhece a garota e eles se apaixonam. No entanto, as circunstâncias entram no caminho e eles se separam. A mãe da moça faz a primeira quebra. Allie é de família rica, e sua mãe a proíbe de encontrar o rapaz, Noah, que trabalha como operário. Uma segunda quebra, a Segunda Guerra Mundial, aparentemente coloca um fim definitivo em seu caso de amor. Mas Noah volta da guerra. Será que agora eles ficarão juntos? Não. Uma terceira quebra: Allie está noiva. Noah, entretanto, nunca a esquece e passa anos restaurando uma casa e esperando que ela retorne. Allie termina o noivado e retorna para Noah. Um final feliz, certo? Não exatamente. Outra quebra: a mulher na casa de repouso é Allie, que está sofrendo de Alzheimer. A história que seu marido lê diariamente ao lado de sua cama é a história de amor real dos dois. *Diário de Uma Paixão* é uma volta de montanha-russa, porque há constantes quebras de expectativas. E também é um sucesso.

As maiores histórias de nosso tempo – filmes, livros e, sim, apresentações – têm quebras de expectativas. Bem quando o público acha que sabe o que vai acontecer a seguir, ocorre uma mudança. Lendas empresariais como Bill Gates aprenderam que contar uma história não é o suficiente. Histórias medianas não resolvem grandes problemas. Sucessos, sim.

O SEGREDO DOS STORYTELLERS

Uma sugestão que o TED dá a seus palestrantes é evitar "andar pelo caminho seguro". Storytellers que passam sua mensagem com sucesso dão algo sobre o que a plateia possa falar, violando suas expectativas. Eles violam expectativas de modo positivo, criando histórias inesperadas, chocantes ou surpreendentes.

CAPÍTULO 12

DR. NED HALLOWELL

O QUE VOCÊ NÃO ENTENDE PODE (E VAI) MACHUCÁ-LO

"As histórias são uma parte essencial de como indivíduos entendem e usam evidências." – Dr. Zachary F. Meisel

Para Adam, era quase impossível ficar quieto, permanecer focado ou terminar a lição de casa. Ele era hiperativo e impulsivo. "Lutei contra a academia, mesmo sabendo que eu era plenamente capaz de ir bem na escola",[1] recorda. Ele se sentia frustrado na escola. Quando tinha 20 e poucos anos, um médico lhe disse que tinha transtorno de déficit de atenção com hiperatividade (TDAH). O diagnóstico explicou seus problemas na escola e sua incapacidade de terminar qualquer coisa que começasse.

Jovem adulto, Adam se tornou músico e descobriu que ainda tinha problemas de foco – não na classe, mas no estúdio. "Trinta ideias flutuavam em minha cabeça e não conseguia registrá-las... Quando não consigo prestar atenção, realmente não consigo prestar atenção",[2] diz Adam. Ele voltou ao médico e aprendeu que o TDAH não desaparece conforme a pessoa deixa a infância e cresce.

Adam decidiu enfrentar seu TDAH e procurou tratamento. Com foco renovado, Adam Levine se dedicou a sua carreira musical e, com sua banda, Maroon 5, ganhou todos os grandes reconhecimentos do meio, entre eles os prêmios Grammy, MTV e Billboard. Estima-se que Levine fature mais de US$ 35 milhões por ano, o que inclui o pagamento que recebe como um dos apresentadores do *The Voice*.

Levine tem sorte. Oitenta e cinco por cento dos adultos que têm TDAH nem sabem disso. Muitos estão na prisão. Muitos pulam de emprego em emprego. Muitos vivenciaram uma sequência de relacionamentos fracassados. O TDAH é uma condição médica bastante incompreendida. Alguns pais entendem a incapacidade de seus filhos de manterem o foco como algo normal da infância. Outros acham que seus filhos melhorarão. Errado e errado. Ao abrir e compartilhar sua história, Levine ajudou milhares de pessoas a reconhecer os sintomas em si próprias, encorajando-as a procurar um diagnóstico mais preciso.

A condição do TDAH, na verdade, é bem conhecida na comunidade médica. Fora da comunidade, entretanto, é envolta em mitos e enganos. O problema está na maneira como a história do TDAH é contada.

Qual das afirmações a seguir você acha mais empoderadora?

> "O TDAH é um distúrbio neurológico associado a um padrão de excessiva inatividade no lóbulo frontal do cérebro. Caracteriza-se por distração, hiperatividade e impulsividade."
>
> "O TDAH é como se seu cérebro fosse um motor Ferrari com freios de bicicleta. Fortaleça o freio e você será um campeão. As pessoas com TDAH são os inventores e os inovadores, aqueles que se mexem e realizam, os sonhadores que construíram os Estados Unidos."[3]

Ambas as afirmações são verdadeiras. Acho que você vai concordar que um adulto que tenha essa condição ou um pai que acredite que seu filho a tenha terão uma visão muito diferente do TDAH e estarão mais inclinados a tratá-lo se ouvirem a segunda explicação. O dr. Ned Hallowell, importante psiquiatra e ex-membro da Harvard Medical School, deixa a primeira explicação para pessoas que têm diplomas médicos, e a segunda, para todo o resto.

AS FERRAMENTAS DOS STORYTELLERS

A explicação fácil de Hallowell tornou-o um queridinho da mídia. Ele esteve em *60 Minutes, Good Morning America, Oprah, Dr. Oz* e praticamente todos os outros grandes programas. Hallowell vende milhões de livros e aparece na TV há 25 anos porque torna acessível assuntos complexos. Ele credita suas habilidades de storytelling, que tornam a ciência complexa mais simples, à graduação em línguas. "Eu não me encaixava no padrão da maioria dos estudantes de medicina. Eles são cientistas. Eu me formei em línguas por Harvard antes de estudar medicina em Tulane. Os dois lados de meu cérebro estavam funcionando",[4] disse-me ele para um artigo que escrevi para o site Forbes.com.

Hallowell chega preparado com as melhores ferramentas de storytelling a toda entrevista de TV para a qual é convidado. São ferramentas tão potentes, que é quase impossível ignorá-las.

ANALOGIA: A ARMA SECRETA DOS STORYTELLERS

Os antigos gregos introduziram a analogia como uma poderosa ferramenta de persuasão. Hoje existem novas pesquisas contemplando o poder da analogia no marketing, mas, para grandes storytellers, a analogia sempre foi parte essencial de sua caixa de ferramentas. Analogia é a simples comparação entre duas coisas diferentes. Ela facilita o entendimento porque torna ideias abstratas mais relacionáveis. Se o ouvinte não relaciona a ideia a algo, fica mais difícil se lembrar do conceito e agir a partir disso.

Hallowell usa a analogia para jogar luz na complexidade. "Precisamos usar mais analogias nesse campo",[5] diz. "No caso do TDAH, uma lista de sintomas não mostra o poder que essas pessoas têm – elas são criativas e imaginativas. Somos as pessoas que colonizaram os EUA. Quem pegaria um navio nos anos 1600 e viria para cá? Você tem de ser um visionário, um pioneiro, um sonhador, alguém que goste de assumir riscos. Esse é o motivo pelo qual nossa genética é farta de TDAH. Vejo isso como algo fora de série." Além do cérebro de Ferrari, Hallowell usa outras analogias para explicar o TDAH para o público não médico:

- "Nós, portadores de TDAH, temos novas ideias o tempo todo. É como uma máquina de fazer pipoca."

- "Leve algumas pessoas para uma fazenda e as deixe lá por uma semana. Se você voltar uma semana depois e elas tiverem transformado a fazenda em um parque de diversões, trata-se de TDAH. Se estiverem relaxando em silêncio na varanda, é um caso severo de vida moderna."
- "A mente de uma pessoa com TDAH é como uma criança em um piquenique. Ela vai para onde quer que a mente diga, sem preocupação alguma com perigo ou autoridade. Às vezes, ela se afasta e encontra um problema; outras, descobre a penicilina."
- "Falar a alguém com TDAH que tente com mais empenho é como falar a alguém míope que enxergue melhor. Não é uma questão de esforço e vontade. É uma questão de como você foi feito."

As analogias são essenciais em uma narrativa feita para explicar assuntos complexos. Elas nos ajudam a entender coisas das quais sabemos pouco, porque podemos associar o conteúdo a algo sobre o qual sabemos bem.

As analogias são particularmente críticas em negócios relacionados à saúde. Adam Jackson é um empreendedor de sucesso que criou três empresas apoiadas por capital de risco. Ele é cofundador e CEO da Doctor on Demand, um serviço que conecta as pessoas a um médico, cara a cara, por meio de um computador, smartphone ou tablet. "Nada é mais importante do que o storytelling",[6] disse-me Jackson quando conversamos sobre os desafios de explicar o conceito para o consumidor médio. Criar uma analogia entre o que é desconhecido – uma interface digital com um médico – e o que é conhecido constitui um importante componente do processo de educação. Jackson usa a analogia do atendimento ambulatorial em suas apresentações.

"A Doctor on Demand é como ir ao atendimento ambulatorial por causa de um resfriado, gripe ou sinusite. Você nos diz o que está errado, nós o conectamos com um médico licenciado em seu estado e você passa por uma consulta como se estivesse sentado no consultório dele. Em 10 ou 15 minutos, você evitou uma viagem até o pronto-socorro ou uma longa fila de espera no consultório de seu médico particular", explica Jackson.

O atendimento ambulatorial é uma categoria de clínica médica diferente do pronto-socorro tradicional. Eu estive em um por causa de uma dor nas costas, e minha esposa, em razão de um resfriado. Muitos norte-americanos são familiarizados com esse serviço ou vivenciaram a dor de esperar dias ou semanas por uma consulta com seu médico. A Doctor on Demand é uma nova plataforma. Se Jackson não for bem-sucedido em torná-la comunicável por meio de uma analogia, corre o risco de confundir seu público. A confusão torna a educação quase impossível.

HISTÓRIAS PESSOAIS CAPTAM A ATENÇÃO

Quando Ned Hallowell apareceu pela primeira vez no programa *Today*, um produtor lhe falou que lembrasse que ele estava competindo pela atenção do espectador. Como você faz com que os espectadores prestem atenção em você quando estão preocupados com as crianças, afazeres domésticos ou trabalho? Hallowell também aprendeu que nada chama tanto a atenção do que revelar histórias e experiências pessoais. Ele imediatamente admite que tem TDAH e dislexia em todas as conversas e não espera ser inquirido. "Sou superfavorável a conversas transparentes e personalizadas. Você realmente conquista a atenção das pessoas quando fala sobre si mesmo, sobretudo se é algo excêntrico como 'eu tenho TDAH'. Conto histórias para me conectar com o público. Quando os espectadores deixam minha palestra, quero que levem os pontos que coloquei, mas também que estejam inspirados e cheios de esperança. Isso acontece por meio de conexão."[7]

Segundo um artigo publicado no *Journal of the American Medical Association*, muitos especialistas "evitam histórias pessoais" em favor de dados para apoiar seus argumentos. Isso é muito ruim, porque, como vimos, as histórias são uma importante ferramenta para a educação, e que educação é mais importante do que a relacionada à saúde? "As narrativas, na forma de storytelling, testemunhos e entretenimento, provaram melhorar o comportamento individual em relação à saúde em muitos cenários",[8] escrevem os doutores Zachary F. Meisel e Jason Karlawish. "Além disso, evidências em estudos de psicologia social sugerem que as narrativas, quando comparadas com evidências estatísticas, podem ter efeito persuasivo ímpar em superar crenças preconcebidas e vieses cognitivos. [...] Os estudos científicos são genuinamente imparciais, sem personagens nem histórias. No entanto, sua tradução e divulgação não deveriam ser." Os médicos concluíram que fatos e números são essenciais nos debates sobre saúde, mas não encorajam as pessoas a mudar seu comportamento.

No inverno de 2016, uma doença que havia quase sido erradicada fez um estrondoso retorno. Os Estados Unidos viram sua pior epidemia de sarampo em 20 anos porque milhares de pais optaram por não vacinar os filhos. A vacina contra a doença foi criada em 1963. Antes disso, 500 mil crianças contraíam sarampo todos os anos, e centenas delas morriam.

A situação foi tão ameaçadora à saúde pública que o Centro de Controle e Prevenção de Doenças (CDC) e a Casa Branca não pensaram duas vezes. Barack Obama apareceu no *The Today Show* falando que a ciência era indiscutível. O presidente disse: "Nós conferimos isso incansavelmente. Existem todas as razões para ser vacinado, e nenhuma para não ser... Vocês devem vacinar seus filhos".[9]

Obama estimulou os pais a "olhar para a ciência, olhar para os fatos". Essa afirmação bem-intencionada não teve o resultado que ele esperava. Com frequência os líderes contam com fatos sem emoção para influenciar as pessoas, que são seres emocionais. O diretor do CDC, dr. Tom Frieden, em uma participação no programa *Face the Nation*, da CBS, alertou os norte-americanos de que o país poderia ter uma "grande epidemia" de sarampo. Ele também deu aos espectadores muitos fatos, mas nenhuma história.

Apesar da montanha de evidências de que as vacinas protegem as crianças, dois eventos levaram alguns pais a ficar céticos. Primeiro, um estudo publicado em uma revista médica de prestígio sugeriu uma ligação entre vacinação infantil e autismo. O estudo tinha um grande problema: não era verdadeiro. O médico responsável por ele falsificou os dados, e a revista que o publicou tomou a atitude, sem precedentes, de pedir desculpas e se retratar. Dezenas de pesquisas vieram a seguir, e nenhuma delas encontrou conexão alguma entre vacinas e autismo.

O fato de a história ter sido fabricada poderia ser o que as pessoas precisavam para deixar para lá a associação entre vacinas e autismo. No entanto, outra coisa aconteceu, reacendendo o movimento antivacina, e isso veio na forma de história. Uma linda celebridade, ex-modelo da *Playboy*, veio a público desmentir a evidência de que vacinas são boas dizendo que "sabia" que a vacina contra o sarampo havia causado o autismo de seu filho. "Meu filho é minha ciência", disse ela para a plateia de um programa.

Se você chegou até aqui, já sabe exatamente por que essa celebridade teve uma gigantesca influência na narrativa: as histórias pessoais são irresistíveis. As histórias vencem os dados. Então, o que a comunidade médica deveria ter feito para acabar com o mito antivacina? Contar histórias próprias, histórias de crianças que sofrem de encefalite ou histórias de famílias que perderam os filhos para uma doença que havia sido eliminada dos Estados Unidos. "Quando os cientistas encontram histórias que promovem procedimentos de saúde não científicos, deveriam preparar uma contranarrativa baseada em evidências",[10] dizem Meisel e Karlawish. "As narrativas têm se mostrado de grande ajuda para dar clareza e credibilidade a uma mensagem de saúde, desde que as pessoas se identifiquem com os personagens das histórias."

O que os pais precisam ouvir são contranarrativas, as verdadeiras histórias perturbadoras sobre a estimativa de que 145 mil pessoas ao redor do mundo perderam a vida para o sarampo no último ano.

Um site britânico chamado Vaccine Knowledge Project publicou informações sobre doenças infecciosas na forma de conteúdos "desenvolvidos para não especialistas". Os responsáveis pelo site sabem que "não especialistas" se relacionam com as histórias, motivo pelo qual as páginas são recheadas de histórias sobre pessoas que sofreram de doenças como o sarampo capazes de tocar o coração.

Os visitantes do site conhecem a história de Sarah Clow. Ela não foi vacinada contra o sarampo quando criança. A doença atacou todo o seu corpo, inclusive o cérebro. Ela ficou em coma por oito semanas e agora é surda e parcialmente cega.

Os visitantes do site também ficam sabendo da história de Sarah Walton, que pegou sarampo quando tinha 11 meses. Embora tenha se recuperado, a menina contraiu uma infecção viral ligada à doença 24 anos mais tarde. Isso destruiu seu sistema nervoso central. A mãe de Sarah, que é sua cuidadora, gravou um vídeo falando ao lado da cama onde sua filha está, inconsciente e alimentando-se por um tubo no nariz.

Como especialista na propagação de doenças, Melinda Gates conhece os fatos. Ela também sabe como informá-los de maneira eficiente, embrulhando-os em histórias. "As mulheres do mundo em desenvolvimento conhecem o poder das vacinas",[11] disse ela ao *Huffington Post* no auge da polêmica antivacina. "Elas andam 10 quilômetros no calor, com seus filhos, e entram em uma fila para a vacina porque já viram a morte. Nós nos esquecemos de como é a morte por sarampo... Mas, na África, as mulheres conhecem a morte e querem que seus filhos sobrevivam." A entrevista sobre o assunto viralizou pelas mídias sociais porque Gates criou uma "contranarrativa" poderosa para dissipar informações imprecisas.

Sim, muitas pessoas se esqueceram de como é a doença. Histórias de pessoas reais sofrendo complicações reais por não terem sido vacinadas serviram como um lembrete poderoso.

Um consultor financeiro bastante respeitado uma vez me disse que o storytelling tem um grande impacto no sucesso, especificamente porque as histórias ajudam os clientes a enxergar as consequências de não agirem. Por exemplo, ele pinta um quadro de como o mundo seria se o cliente recusasse seguro de vida.

> Se alguma coisa acontecer a você e sua família perder sua renda, sua esposa pode ter de aceitar um trabalho de que não goste. Sua família pode perder sua casa. Seus filhos podem ter de se transferir para outra escola, e eles talvez não consigam pagar a faculdade... Mas digamos que você faça boas escolhas financeiras. Se algo acontecer a você, sua família será bem-cuidada. Sua esposa não terá de trabalhar se não quiser. Seus filhos poderão continuar em sua casa e na mesma escola. E, quando eles estiverem na faculdade, sempre pensarão em você como a pessoa que tornou isso possível. Qual legado você quer deixar?

Esse executivo gerou mais de US$ 1 milhão em receitas por 32 anos seguidos porque aprendeu que as histórias são uma das ferramentas mais poderosas que existem.

O storytelling importa porque aquilo que você não entende pode machucá-lo, e quase sempre vai acontecer assim. Na próxima vez em que você estiver tentando tornar algo complexo mais compreensível – não importa se você atua em vendas, saúde, negócios ou educação –, pense no conselho de Hallowell e use analogias e histórias pessoais no lugar de abstrações e jargões. Isso pode chamar a atenção para seu assunto e, em alguns casos, salvar vidas.

O SEGREDO DOS STORYTELLERS

As evidências estatísticas e os jargões de um setor são meios menos eficientes para educar um público sobre tópicos complexos. Histórias pessoais e analogias ajudam as pessoas a entender informações e ideias das quais sabem pouco.

CAPÍTULO 13

SARA BLAKELY

AS CALÇAS DE US$ 98 QUE INAUGURARAM UM IMPÉRIO

"Uma história é tudo. Nosso trabalho é contar as melhores histórias." – Kevin Spacey

Uma calça de US$ 98 deu a Sara o empurrão de que ela precisava para começar o próprio negócio. Por oito meses, a calça branca ficou pendurada em seu armário. Toda vez que tentava vesti-la, não gostava do que via no espelho. As roupas íntimas femininas tradicionais pareciam não ajudar. Eram desconfortáveis e feias. Sem esperanças, Sara pegou uma tesoura e cortou os pés de uma meia-calça. Isso resolveu o problema.

Sara quis transformar sua invenção em um negócio. Naquela época, ela estava vendendo máquinas de fax de porta em porta e nunca havia frequentado uma aula de empreendedorismo. Ela encontrou advogados de patentes que cobravam US$ 5 mil. Como tinha US$ 5 mil de reserva, fez a lição de casa e patenteou sua ideia sozinha.

A maioria das pessoas disse a Sara que sua ideia era insana, mas essas opiniões não a dissuadiram. Se uma porta se fechasse, ela procuraria outra. O pai de Sara havia ensinado a filha sobre o poder do fracasso. Na mesa de jantar, ele perguntava: "Em que você fracassou hoje?". Ele ficava desapontado se ela não tivesse nada para falar, pois o fracasso significava que ela havia tentado novas coisas.

Um dia Sara fez uma cold call para uma compradora da Neiman Marcus. Ela deixou seu apartamento em Atlanta, que servia como fábrica e sede global da empresa, pegou uma mochila vermelha com suas amostras e embarcou em um avião para Dallas. A executiva lhe deu dez minutos para fazer sua apresentação. Nos dois primeiros minutos, ficou claro para Sara que ela estava perdendo o interesse. Então, uma luz se acendeu em sua cabeça. Ela mesma faria uma demonstração de seu produto, explicando-o por meio de sua própria história. Arrastou a compradora para o banheiro, onde vestiu o produto, e, claro, a executiva concordou em vender a meia-calça sem pés em sete lojas. Doze anos depois, Sara Blakely, fundadora da Spanx, apareceu na capa da *Forbes* como uma das empreendedoras bilionárias mais jovens do mundo.

Essa história é contada por ela quase sempre em entrevistas para a TV e palestras e está no site da Spanx. A seção "About Sara", em Spanx.com, mostra uma foto dela com sua calça branca que ficou no armário, enquanto segura a mochila vermelha. Tanto a calça como a mochila têm papel importante na história do produto.

AS FERRAMENTAS DOS STORYTELLERS

Sara Blakely vendeu 10 milhões de produtos sem gastar um centavo em propaganda. Ela aprendeu que a maioria dos produtos não se vende sozinha. Uma história de origem faz os produtos se tornarem parte da conversa. "Se uma namorada lhe conta, em um coquetel ou restaurante, sobre um produto, você tende a se tornar muito mais leal e interessado nisso do que se alguém lhe mostrasse uma foto reproduzida em uma revista."[1]

Sara também entendeu a diferença entre uma "história" e uma "boa história". Aqui está uma história: Sara inventou um produto, vendeu para uma loja de departamentos e fez fortuna. A sentença anterior corresponde à definição de uma história. Ela tem começo, meio e fim. Entretanto, não é educativa. Não prende você. Não vira assunto. E, se não é nenhuma dessas coisas, certamente não tem possibilidade de inspirar. Lembre-se: os elementos de uma boa história são a dificuldade, o conflito e a resolução. Uma boa história também tem detalhes específicos que ajudam o ouvinte a se enxergar no orador. Um detalhe como o número da poltrona em que Sara se sentou no avião é irrelevante para a história. O fato de que a calça de US$ 98 ficou oito meses no armário porque Sara não gostava do jeito como vestia é algo com que toda mulher pode se identificar. Sara não só levou suas amostras para Dallas; ela as carregou em uma mochila vermelha. Sara vende seus produtos em embalagens vermelhas, cor que se destaca em relação às outras marcas de meias-calças nas prateleiras das lojas. A mochila vermelha é um importante símbolo dessa história. Sara não só fez uma apresentação para a compradora da Neiman Marcus; ela a levou até o banheiro para demonstrar como era a meia-calça sem pés. Os detalhes dão credibilidade para a história e transportam o ouvinte para o mundo de quem conta.

Jeffrey Zacks é o diretor do laboratório de cognição dinâmica da Washington University, em Saint Louis. Usando tecnologia de imagem cerebral, ele estuda a corrente sanguínea do cérebro das pessoas enquanto leem um livro. Sua missão é entender por que as pessoas "se perdem" nos livros. De acordo com o pesquisador, nosso cérebro faz simulações mentais vívidas de paisagens, sons, gostos e movimentos sobre os quais lemos ou ouvimos falar. Quando ouvimos um narrador compartilhar uma sequência detalhada de eventos, as mesmas regiões de nosso cérebro são estimuladas, como se a experiência estivesse acontecendo conosco na vida real.

A maioria dos novos produtos, hoje em dia, entra em categorias concorridas. Uma descrição vívida de como um produto foi concebido quase sempre marca a diferença entre aquele que fica na prateleira e aquele que chama a atenção. Por exemplo, o Walmart.com vende cerca de 4 mil fones de ouvido. Um consumidor pode escolher fones de ouvido auriculares, intra-auriculares ou supra-auriculares. Existem fones de ouvido de estúdio, para praticar esportes, sem fio e para DJs. Existem os que minimizam os ruídos externos e os que os isolam completamente, com e sem fio.

A SOL Republic produz fones de ouvido de alta qualidade. Seus fundadores, Kevil Lee, Scott Hix e Seth Combs, sabem que a qualidade não é o suficiente para captar a imaginação de consumidores sufocados por opções, então diferenciam seus produtos apresentando a história da filosofia que guia a empresa. Eles compartilham a visão de mudar a forma como as pessoas ouvem música fazendo ótimos fones de ouvido de preço mais razoável do que os produtos de alta tecnologia. Em uma entrevista com Brian Solis, Combs explicou a história de fundação da empresa:

> Estávamos sentados na praia de Crissy Field, em San Francisco, e escrevemos a declaração de nossa filosofia. Nossa primeira linha é: "Somos amantes de música, comprometidos em mudar o mundo, um ouvinte de cada vez". Essa é a ideia principal. Outra ideia é que, quando a música soa melhor, você se sente melhor. Se todas as pessoas puderem ter fones de ouvido com boa qualidade de som, elas se sentirão melhor, e isso mudará o mundo. Foi a paixão que nos guiou. E isso nos levou ao nome. SOL é um acrônimo de soundtrack of life [trilha sonora da vida]. Todo grande momento tem uma trilha sonora que o acompanha. As músicas, desde a do casamento de seus pais até a do seu, o conectam emocionalmente e ficam com você até seu último suspiro. Somos uma empresa de música e estilo de vida que, casualmente, faz fones de ouvidos.[2]

É sempre instrutivo ouvir a reação de um empreendedor depois que ele conta sua história. Nesse caso, o entrevistador, Brian Solis, disse: "Qualquer um que ouvir sua história vai entender que você se importa, que você é realmente apaixonado por isso. Eu adoro o que você fez e adoro o fato de haver emoção em seu produto".[3] Solis, especialista em mídias sociais, afirmou estar cansado das frases sem alma de missão de empresa. Em vez disso, ele e muitos outros consumidores estão procurando produtos "que importam". Histórias vívidas e pessoais dão vida a produtos e ideias, seja para um fone de ouvido, seja para uma roupa íntima.

Recentemente, o ator Kevin Spacey, palestrando em uma conferência de negócios e marketing, ofereceu o seguinte conselho: "O bom marketing de conteúdo não é aleatório. Sabemos como isso funciona. E isso sempre tem a ver com a história. O público já disse. Ele quer histórias. As pessoas estão morrendo por isso. Elas contam conosco para lhes proporcionar algo sobre o qual possam falar, levar no ônibus e no cabeleireiro, tuitar, blogar, postar no Facebook, criar fan pages, algo com que se envolvam com a paixão e a intimidade com as quais um filme blockbuster poderia apenas sonhar. Tudo o que temos a fazer é proporcionar-lhes esse algo. O fruto que obtemos com isso nunca foi tão doce".[4]

Uma boa história pode ajudar a explicar uma ideia. Uma boa história educa, entretém, inspira e, por fim, acende nossa imaginação coletiva. Conte boas histórias.

O SEGREDO DOS STORYTELLERS

Empreendedores de sucesso educam seus consumidores com histórias de como criaram um produto para resolver um problema, sempre algo que eles mesmos enfrentaram. Eles compartilham essas histórias com detalhes específicos, concretos e relevantes para transportarem o ouvinte para seu mundo.

CAPÍTULO 14

TÓQUIO 2020

JAPÃO LIBERA SEUS MELHORES STORYTELLERS PARA GANHAR O OURO OLÍMPICO

"Não há limite para o tanto de bem que você pode fazer caso não se importe em ganhar os créditos." – Ronald Reagan

Mami Sato gostava de seu estilo de vida ativo. Seus dias na Waseda University, no centro de Tóquio, eram preenchidos com aulas, corrida, natação e animação de torcida. Um dia, a jovem de 19 anos começou a sentir dor no tornozelo direito. A dor se revelou um câncer; apenas algumas semanas depois do primeiro sintoma, ela perdeu a perna para a doença.

Sato estava em profundo desespero, mas retornou à universidade. Lá, foi "salva pelo esporte". Gostava de determinar metas e batê-las. "Desenvolvi uma nova confiança. Mais do que tudo, aprendi que o importante era o que eu tinha, não o que havia perdido."[1] Sato treinou duro e conquistou uma vaga como atleta de salto em distância nos Jogos Paraolímpicos de Atenas, em 2004. Ela também competiu em Pequim, em 2008, e em Londres, em 2012. No entanto, durante a preparação para os Jogos de Londres sua vida deu outra volta inesperada.

Às 14h46 de 11 de março de 2011, começou um terremoto de magnitude 9 a 370 quilômetros de Tóquio, 24 quilômetros abaixo do nível do mar. Uma hora depois, ondas de até 9 metros de altura cobriram a costa japonesa, criando um muro de terror, matando mais de 15 mil pessoas e destruindo a usina nuclear de Fukushima.

Em menos de sete minutos, a cidade natal de Sato, Kesennuma, ao norte de Fukushima, ficou coberta de água. Casas inteiras foram varridas para longe com famílias ainda dentro. Barcos de pesca que estavam na baía foram parar no meio da cidade. Poças de água surgiram em espaços que antes eram casas. Muito pouco sobrou.

Seis dias se passaram até Sato descobrir o destino de sua família: todos tinham sobrevivido. Sato e um grupo de atletas coletaram mensagens e suprimentos para levar à cidade devastada. Mais de 200 atletas fizeram mil visitas à área, transmitindo esperança e inspiração para dezenas de milhares de crianças e adultos. "Somente ali eu vi o verdadeiro poder do esporte... Criar novos sonhos e sorrisos. Dar esperança. Juntar as pessoas", disse Sato.

Sato compartilhou sua história em setembro de 2013, enquanto estava na tribuna liderando a apresentação de Tóquio para a 125ª sessão do Comitê Olímpico Internacional (COI) em Buenos Aires, Argentina. Membros do COI estavam assistindo às apresentações para agraciar uma cidade com o direito de sediar os Jogos Olímpicos de 2020. As duas outras finalistas, Istambul e Madri, eram tidas como favoritas.

Em apresentações de negócios formais japonesas, o executivo mais antigo tem o papel de fazer a abertura. Em uma apresentação para o COI, um líder como o primeiro-ministro era esperado para falar em primeiro lugar. Entretanto, apenas dez dias antes do evento, a equipe responsável pela apresentação entendeu que deveria quebrar as regras. Eles tomaram a decisão de iniciar a apresentação com uma história emocional e concluíram que não haveria melhor storyteller-atleta do que Mami Sato. Tinham, porém, um problema para superar: Sato nunca havia feito um discurso em inglês. "Eu estava muito nervosa. Minhas pernas tremiam nos ensaios",[2] admitiu mais tarde. Explicaram para ela que falar inglês fluentemente era menos importante do que passar uma mensagem apaixonada e uma história pessoal. "Eu fui corredora. Fui nadadora. Fui até animadora de torcida", contou Sato ao Comitê Olímpico sobre sua vida antes do câncer. Assim que retornou à universidade e começou a competir nos esportes, sua atitude mudou. "Descobri que adorava estabelecer metas e batê-las. Desenvolvi uma nova confiança. Mais do que tudo, aprendi que o importante era o que eu tinha, não o que havia perdido. E me senti privilegiada por ter sido tocada pelo poder do esporte."

Quando o COI anunciou que Tóquio tinha vencido, centenas de milhares de pessoas tomaram as ruas das cidades japonesas para celebrar. Sato se tornou o nome da casa. "Sato brilha como um exemplo a seguir", proclamou o *Japanese Times*. "Sato captou os olhos e os ouvidos da plateia ao contar a própria história." A manchete do jornal londrino *The Guardian* foi: "A paixão da candidatura japonesa conseguiu para Tóquio os Jogos Olímpicos de 2020". De acordo com o jornal: "O soco emocional que sustentou a campanha de Tóquio foi dado pela atleta paraolímpica Sato, cuja cidade foi atingida por um tsunami, e que descreveu de maneira impressionante o poder do esporte para inspirar".[3] Outro artigo declarou: "Para vencer, Tóquio teve de apelar tanto para o coração como para a mente dos membros votantes do COI. Tóquio apertou emocionalmente todos os botões corretos".[4]

A história pessoal de Sato é apenas uma parte da história de como o Japão ganhou o direito de sediar os Jogos Olímpicos de 2020. A apresentação final que a equipe de Tóquio fez em Buenos Aires não só começou de modo diferente do que os juízes esperavam de uma apresentação japonesa, como todos os 45 minutos foram utilizados para maximizar o impacto emocional, e o storytelling cumpriu um papel central.

AS FERRAMENTAS DOS STORYTELLERS

Todo o contingente japonês empregou a arte do storytelling. Quando Sato deixou a tribuna, apresentou o próximo orador, que apresentou o próximo, que apresentou o próximo. Ao todo, oito oradores falaram dos benefícios de sediar a Olimpíada em Tóquio. Todos eles, inclusive o primeiro-ministro, Shinzo Abe, compartilharam histórias de como o esporte mudou sua vida. Alguns oradores foram escolhidos para contar como os cidadãos de Tóquio tratam os visitantes. Fizeram isso porque havia um sentimento de que o COI queria evitar cidades com riscos de segurança e instabilidade. Os juízes do Comitê disseram que Tóquio convenceu ao falar que a Olimpíada deveria ocorrer em um lugar em que houvesse competência e confiança. Por exemplo, em uma referência memorável, a oradora Christel Takigawa falou da "hospitalidade altruísta" de Tóquio e anunciou que todo ano seus cidadãos encontram e devolvem cerca de US$ 30 milhões para turistas que perderam ou esqueceram bens. "Se você perder algo, muito provavelmente vai conseguir de volta",[5] disse ela.

De acordo com o *The Guardian*, "as candidaturas anteriores de Tóquio foram elogiadas pela competência, mas criticadas pela falta de paixão".[6] Os juízes do COI reconheceram a equipe japonesa pela inclusão de emoção e paixão em sua proposta. A história de Mami Sato ditou o ritmo do resto da apresentação. Ter uma storyteller como ela é um trunfo, mas apenas se lhe for permitido contar sua história. Apresentações emocionais de negócios têm drama, heróis, vilões e uma porção de vozes.

A SAP DESENCADEIA O PODER DE 65 MIL STORYTELLERS

Quando Bill McDermott, CEO da SAP, contratou Julie Roehm para liderar o departamento de marketing da gigante global de tecnologia, não estava procurando alguém para ocupar o cargo de diretor de marketing tradicional. Ele a contratou como vice-presidente sênior de marketing global, mas deu a ela um título mais descritivo de seu papel: "storyteller-chefe". Roehm me contou que McDermott a contratou para simplificar a história da SAP e tornar a mensagem da empresa mais humana, autêntica e relevante para a vida dos consumidores. O cargo de executivo-chefe de storytelling é "completamente moderno", segundo a revista *Fast Company*. Conforme mais líderes reconhecem a necessidade do storytelling corporativo, aumenta na mesma medida o número de executivos que ganham esse título. Os melhores reconhecem que não estão sozinhos para contar a história da marca.

"É errado falar que sou a única storyteller",[7] diz Roehm. "Criamos ferramentas para permitir que todos sejam storytellers." A SAP tem mais de 65 mil funcionários pelo mundo e a maioria tem histórias de como os clientes estão usando o software da empresa para gerenciar seus negócios. É impossível para um profissional do departamento de marketing contar todas essas histórias. A SAP cria "plataformas" para que qualquer pessoa da organização possa ser um storyteller. Afinal, nunca se sabe quando uma história acontecerá.

Por exemplo, a SAP criou um app de smartphone apropriadamente chamado de "Share Your Story" [Conte Sua História]. O aplicativo é uma ferramenta de vídeo que permite a qualquer um no universo SAP – funcionários, consumidores, parceiros – gravar um vídeo testemunhal (perguntas de respostas fáceis servem como guia) e enviá-lo. O departamento de marketing recebe os vídeos, revisa, edita e divulga pela empresa e nas mídias sociais. "Se só uma equipe criar e compartilhar histórias, você perderá uma série de oportunidades na era das mídias sociais", afirma Roehm.

O objetivo final é educar. Um software da SAP pode parecer complexo para novos consumidores. O app Share Your Story facilita para os profissionais de vendas da empresa capacitá-los por meio de histórias, transmitidas em qualquer aparelho móvel que estiverem levando na visita ao cliente. Como os vídeos são categorizados, eles podem mostrar um vídeo que seja relevante para o problema do consumidor.

A SAP teve a ideia certa. Um estudo da *Harvard Business Review* concluiu que os consumidores estão sempre sobrecarregados de informação. Os pesquisadores observaram que, na venda de produtos complexos, é mais eficiente contar histórias significativas de outros consumidores e suas experiências com o produto. Por meio de suas plataformas digitais, a SAP está propagando as histórias de 65 mil storytellers por toda a organização. Bill McDermott e Julie Roehm são líderes seniores, mas reconhecem que o aprendizado vem na forma de histórias que estão sendo criadas diariamente por membros de um time maior.

Toda marca pode criar histórias melhores. O segredo é abrir a torneira da sabedoria coletiva de todos os storytellers da marca.

O SEGREDO DOS STORYTELLERS

Empresas e organizações de sucesso compartilham o palco com seus melhores storytellers. As marcas são uma coletânea de narrativas. Libere suas melhores histórias.

CAPÍTULO 15

SIR KEN ROBINSON

UM OLHAR ENGRAÇADO SOBRE A PALESTRA MAIS POPULAR DO TED DE TODOS OS TEMPOS

"Se eles estão rindo, estão ouvindo." – Sir Ken Robinson

"Quem o chama de *Sir* Ken Robinson?"[1]
"Meu filhos. Eu insisti nisso."

Foi assim que Sir Ken Robinson, educador proeminente e estrela do TED, o homem que fez a legendária palestra "Será que as escolas matam a criatividade?", visualizada por mais de 44 milhões de pessoas, começou sua entrevista em um programa de rádio. Uma de suas qualidades cativantes é um senso de humor que desarma. No entanto, como muitos dos storytellers deste livro, seus anos iniciais foram marcados por dor e luta, tensão e triunfo, coisas das quais as histórias são feitas.

Nascido em Liverpool em 1950, Robinson foi um dentre sete filhos. Seu pai jogou futebol semiprofissional e sonhou com o garoto seguindo seus passos, talvez levando o legado da família no futebol para outro nível. Suas esperanças foram frustradas quando o filho teve pólio aos 4 anos, o que causou paralisia parcial em uma perna.

Destemido, Robinson procuraria o sucesso no campo acadêmico. Ele se debruçou sobre os estudos e, em 1968, frequentou o Bretton Hall College como aluno de inglês e teatro. Em 1981, completou o doutorado na University of London, com especialização em teatro na educação. Uma lista de credenciais não faz um storytelling, mas, no caso de Robinson, seu foco em teatro ajuda a explicar por que sua palestra no TED viralizaria e seria uma sensação – na verdade, a palestra mais popular do TED de todos os tempos.

Robinson foi uma voz notável em criatividade, educação e potencial humano muito antes de sua famosa palestra. A rainha Elizabeth nomeou-o cavaleiro em 2003 por suas contribuições nos campos da criatividade e das artes, mas foi sua palestra de 18 minutos no TED que o catapultou para o palco do mundo.

O tema da apresentação de Robinson é educação, especificamente porque nosso sistema educacional falha em alimentar a criatividade. Apesar de esse ser certamente um tópico de grande interesse popular, sozinho não explica como a fala de 18 minutos de um educador foi muito mais vista do que qualquer outro vídeo na história do TED. Então, o que explica isso? O próprio Robinson pode ter dado a resposta. "Se eles estão rindo, estão ouvindo",[2] disse.

AS FERRAMENTAS DOS STORYTELLERS

Ken Robinson conta histórias comoventes que reforçam seu mote de que o sistema educacional precisa ser renovado. Como educador, sabe que ninguém prestará atenção a suas histórias se estiver com a mente desligada.

"O cérebro não presta atenção a coisas chatas",[3] escreve John Medina, biólogo molecular da University of Washington. Robinson é qualquer coisa menos chato. Nos primeiros 50 segundos de sua palestra no TED, as risadas já se fazem ouvir. Aqui estão trechos dos primeiros cinco minutos de sua apresentação, os que provocaram as maiores risadas.

> Se você está em um jantar e diz que trabalha com educação... Na verdade, você não vai a jantares com frequência, francamente. *[Risadas]* Se você trabalha com educação, ninguém o convida. *[Risadas]* E nunca é convidado a voltar, curiosamente. Isso é estranho para mim. Mas, se você está e diz para alguém, quer dizer, quando lhe perguntam: "O que

> você faz?", e você diz que trabalha com educação, pode ver o sangue sumir do rosto das pessoas. Elas ficam assim: "Ai, meu Deus", sabe como é? "Por que eu?" *[Risadas]* "Minha única noite fora de casa na semana inteira."[4] *[Risadas]*
>
> Ouvi uma grande história recentemente – adoro contá-la –, de uma garotinha que estava em uma aula de desenho. Ela tinha 6 anos e ficava no fundo da sala, desenhando. A professora disse que ela dificilmente prestava atenção à aula, a não ser a essa, de desenho. A professora estava fascinada. Foi até a menina e perguntou: "O que você está desenhando?". E a menina respondeu: "Estou desenhando uma foto de Deus". E a professora disse: "Mas ninguém sabe como Deus é". E a menina disse: "Eles vão saber em um minuto". *[Risadas]*
>
> Quando meu filho tinha 4 anos, na Inglaterra... Na verdade, ele tinha 4 anos em qualquer lugar, para ser franco. *[Risadas]* Para ser mais exato, onde quer que fôssemos, ele tinha 4 naquele ano. Ele estava na peça de teatro de Natal. Vocês se lembram da história? *[Risadas]* Mel Gibson estrelou o segundo filme da série, vocês devem ter visto. *[Risadas]* "Natal – Parte 2." James pegou o papel de José, o que nos deixou muito felizes. Consideramos esse um dos papéis principais. Providenciamos para que o lugar ficasse abarrotado de pessoas vestindo camisetas onde se lia "James Robinson é José". *[Risadas]*

Nos primeiros cinco minutos, Robinson arrancou cerca de dez risadas da audiência. Duas risadas por minuto faz a palestra de Robinson mais engraçada do que o filme *O Âncora* (1,6 risada por minuto) e próximo de *Se Beber, Não Case* (2,5 risadas por minuto).

Você deve ter percebido que parte do humor de Robinson é autodepreciativa. Embora ninguém deva zombar demais de si mesmo, para não correr o risco de perder a credibilidade, psicólogos sociais descobriram que um pouco de autozombaria pode ganhar muitos pontos com o público. Quando um repórter perguntou a Robinson sobre seus milhões de visualizações, ele respondeu: "Meu filho me mostrou recentemente um vídeo no YouTube que durava 90 segundos. É sobre dois gatos que parecem estar conversando. E foi visto 20 milhões de vezes. Então, eu não estou no topo. Os gatos ainda vencem".[5] A modéstia cativa. Combine humildade com humor e você terá o ouro das apresentações.

O HUMOR É UM EVENTO CARREGADO DE EMOÇÃO

O humor é o que John Medina chama de "evento carregado de emoção", assim como alegria, medo ou surpresa. "Quando o cérebro detecta um evento carregado de emoção, a amígdala libera dopamina no sistema. Como a dopamina ajuda muito os processos de memória e informação, acaba funcionando como um recado de Post-it que diz: 'Lembre-se disto!'. Colocar um Post-it químico em determinada informação vai tornar o processo mais robusto. É o que todo professor, pai e executivo de publicidade quer."[6]

O humor aumenta o aprendizado em qualquer língua. Em uma pesquisa com estudantes de dez países, os pesquisadores descobriram que os alunos aprendiam melhor quando as aulas captavam a atenção deles com humor. Xu Yang, estudante chinês, disse: "Eu gosto de professores engraçados. Eles podem tornar as aulas interessantes e não tão chatas. Alguns são entediantes, e esse é o problema".[7] De acordo com o estudo, "outro insight significativo oferecido por essa pesquisa é sobre as percepções de 'bom' professor desses estudantes. É senso comum que os bons professores sejam versados em seu tema. Entretanto, os alunos da pesquisa revelaram mais do que isso. Eles acreditam que 'bons' professores são os que vão além do assunto da matéria e têm bom humor".

Os ouvintes querem ser engajados *e* entretidos, e isso não muda há milhares de anos. No artigo científico "Embers of society", o antropólogo Polly Weisner relatou sua descoberta de que bons storytellers eram apreciados por suas habilidades verbais, inclusive o humor. "As histórias propiciavam uma situação ganha-ganha: aqueles que envolviam completamente os outros tendiam a receber reconhecimento conforme suas histórias se espalhavam; aqueles que ouviam eram entretidos enquanto absorviam as experiências dos outros sem ter de arcar com o ônus deles."[8]

VOCÊ NÃO PRECISA CONTAR UMA PIADA PARA GANHAR UMA RISADA

As pessoas precisam aprender a rir. Bons storytellers ensinam e se divertem. Quando Jon Stewart saiu do *The Daily Show*, programa do canal Comedy Central, depois de dezesseis anos, foi muito bom, porque ele tinha se tornado uma das principais fontes de informação para a geração dos *millennials*. Muitos norte-americanos na idade entre 18 e 34 anos citaram *The Daily Show* como sua fonte primária de notícias. Stewart sempre batia os telejornais noturnos tradicionais em audiência naquele grupo etário. O sucesso do *The Daily Show* provou que o segredo para a alta audiência é um âncora carismático que combina conteúdo educativo com humor.

Você pode estar dizendo para si mesmo: "Legal, mas eu não sou engraçado, então esse conselho não tem utilidade para mim". No entanto, a graça sobre o humor é que você não precisa contar uma piada para ganhar uma risada – tem apenas de ser capaz de reconhecer uma situação engraçada. Os grandes storytellers sabem escolher bem as histórias e só contam às pessoas experiências e eventos que lhes provocaram um sorriso. Se alguma coisa os fez rir, existe uma boa probabilidade de que o público também rirá.

O executivo da Apple Craig Federighi tem subido muito aos palcos nos últimos tempos. Seu chefe, Tim Cook, CEO da empresa, certa vez chamou o vice-presidente de engenharia de software de "Superman", porque ele vem comandando até 70% do lançamento de novos produtos. Quando Federighi sobe ao palco, quase sempre rouba o show. É fácil ver o motivo. Ele injeta humor em suas apresentações. Iniciou uma palestra sobre o novo sistema operacional da Apple, Yosemite, fazendo graça da excelente equipe de marketing de produto, que é responsável por desenvolver nomes. "Nós os empurramos em uma van e os colocamos na estrada. Eles foram para o sul e descobriram o OS X Oxnard... antes de se aventurarem para o norte, descobrindo o OS X '*weed*'.* Estranhamente,

---

* Oxnard e Weed são cidades norte-americanas. A palavra "weed" significa "erva". (N.T.)

este último nome teve um apoio enorme dentro da equipe de marketing de produto",[9] disse Federighi, enquanto 6 mil pessoas riam e aplaudiam a referência à maconha. Ao longo da apresentação, Federighi fez como Ken Robinson e tirou um bom sarro de si mesmo, especialmente de seu cabelo grisalho, ao qual ele se refere jocosamente como "*hair force one*".*

Quando Federighi estava demonstrando as novas funções dos celulares que usam o sistema iOS, foi interrompido por uma chamada de sua mãe (tudo planejado e ensaiado, é claro). "Ela certamente quer me parabenizar pelo novíssimo compilador LVM de quarta geração, mas esta não é a hora certa", disse, enquanto desligava o telefone. "Me desculpem", continuou Federighi. "Ela é maravilhosa, uma mulher maravilhosa, mas esse é meu espaço", afirmou, com um sorriso.

A RAZÃO SÉRIA PARA USAR HUMOR

"O final de uma risada é seguido de uma elevação da atenção", de acordo com o coach de vendas Jeffrey Gitomer. É importante notar que storytellers como Craig Federighi ou Ken Robinson usam o humor não pela risada em si, mas pelo que vem a seguir: conseguir a atenção e preparar a história que embasa o produto ou a ideia. Por exemplo, assim que as risadas diminuíram na palestra do TED de Robinson, ele contou a história de Gillian Lynn. Aqui está um pequeno trecho editado de sua apresentação:

> Gillian Lynne. Vocês já ouviram falar dela? Alguns ouviram. É uma coreógrafa, e todos conhecem seu trabalho. Ela fez *Cats* e *Fantasma da Ópera*. Gillian e eu almoçamos um dia e perguntei: "Como você se tornou dançarina?". Foi interessante. Quando ela estava na escola, realmente não tinha esperança. E a escola, nos anos 1930, escreveu aos pais dela, dizendo: "Achamos que Gillian tem um distúrbio que dificulta o

* Trata-se de um trocadilho com o nome do avião presidencial norte-americano, o *Air Force One*. (N.T.)

aprendizado". Ela não conseguia se concentrar; ficava inquieta. Acho que agora diriam que ela tinha TDAH. Vocês não diriam? Mas eram os anos 1930, e o TDAH ainda não havia sido inventado naquela época. Não era uma doença disponível. *[Risadas]* As pessoas não estavam cientes de que podiam ter isso. *[Risadas]* De qualquer maneira, ela foi ver um especialista... No final da consulta, o médico sentou-se perto de Gillian e disse: "Ouvi todas essas coisas que sua mãe falou, agora preciso conversar com ela em particular. Espere aqui. Nós voltaremos; não vamos muito longe". Eles a deixaram. Mas, ante de sair da sala, ele ligou o rádio que estava em sua mesa. Já do lado de fora, o doutor disse à mãe de Gillian: "Espere um pouco, vamos observá-la". E, no momento em que saíram da sala, ela estava de pé, dançando com a música. Eles a observaram por alguns minutos, até que o médico falou para a mãe dela: "Sra. Lynne, Gillian não está doente; ela é uma dançarina. Leve-a para a escola de dança".[10]

Robinson escreveu um livro chamado *O Elemento*, sobre seguir a verdadeira missão de sua vida, em que "aptidão natural encontra paixão pessoal".[11] Ele afirma que existe uma séria razão para encontrar o elemento de alguém: "Muitas pessoas não têm propósito na vida. A evidência disso está em todo lugar: na grande quantidade de pessoas que não estão interessadas no trabalho que fazem; no crescente número de estudantes que se sentem alienados pelo sistema educacional; e no aumento do uso de antidepressivos, álcool e analgésicos em todos os lugares".

Ninguém vai ouvir uma história se não estiver prestando atenção e, se não estiver prestando atenção, não vai aprender. Os assuntos sérios de Robinson teriam dificuldades para encontrar um grande público não fosse essa visão bem-humorada das situações do dia a dia.

O SEGREDO DOS STORYTELLERS

Educadores eficientes contam histórias sérias de modo engraçado.

CAPÍTULO 16

GARY VAYNERCHUK

SUJEIRA, CIGARROS E MEIAS SUADAS COLOCAM UM MARQUETEIRO NO MAPA

"O storytelling de qualidade sempre vence. Sempre." – Gary Vaynerchuk

A Alemanha nazista invadiu a Bielorrússia em 1941. Mais de 1 milhão de judeus foram mortos na ocupação, cerca de 90% da população judaica. O Exército Vermelho soviético varreu os alemães para fora em 1944; a União Soviética ocuparia o país pelos 47 anos seguintes, e a vida de seus habitantes, particularmente a dos judeus que restaram, era difícil, para dizer o mínimo. Quando, em 1978, foi concedida aos judeus uma permissão especial para deixarem o país, um homem chamado Sasha aproveitou a oportunidade para se mudar com a família para o Queens, em Nova York. "Os Estados Unidos eram um lugar onde você podia construir sua vida por si mesmo, de acordo com suas regras, e também não precisava esperar seis horas na fila para comprar pão",[1] de acordo com seu filho, Gary Vaynerchuk.

Gary tinha 3 anos quando sua família começou uma nova vida nos Estados Unidos. A economia norte-americana estava crescendo naqueles dias, e ele viu seu pai trabalhar como almoxarife em uma loja de bebidas para pagar as contas. Vaynerchuk se lembra dos tempos apertados, mas não de seus pais reclamando. Nunca. "Meus pais estavam famintos – famintos por sustentar a família e famintos por vencer",[2] diz. Embora ele tenha adotado a ética de trabalho de sua família para se tornar um empreendedor de sucesso e ajudar seu pai a tocar a loja de vinhos, sua habilidade de contar histórias lançou sua marca pessoal nas mídias sociais.

Armado com paixão, conhecimento e um capacete de futebol americano que fazia papel de balde para cuspir, "Gary Vee" lançou a *Wine Library TV* em 2006. Foi o primeiro blog de vinhos no formato de vídeo e um dos primeiros videoblogs de qualquer assunto. Usando uma simples câmera Flip, Vaynerchuk gravou a si mesmo falando sobre vinho e postou os vídeos em uma plataforma que havia surgido exatamente um ano antes, o YouTube.

O primeiro episódio, que foi ao ar em 21 de fevereiro, teve um cenário simples: uma mesa de escritório redonda, três garrafas de vinho, taças e um balde para cuspir. Perto dos quatro minutos, em um vídeo de doze, acontece uma edição. Vaynerchuk explica que a câmera não estava funcionando corretamente e que ele teve de correr até a loja para comprar outra. Ele foi transparente desde o início. "Me assista por dois segundos e você saberá exatamente quem eu sou e o que defendo. A autenticidade é a chave",[3] afirma. Na época em que encerrou o programa, no milésimo episódio, Vaynerchuck tinha se estabelecido como um dos storytellers proeminentes das mídias sociais. Mas não se engane: *Wine Library TV* não foi criado com o único propósito de vender vinho pela internet. Vaynerchuk diz que começou isso para construir sua marca pessoal. O storytelling teve papel fundamental nesse processo. Mas não qualquer história, e sim uma história que apenas Vaynerchuk poderia contar, em seu estilo autêntico e único.

AS FERRAMENTAS DOS STORYTELLERS

No primeiríssimo episódio de Vaynerchuk, ficou claro que ele tinha profundo conhecimento sobre o mundo dos vinhos, equiparado ao dos grandes conhecedores da do setor. Enquanto ele agitava levemente um Vérité La Muse 2001, dizia: "O aroma é fantástico. É 85% Merlot e um pouquinho de Cabernet Franc, cerca de 13%. Um clássico estilo Pomerol. Quando sinto o aroma, ele me lembra um VCC [Vieux

Château Certan]. Não o coloco no topo, mas está quase lá, vamos dizer assim".[4] Ninguém fala dessa maneira sobre um vinho a não ser que realmente entenda do assunto. Vaynerchuk não estava fingindo.

Apesar de 97% de todos os vinhos vendidos nos Estados Unidos custarem menos de US$ 10 a garrafa, a maioria dos críticos usa termos que só os aficionados por vinhos entendem. Vaynerchuk fez algo diferente. Embora fosse claramente proficiente na linguagem do setor, falava a língua do cidadão comum. Ele descomplicou o vinho. Os especialistas, disse,

> agitam, sentem o aroma, bebem e depois usam a terminologia clássica toda vez, dizendo que tem um buquê de pétalas de rosas e, no final, um toque de seda. Se eu colocasse o nariz no copo para aspirar o ar e provasse o vinho, a única coisa que passaria por minha cabeça seria: "Cara, isso tem gosto de chiclete" ou "Se isso não é uma barrinha de chocolate, não sei o que é". Não é que eu não aprecie a complexidade de um excelente vinho antigo... Só não vejo motivo para usar as mesmas palavras baratas de sempre para descrever minha experiência ao bebê-lo.[5]

CONAN O'BRIEN PROVA SUJEIRA, CHARUTO, PEDRA MOLHADA E MEIA SUADA

Não demorou muito para que o estilo autêntico de Vaynerchuk contar histórias atraísse fãs e gerasse burburinho. Em 2007, o comediante e apresentador de talk show Conan O'Brien o convidou para participar de seu programa e ensinar os espectadores a treinar o paladar para a experimentação de vinhos. Os dez minutos seguintes foram uma pérola das mídias sociais.

Conan reconheceu que muitas pessoas enxergam os críticos de vinhos como esnobes. "É muito intimidador. Quando estou em um restaurante e eles me perguntam sobre vinho, sinto que deveria conhecer mais, como se eu não soubesse o bastante. Penso que muitos de nós nos sentimos inferiores",[6] disse.

O primeiro vinho que Vaynerchuck mostrou foi um Sauvignon Blanc da Nova Zelândia, com frequência descrito como tendo notas de toranja e grama. Ele espremeu uma toranja em um prato com grama e comeu-a. Conan fez o mesmo. O próximo vinho foi um Sancerre. Para ajudar a entender o conceito de "mineralidade", Vaynerchuk deu a Conan uma pedra molhada para lamber. Depois vieram os vinhos tintos. Como eles costumam ser descritos com características do solo onde as uvas cresceram, além de frutas e tabaco, ele misturou terra, cerejas e um charuto em um prato e comeu um punhado. As piadas e expressões de Conan durante a entrevista levaram a plateia à loucura.

Para o último vinho, um Borgonha francês, Vaynerchuk quis que Conan provasse uma "meia suada". Vaynerchuk se agachou, tirou um dos sapatos, pegou sua meia, cheirou e comentou: "Esta é a verdadeira essência de um Borgonha". Como dizem que o Borgonha também tem um toque de aspargo, ele embrulhou a meia em volta de um pedaço e ofereceu-a a Conan. "Não. Não. Não vou comer sua meia!", exclamou Conan. "Vou comer a minha", disse, com um timing perfeito de comédia. O vídeo com as degustações de vinhos viralizou, e assim nasceu uma das pérolas das mídias sociais.

CONHEÇA SEU ASSUNTO, MAS SEJA VERDADEIRO COM SUA MARCA

Vaynerchuk é amplamente considerado uma força das mídias sociais, mas define a si mesmo como um "empreendedor storyteller", porque entende que o impacto social é resultado direto da criação de conteúdo que as pessoas desejam ver e ler. "Eu me interesso por uma coisa só: aquilo que nos une. Não importa qual seja sua profissão, não importa o que você faça, nosso trabalho é contar nossa história, e isso nunca mudará",[7] diz ele. "A forma como você faz muito dinheiro, a forma como impacta, a forma como promove grandes mudanças é por meio do storytelling. Sempre foi assim, e sempre será."

Vaynerchuk transformou seu conteúdo em uma poderosa marca pessoal que se estende por livros, palestras e uma consultoria digital com quase 200 funcionários. Ele admite que irrita algumas pessoas. Por exemplo, seus discursos são obscenos. As descrições de suas apresentações no YouTube frequentemente vêm com um aviso de que o material contém palavrões. Alguns podem achar a linguagem aceitável; outros, não. O ponto é que Vaynerchuk permaneceu verdadeiro a sua personalidade desde o primeiro dia, e, no ambiente das mídias sociais, a autenticidade é premiada. "Sua marca será única e interessante porque você é único e interessante",[8] diz ele. "Não tente me imitar ou imitar qualquer outro que teve algum sucesso nas mídias sociais. Você acabará perdendo, pois as pessoas farejam impostores a quilômetros de distância." O storytelling não é um *press release*, Vaynerchuk nos lembra. "Você precisa ser autêntico de coração, não frio como um comunicado que não significa nada para ninguém", adverte. O oposto de um *press release* é estar "nas trincheiras", compartilhando sua história pessoal e as histórias de seus clientes em todas as plataformas disponíveis, sempre usando o coração.

Vaynerchuk argumenta de maneira convincente que as marcas se constroem abraçando seu DNA, sua identidade única. "Não importa o que você esteja vendendo, identifique o que o torna único e interessante e tenha a coragem de ser autêntico em todas as plataformas sociais nas quais estiver compartilhando sua história. Seja você mesmo, crie conteúdos incríveis, e as pessoas terão interesse no que você tem a dizer."[9]

Enquanto muitos marqueteiros criam uma história e a contam em diversas plataformas sociais (Facebook, Twitter, Instagram etc.), Vaynerchuk recomenda que os profissionais permaneçam fiéis à marca à medida que ajustam a história para as características únicas de cada mídia social e de cada público. "A grande maioria das pessoas – nas indústrias, organizações e empresas de mídia, de modo geral – está contando histórias como se estivesse em 2007."[10] Por exemplo, ele equipara sites como Twitter, Facebook, Vine e Instagram a "drogas que funcionam como porta de entrada para conseguir sua atenção". Esses sites nunca foram projetados para hospedar conteúdos mais densos, e sim semear a atenção das pessoas com pedaços de informação suficientemente interessantes para captar sua atenção e servir como porta de entrada para seu conteúdo completo.

O SEGREDO DOS STORYTELLERS

Marcas de sucesso – pessoas e empresas – se enxergam primeiro como storytellers. Elas vão até onde seus públicos estão e, uma vez lá, criam histórias autênticas, pessoais e apaixonadas, personalizadas para a forma como seus públicos consomem conteúdo.

CAPÍTULO 17

DANNY MEYER

UM HAMBÚRGUER COM UMA PORÇÃO DE HISTÓRIA

"As pessoas esquecem o que você disse, esquecem o que você fez, mas nunca esquecem como você as fez se sentir." – Maya Angelou

Danny nunca quis ser advogado. Então, por que ele estava jantando com seu tio Richard e sua tia Virginia apenas 12 horas antes de fazer o vestibular para a faculdade de direito? Alguma coisa não parecia certa.

"Eu não acredito que vou fazer essa prova amanhã, nem quero ser advogado",[1] Danny confessou.

"Por que você simplesmente não faz aquilo que sempre quis a vida toda?", perguntou Richard.

"E o que seria?"

"Você sempre falou sobre comida. Abra um restaurante", sugeriu o tio.

Tio Richard estava certo. Comida e restaurantes consumiram a atenção de Danny desde pequeno. Enquanto a maioria das pessoas se recorda vividamente das imagens e dos sons de suas viagens quando jovens, poucas conseguem se lembrar exatamente dos pratos que comeram nesses destinos. Danny era diferente. "Quando eu tinha 4 anos, me apaixonei por um siri no restaurante Lagoon, em Miami Beach. Durante os anos seguintes me lembro de ter saboreado variações de torta de limão em Key West, experimentado caranguejo e abalone no

Fisherman's Wharf, em San Francisco, e comido um sanduíche de lagosta em Ogunquit, no Maine... E saboreei uma baguete com salame e mostarda picante no Jardin des Tuileries, em Paris."[2]

Sim, Danny era diferente, mas não sabia disso até seu tio chamar sua atenção durante aquele jantar, em 1983. Danny fez a prova na manhã seguinte, mas nunca entrou para a faculdade de direito. Em vez disso, deixou um trabalho de vendedor comissionado, que lhe rendia US$ 125 mil anuais, para ganhar US$ 250 por semana como assistente em um restaurante. Seu salário despencou, mas ele estava nas alturas. Danny se lembra da sugestão de seu tio como "o maior presente" que já recebeu. Ele encontrou seu chamado.

Por dois anos, Danny estudou tudo sobre a indústria de restaurantes. Ele descreveu uma viagem de volta de Roma como um "festival do rabisco". As oito horas de voo não foram suficientes para escrever todas as ideias que ele levava para casa. Danny disse que o sentimento era como "um desejo intenso, um senso de urgência ardente". Ele não saiu procurando uma carreira; a carreira o agarrou pelos ombros e não o deixou sair.

Três anos após o fatídico jantar, Danny Meyer abriu seu primeiro restaurante em Nova York, o Union Square Café. Ele ficaria no topo do ranking do guia de restaurantes *Zagat* por muitos anos. Depois, outros vieram: Gramercy Tavern, Blue Smoke, The Modern, Maialino. Sua empresa, Meyer's Union Square Hospitality Group, agora possui e gere alguns dos restaurantes mais aclamados da cidade. Em 2001, Meyer tentou algo um pouco diferente. Abriu um carrinho de cachorro-quente no Madison Square Park. No primeiro ano, perdeu US$ 5 mil. No segundo, perdeu US$ 7,5 mil, antes de encontrar o ponto de equilíbrio no terceiro. No quarto ano, Meyer transformou o carrinho em um quiosque de 6 por 6 metros e adicionou hambúrgueres, milk-shakes e sundaes ao menu. Assim nascia o Shake Shack. Cartorze anos depois, era uma rede com lojas em mais de 60 localidades em todo o mundo, incluindo Londres, Moscou, Dubai e Tóquio. Em 30 de janeiro de 2014, a Shake Shack abriu seu capital. As ações dobraram no primeiro dia de negociações, levando a companhia a valer US$ 1,6 bilhão.

Desde o dia da inauguração de seu primeiro restaurante, Meyer soube que os clientes queriam boa comida por um preço justo, mas retornariam pela sensação que experimentavam. A hospitalidade é soberana. A experiência emocional que os consumidores têm nos restaurantes de Meyer significa tudo para ele. De acordo com o empreendedor, a cultura de uma empresa é o alicerce para seu sucesso, e uma grande cultura é construída em cima de suas histórias.

AS FERRAMENTAS DOS STORYTELLERS

"Cultura é uma forma de descrever como fazemos as coisas por aqui",[3] diz Danny Meyer. "Se você pode usar histórias para dar exemplos, fica mais próximo de perpetuar a cultura e fazê-la evoluir." Meyer conta histórias, muitas delas. Conta histórias em entrevistas para a TV. Conta histórias em palestras. E, mais importante, conta histórias para ensinar a cozinheiros, chefs, sommeliers, garçons e garçonetes a arte de servir o cliente.

As histórias educam os funcionários na fina arte de servir o cliente porque trazem conceitos abstratos à vida. Por exemplo, Meyer é um empreendedor e quer que seu pessoal pense como empreendedor no restaurante. Um empreendedor frequentemente arrisca um pouco mais pelo potencial de conseguir um prêmio maior no final. Meyer torna o conceito mais tangível com a seguinte história:

> Minha mulher e eu estávamos jantando no 11 Madison Park, restaurante que, na época, era meu. Como algumas das mesas ficavam muito próximas, pude ver e ouvir o que estava acontecendo na mesa ao lado. Estava muito claro que uma jovem tinha acabado de se mudar para Nova York, vinda de algum lugar do Meio-Oeste. Ela havia levado os pais para jantar naquele restaurante caro e era evidente que eles não achavam que a mudança da filha tinha sido uma boa ideia. Também estava claro que ela queria mostrar a eles que os nova-iorquinos eram, na verdade, muito legais, e a cidade, um ótimo lugar para ela viver. O trabalho do restaurante era ajudar a filha a cumprir sua missão: fazer

com que seus pais ficassem mais confortáveis em relação a sua decisão. As coisas estavam indo muito bem até chegar o menu de sobremesas. O pai olhou para o cardápio e perguntou: "Você está brincando? Um copo de vinho de sobremesa por US$ 42?". Ele começou a rir e disse: "É disso que eu estou falando sobre Nova York. Tudo é muito caro". O vinho era o Château d'Yquem. Na verdade, US$ 42 por um copo é um preço justo. O garçom ouviu toda a conversa e, cinco minutos depois, apareceu na mesa com três copos e uma garrafa de Château d'Yquem. Ele disse: "Estamos muito gratos por sua presença nesta noite. Ouvi vocês falando sobre o Château d'Yquem. Esse é um dos mais raros e melhores vinhos de sobremesa de todo o mundo, e gostaríamos de oferecer a cada um de vocês uma dose por conta da casa". Ele serviu o equivalente a um terço de copo para cada um deles, o que provavelmente nos custava US$ 42 – o valor percebido –, e lhes ofereceu como cortesia. Eu comemorei com minha mulher, porque foi a melhor coisa que já havia visto. Que momento brilhante de empreendedorismo! O garçom entendeu a situação e concluiu que a cortesia de US$ 42 para aquelas pessoas, naquela mesa e naquele momento, com amor e generosidade, provavelmente proporcionaria um retorno de US$ 4,3 mil em propaganda boca a boca. Os pais ficariam bem e a filha sentiria que havia feito a coisa certa em levá-los aqui.[4]

A MENTE É ADAPTADA PARA HISTÓRIAS, NÃO ABSTRAÇÕES

Para Meyer, empreendedorismo é usar a cabeça e o coração de maneira a fazer os clientes se sentirem ótimos em relação a suas experiências. O critério que ele usa para contratar é procurar pessoas que tenham "alto QH", ou quociente de hospitalidade. Meyer define os candidatos ideais como "51%", aqueles que têm 49% de habilidades técnicas e 51% de habilidades emocionais. Habilidades técnicas, como arrumação de mesa, são ensináveis. Mas como motivar pessoas a criar experiências emocionais? Por exemplo, se Meyer simplesmente falar ao funcionários que eles têm o poder de fazer o que for melhor para os clientes, o conceito não terá o mesmo impacto de uma história que ele contar.

O cérebro humano não lida bem com abstrações. Ele é adaptado para histórias. "Ao longo do tempo, quase sempre podemos treinar habilidades técnicas. Podemos ensinar as pessoas a servir pães ou azeitonas, a anotar pedidos para drinques, a apresentar cardápios, a descrever refeições especiais... Treinar habilidades emocionais é quase impossível",[5] afirma Meyer.

Steve Marsh, colaborador da revista *Delta Sky*, entrevistou-o sobre a maneira de construir uma cultura vencedora. Meyer contou uma história que captou tão perfeitamente o assunto da entrevista que o autor teve de incluí-la no artigo. Marsh disse que a história chegou até a impactá-lo. Foi mais ou menos assim: Meyer tinha viajado a trabalho para a Flórida. Quando chegou ao quarto de hotel, só queria se deitar, pedir um cheeseburger e ver seu amado Cardinals enfrentar o San Francisco Giants em um jogo das finais do campeonato de beisebol. Marsh continua a história:

> Quando ele descobriu que o hotel não tinha o canal Fox Sports 1 no quarto e a transmissão pelo iPad também não estava funcionando, desceu até o bar. A TV estava ligada no pré-jogo [de futebol americano] dos Jets contra os Patriots, mas, como não havia ninguém no bar, o garçom trocou de canal para que ele pudesse assistir à partida de beisebol. "Depois o bar começou a encher um pouco, e a TV magicamente mudou para o jogo dos Jets." Quando o garçom veio até sua mesa, percebeu que alguém havia trocado o canal. "Não tem problema", disse Meyer. "Vou levar meu cheeseburger para o bar do lobby, lá está vazio." Mas o garçom insistiu: "Não, isso não está certo. Você chegou primeiro. Deixe-me cuidar disso". Ele retornou com o controle remoto, trocou novamente o canal para o jogo de beisebol, tirou as pilhas do controle e entregou-as a Danny. "Fico arrepiado só de lhe contar isso... O hambúrguer estava bom, nada demais, mas nunca esquecerei que ele me entregou as pilhas."[6]

Marsh disse que a história também lhe deu arrepios. Ele entendeu que Meyer forjou sua carreira recriando essas cenas para seus clientes. "Danny Meyer sabe o que fica bem no filme que passa em sua cabeça." O storytelling dá vida ao filme.

HISTÓRIAS COMO SIMULADORES DE VOO PARA CENÁRIOS DO MUNDO REAL

"Contar histórias apoia nossa cultura",[7] contou-me Meyer. "Minha esperança é que, por meio do storytelling, eu consiga dar nome a algumas coisas que você já saiba em seu coração, mas que ainda não tenham sido nomeadas." Por meio de histórias, Meyer desvenda conceitos de hospitalidade para seus colaboradores, permitindo que se tornem mais concretos. Isso faz com que eles repitam e aperfeiçoem o conceito, ensinando-o aos outros e cimentando-o como parte de sua cultura.

É praticamente impossível para um restaurateur treinar dezenas, centenas ou, no caso de Meyer, milhares de funcionários em todos os potenciais cenários. Antes de um piloto chegar aos céus, gasta horas em um simulador de voo. As histórias funcionam como simuladores de voo para cenários da vida real.

O professor de psicologia Keith Oatley e sua equipe de pesquisa da University of Toronto descobriram que as histórias detalhadas estimulam as mesmas regiões neurológicas do cérebro que seriam ativadas se estivéssemos vivendo a situação na vida real. Quanto mais detalhada a descrição, mais vívida e sugestiva é a história, e mais profundamente ela entra no cérebro do ouvinte. É de grande ajuda que as histórias de Meyer sejam vívidas e emocionais. Quanto mais perto ele consegue trazer os ouvintes para o chão do restaurante, mais impactantes as histórias se tornam e maior a probabilidade de levarem aos comportamentos que Meyer deseja para sua equipe.

Por exemplo, outro poderoso conceito de hospitalidade que Meyer criou é o "ABCD", que significa "*always be colleting dots*" [sempre ligue os pontos]. Em um setor que muitas pessoas enxergam como de transação comercial – eu lhe dou dinheiro, você me dá comida –, Meyer encoraja sua equipe a coletar informações que possam transformar a experiência do consumidor em um evento mais rico e memorável. Isso soa bem no papel, mas ainda é um conceito abstrato. As histórias de Meyer dão vida a essa ideia.

Ele conta a história de uma noite na qual uma convenção política estava acontecendo na cidade, e 11 membros da imprensa apareceram para jantar. Um deles era Tom Brokaw, então âncora do noticiário da NBC. Meyer viu 11 oportunidades para ligar os pontos e amplificar a propaganda boca a boca. Ele estava saindo à 1 hora da madrugada, e o grupo continuava ali. Ele brincou: "Se vocês ficarem mais tempo, teremos de servir ovos mexidos de sobremesa".[8] Um cliente virou para Meyer e disse: "Aposto que você nunca fez 'ovos *daffodil*'; é o que há de melhor". Na saída, Meyer instruiu sua equipe a pesquisar sobre "ovos *daffodil*" e, se tivessem os ingredientes, colocar uma porção na mesa. O chef Kerry Heffernan encontrou uma vaga descrição online, suficiente para criar uma receita inspirada. Às 2 horas, o grupo ficou surpreso quando o garçom serviu "ovos *daffodil*" em uma panela de cobre. O prato ficou tão bom, que o chef o adicionou ao menu de brunch do restaurante. Dois anos depois, Meyer encontrou Tom Brokaw, que disse ter contado para pelo menos 12 pessoas a história dos ovos *daffodil*.

O simples ato de ouvir o cliente e usar a informação captada para criar uma experiência memorável teve um claro impacto em 11 pessoas e naquelas para as quais a experiência foi contada. A genialidade de Danny Meyer, porém, está no fato de ele usar histórias como essa para treinar e motivar sua equipe, além de transmitir a cultura de hospitalidade que tornou seus restaurantes tão bem-sucedidos. O storytelling é uma força replicadora; pega um simples ato e o transforma em um acontecimento recorrente em seus restaurantes.

Os restaurantes, assim como muitas empresas no campo da hospitalidade, não podem sobreviver sem que clientes retornem. Quanto mais pontos um restaurante liga por meio do Google, Open Table e outras formas de obter informações sobre as preferências dos clientes, mais bem-posicionado ele fica para causar uma primeira impressão forte, assim como a segunda, a terceira etc. O storytelling dá alma a esses pontos.

O SEGREDO DOS STORYTELLERS

Os negócios, assim como a vida, se resumem em como você faz as pessoas se sentirem. As histórias ajudam as pessoas a sentir tudo mais profundamente e a interiorizar os comportamentos que você espera que sua equipe desenvolva.

Escaneie o QR code ou procure no canal HSM Publishing do YouTube por "Storytelling – Vídeo 2".

Nesse vídeo, Bruno Scartozzoni, tradutor e prefaciador do livro, fala sobre a realidade do mercado brasileiro de storytelling.

PARTE III

STORYTELLERS QUE SIMPLIFICAM

CAPÍTULO 18

RICHARD BRANSON

SE ALGO NÃO PUDER SER EXPLICADO NO VERSO DE UM ENVELOPE, É LIXO

"Grandes líderes são quase sempre grandes simplificadores." – Colin Powell

Richard largou a escola aos 15 anos. Tinha dislexia e apresentava dificuldades de leitura. Embora haja uma estimativa de que 4% a 8% das crianças tenham esse problema, os professores e colegas de Richard não entendiam a dislexia na época em que ele foi para a escola.

"Eu era um garoto-problema – e sempre metido em problemas",[1] lembra Richard. "Aos 8 anos, ainda não conseguia ler... A dislexia não era considerada um problema naquela época, ou, para ser mais exato, era um problema só se você fosse disléxico. Como ninguém tinha ouvido falar de dislexia, ser incapaz de ler, escrever ou pronunciar significava, para os professores e o resto da classe, que você era estúpido ou preguiçoso. E, no ensino fundamental, você apanhava pelas duas coisas."

Assim como outros storytellers deste livro, Richard transformou sua fraqueza em força e reestruturou a narrativa de sua vida. Afinal de contas, o mundo é cheio de disléxicos famosos: Thomas Edison, Alexander Graham Bell, Albert Einstein, Walt Disney. Leonardo da Vinci, o grande pintor, sofria tanto dislexia como de TDAH, traço que Richard tem quase certeza também de ter. Richard tinha plena consciência desses indivíduos e do poder da mente para recriar o futuro dele. O que talvez não tenha se dado conta aos 15 anos, quando largou a escola, é que sua dislexia poderia lhe dar uma vantagem incomum.

"A razão pela qual acho que os disléxicos parecem se sair tão bem na vida, mesmo tendo um período escolar infernal, é que têm de simplificar as coisas",[2] contou Richard a Anderson Cooper, da CNN.

Sir Richard Branson se saiu muito bem. O bilionário fundador do Virgin Group inspira funcionários e clientes com sua visão de serviço ao consumidor e filantropia. Contar histórias tem sido, desde sempre, um componente essencial de seu sucesso, começando com sua primeiríssima empreitada.

Enquanto estudava em um internato de Buckingham, na Inglaterra, o jovem Richard Branson teve uma ideia. Ele queria lançar uma revista que desafiasse o status quo. A publicação, chamada *Student*, encabeçaria campanhas contra o bullying e castigos físicos. No entanto, Branson teve um problema. Precisou convencer anunciantes e distribuidores a apoiar uma revista que ainda não tinha lançado uma única edição. Quando o reitor da escola se negou a ceder a Branson um telefone em seu quarto, ele passou a utilizar um telefone público para fazer ligações para potenciais patrocinadores. "Para evitar que o operador voltasse à linha para me cortar, aprendi a empacotar tudo em cinco minutos."[3]

Branson descobriu, por necessidade, que uma história convincente deve ser contada com confiança, clareza e, acima de tudo, concisão e simplicidade. "A complexidade é sua inimiga. Qualquer idiota pode fazer algo complicado. O difícil é fazer algo simples",[4] afirma.

"Não posso falar por outras pessoas, mas a dislexia moldou meu estilo de comunicação – e também o da Virgin",[5] disse-me ele uma vez. "Desde o início, a Virgin usou uma linguagem clara e simples. Se você puder entender rapidamente o conceito de uma campanha, ela é boa para ir ao ar. Se algo não puder ser explicado no verso de um envelope, é lixo."

AS FERRAMENTAS DOS STORYTELLERS

"Se algo não puder ser explicado no verso de um envelope, é lixo." Em uma frase curta, de 13 palavras, Branson identificou um dos componentes fundamentais de uma história corporativa envolvente: a brevidade. Seu conselho me lembra uma dica que ouvi de um dos primeiros investidores do Google, na Sequoia Capital: "Se um empreendedor não consegue explicar sua ideia em dez palavras ou menos, não estou interessado e não investirei. Ponto". Branson claramente concorda com isso.

Ele valoriza uma história curta, e, se ela couber em uma bolacha de chope, melhor ainda. Brett Godfrey é o ex-gerente-financeiro do Virgin Group que transformou uma ida a um pub londrino em US$ 80 milhões. Godfrey desenhou o que se tornaria o plano de negócios da Virgin Blue (atual Virgin Australia) no verso da bolacha de chope em que sua bebida estava apoiada. Branson ouviu a "apresentação da bolacha de chope" e deu apoio às ideias do executivo. Em 2003, a Virgin Blue foi lançada e desafiou os duros concorrentes da indústria de aviação local, Ansett e Qantas. A abertura de capital tornou Godfrey, com seus 35 milhões de ações, um dos mais bem-sucedidos e admirados empreendedores da Austrália. Hoje, a Virgin Australia, que começou em uma bolacha de chope, é a segunda maior companhia aérea do país.

Investidores como Richard Branson querem ver o cenário maior antes de mergulharem nos detalhes de uma ideia de negócios. Assim como toda notícia precisa de uma manchete e todo livro precisa de um título, um bom storyteller começa com a grande ideia antes de expandi-la em detalhes.

Em um discurso ou apresentação de negócios, o "título" é aquela frase que capta a atenção do ouvinte e dá o contexto à narrativa. É aquilo que a plateia precisa saber. Para exemplificar como escrever um título, pense no Twitter e seu limite de 140 caracteres. "Agora, tudo que escrevo passa pelo esforço consciente de condensar a mensagem principal em um padrão típico do Twitter",[6] diz Branson. "Mesmo que eu só consiga reduzi-la a cerca de 200 caracteres, a transmissão da mensagem ainda será muito mais eficiente do que se ela tivesse um tamanho dez vezes maior."

Steve Jobs é o empreendedor mais admirado por Branson. É fácil entender por quê. Jobs era o mestre da simplicidade, a ponto de transformar suas apresentações de negócios em uma forma de arte. Quando mostrava um novo produto, ele o descrevia com uma frase perfeitamente construída, ou um título, que sempre cabia bem no limite de 140 caracteres do Twitter. Jobs repetia a frase tantas vezes em suas apresentações e materiais de marketing que os consumidores e jornalistas se tornavam extensões de seus produtos, espalhando a mensagem em conversas e artigos. "Em uma frase, é o notebook mais fino do mundo."

Outro exemplo: em 2001, Jobs sabia muito bem que 5 gigabytes de armazenamento seriam irrelevantes para seus consumidores. Em vez disso, ele falou uma frase que contava uma história completa. No lançamento do primeiro tocador de MP3 da Apple, o iPod, Jobs disse à plateia que 5 gigabytes eram o "equivalente a mil músicas". Essa, porém, era só parte da história. Um tocador de MP3 capaz de armazenar mil músicas não era novidade naquela época, mas ninguém havia conseguido fazer isso de forma tão compacta. Então Jobs adicionou uma frase que fez toda a diferença. O iPod, ele disse, são "mil músicas no seu bolso". Em uma frase que poderia facilmente caber em um post de Twitter, Jobs foi eloquente e falou tudo o que seus consumidores precisavam saber sobre o novo produto. Em uma frase, as pessoas sabiam o que estavam comprando. Em uma frase, Jobs lançou um dos mais icônicos slogans de produto da história.

Criar o que chamo de "manchete do tipo Twitter" requer trabalho, porque você precisa esconder a complexidade. "O simples pode ser mais difícil do que o complexo",[7] disse Jobs certa vez. "Você precisa trabalhar duro para deixar seu pensamento limpo e fazer de um modo simples. Mas vale a pena no final, porque, uma vez lá, você pode mover montanhas."

Branson acredita que as histórias podem mover montanhas, porém um orador deve escalar a montanha com breves disparos de informação relevante. Cada pedaço se junta ao que veio antes. Assim como você não pode escalar a montanha começando pelo cume, não pode vender uma ideia jogando todas as informações em seu público. Considere frases do tipo Twitter como o primeiro passo de seu discurso. Esse é o pilar para o resto da conversa. Um e-mail mais longo pode ser o passo 2, uma apresentação de dez minutos pode servir como passo 3, e por aí vai, até finalmente alcançar o topo da montanha com seu cliente acompanhando você na jornada. Assim que você chegar ao cume, sua visão estará muito mais clara e tanto você como seu público poderão apreciar a vista.

O SEGREDO DOS STORYTELLERS

Grandes histórias começam com grandes frases que captam a mensagem principal da ideia. De acordo com Richard Branson, "o poder das histórias é a habilidade não só de informar e desafiar, mas também de inspirar e transformar o mundo".[8] O conselho de storytelling de Branson é tão simples quanto conciso: "Fale o que você tem em mente e tenha em mente o que fala, preferencialmente em poucas e bem escolhidas palavras".

CAPÍTULO 19

PAPA FRANCISCO

O EVANGELIZADOR-CHEFE

"Tenho apenas três coisas para ensinar: simplicidade, paciência, compaixão." – Lao Tzu

Um comprovante de venda salvou a vida do jovem Mario Bergoglio. Seus pais tinham reservado uma passagem em um navio que os levaria da Itália para a Argentina, onde a família esperava construir uma nova vida. Embora fossem muito pobres, tinham juntado dinheiro suficiente para assegurar lugares nas acomodações populares do *Principessa Mafalda*. O navio deixou o porto de Gênova em outubro de 1927, mas nunca chegou a seu destino final. Depois que uma hélice fez um buraco no casco da embarcação, ela afundou na costa do Brasil. Quinhentas pessoas se afogaram, inclusive quase todas das acomodações populares.

Somente uma reviravolta do acaso impediu Mario de entrar naquele navio. Seu pai havia vendido o negócio da família, porém o comprovante de venda atrasou e os Bergoglio não puderam embarcar sem ele. No último minuto, foram forçados a cancelar a viagem e remarcar as passagens em outro navio, no mês seguinte.

Jorge, o filho de Mario, frequentemente conta a história das raízes de sua família, quase sempre fazendo uma conexão com a situação dos imigrantes. Hoje ele é um dos storytellers mais influentes do planeta. Mais de 3 milhões de pessoas se aglomeraram em uma praia do Rio de

Janeiro para ver Jorge Mario Bergoglio, o papa Francisco, falar no Dia Mundial da Juventude, em 2013. No entanto, esse evento foi só o precursor de plateias ainda maiores: *6 milhões* de pessoas, um recorde, reuniram-se no Parque Rizal, em Manila, durante sua visita às Filipinas, em janeiro de 2015.

Embora o papa Francisco seja reverenciado por seus atos de compaixão e humildade, suas histórias nos conectam por outra razão: sua simplicidade. O papa Francisco segue religiosamente a regra primordial do storytelling: a regra dos três.

AS FERRAMENTAS DOS STORYTELLERS

Em sua primeira homilia como pontífice eleito, Francisco resumiu sua fé em três pontos: viajar, construir e professar. Essa não seria a primeira vez, nem a última, que ele contaria com uma estrutura narrativa de três partes. Ele havia aprendido a técnica anos antes e a usa em praticamente toda conversa, discurso ou sermão. "Primeiro de tudo, vou falar sobre três coisas: um, dois três, como os antigos jesuítas costumavam fazer, certo? Um, dois, três!" [1], disse certa vez à plateia, que riu e ficou animada.

O papa Francisco credita a seu treinamento jesuítico ter aprendido a regra dos três, mas a técnica é um dos mais antigos e poderosos princípios do storytelling. Ele usa muito bem o molde como estrutura para simplificar sua mensagem.

Em Manila, o papa misturou metáforas vívidas com a regra dos três. "Deus criou o mundo como um lindo jardim... O homem desfigurou a beleza natural com estruturas sociais que perpetuaram a **pobreza**, a **ignorância** e a **corrupção**." [2]

Na noite de Natal de 2014, ele disse: "Nós **passamos** pela escuridão que envolve a Terra **guiados** pela chama da fé que ilumina nossos passos e **animados** pela esperança de encontrar a luz maior".[3]

Na Quarta-Feira de Cinzas de 2015, na Basílica de Santa Sabina, o papa Francisco abriu o período da Quaresma destacando componentes da jornada.

> O Evangelho de hoje indica os elementos desta jornada espiritual: **rezar, jejuar** e **fazer caridade**. O primeiro elemento é rezar. Rezar é a força do cristão e de todas as pessoas que acreditam... O segundo elemento-chave do período da Quaresma é jejuar. Jejuar envolve escolher um estilo de vida sóbrio, um modo de vida que não desperdiça, um modo de vida que não joga fora... [De vez em quando, Francisco usa a regra dos três até dentro da regra dos três!] O terceiro elemento é fazer caridade. Ele sugere doar livremente, pois fazer caridade é quando alguém dá algo a outro de quem não espera nada em troca.[4]

No trecho anterior, o papa Francisco usa um método eficiente para passar uma mensagem ou ideia. Primeiro, apresenta a lista (rezar, jejuar e fazer caridade); depois, dá detalhes de cada item. É um método fácil e comprovado de simplificar a mensagem.

A ESTRUTURA DE TRÊS ATOS DAS GRANDES HISTÓRIAS

A regra dos três é um pilar fundamental da comunicação. Décadas atrás, pesquisadores descobriram que a mente humana só é capaz de lembrar de três a sete itens em curto prazo ou na memória "recente". Os números de telefone nos Estados Unidos têm sete dígitos porque estudiosos descobriram que sete é o limite máximo de números que as pessoas guardam. Mas como a maioria de nós se lembra de um número de telefone? Nós agrupamos os dígitos em grupos menores de três ou quatro.

Por que achamos "três" intrinsecamente satisfatório? As pessoas pensam em padrões, e três é o menor número de unidades que pode estabelecer um padrão ou progressão. Por exemplo, o diretor de cinema diz: "Luz, câmera, ação". Os velocistas são condicionados a ouvir o comando: "Em suas marcas, preparar, já". O que você deve fazer no caso de um incêndio? Tomara que se lembre de "parar, cair e rolar". Se você tivesse de se lembrar de 18 passos, ficaria seriamente machucado antes de completar a sequência. Os exemplos são infinitos porque os direcionamentos são eficientes, e são eficientes porque são fáceis de lembrar.

A regra dos três torna qualquer história mais eficiente porque há mais probabilidade de o público se lembrar de seu conteúdo. Grandes escritores seguem a regra. Thomas Jefferson mudou o curso da civilização com três "direitos inalienáveis": vida, liberdade, felicidade. Nossas fábulas infantis favoritas contêm grupos de três: os três porquinhos, os três ursos, os três mosqueteiros, os três espíritos do Natal (do passado, do presente e do futuro) etc.

Roteiristas aspirantes que tiveram aulas sobre a arte do storytelling emocional aprenderam a "estrutura de história em três atos". Em um filme de duas horas, o ato 1 tem cerca de 30 minutos. Ele estabelece o gênero (ação, romance, comédia) por meio de uma cena chamada gancho, que capta a atenção. Nós também somos apresentados ao protagonista e ao antagonista (herói e vilão). O ato 2 é maior; dura cerca de 60 minutos. Nele, os personagens são desenvolvidos e problemas (conflito/tensão) são introduzidos para criar obstáculos para o herói. Quanto mais os obstáculos forem difíceis de superar, mais satisfatória será a resolução final. O ato 3, que tem cerca de 30 minutos, é quando a parte mais divertida realmente acontece por causa do clímax, que é o confronto final entre o herói e o vilão.

Embora todos os storytellers amem a regra dos três, para o storytelling corporativo, a estrutura em três atos é particularmente importante para criar histórias simples e persuasivas. O consumidor não quer saber de todas as 200 funções de seu produto; explique as três com as quais ele se importará mais. O cliente não quer ouvir 52 ideias de marketing; ofereça-lhe as três melhores. O investidor não quer saber 23 motivos para investir em sua empresa; liste os três principais pelos quais ele será recompensado.

A regra dos três é um dos hábitos compartilhados por quase todos os storytellers deste livro. Steve Jobs contou "três histórias" em seu famoso discurso de formatura de Stanford, em 2005. Bryan Stevenson contou três histórias para receber o recorde de aplausos do TED. Sheryl Sandberg lançou o movimento Faça Acontecer com três mensagens para as mulheres no mercado de trabalho. Embora essas pessoas gostem de quebrar regras de alguma forma, desafiando o status quo, a regra dos três é algo seguido por todas.

O SEGREDO DOS STORYTELLERS

Começando com Aristóteles e continuando hoje em dia com o papa Francisco, os maiores storytellers do mundo usam a regra dos três porque ela abrange, bem, três coisas:

1. Oferece um formato simples para estruturar sua história.
2. Simplifica sua história para que o público se lembre das mensagens-chave.
3. Leva as pessoas para o objetivo final de toda persuasão: a ação!

CAPÍTULO 20

GIADA DE LAURENTIIS

A NETA DE UM MAGNATA DO CINEMA COZINHA A PRÓPRIA RECEITA PARA O SUCESSO

"O público quer ser atraído não pelas críticas, mas por uma grande história." – Dino De Laurentiis

Em 1994 uma jovem se formou pela University of California at Los Angeles (UCLA) e tropeçou no ingrediente para uma vida feliz e bem-sucedida. Ela se matriculou em uma escola de gastronomia em Paris. Seus pais consideraram sua escolha de carreira incomum. Toda a família estava na indústria do cinema, e eles esperavam que ela seguisse os mesmos passos.

A garota nasceu em Roma, lugar em que seu avô produziu alguns dos mais icônicos filmes da época. Em 1976, a família se mudou para os Estados Unidos, onde o avô inaugurou o próprio estúdio. Ao todo, Dino De Laurentiis produziu 150 filmes ao longo de uma carreira de 70 anos, com sucessos como *Serpico* e *Conan, o Bárbaro*. Embora não tenha escolhido a mesma carreira, a jovem admirava o avô. Após a morte do famoso produtor, em 2010, ela declarou: "Meu avô era uma verdadeira inspiração. Ele era minha referência".[1]

E era mesmo. A escolha de carreira que ela fez pode ter deixado seus pais confusos, mas não Dino, seu avô. Ele era filho de um famoso fabricante de massas e cozinheiro. Era um storyteller na telona, enquanto sua neta, Giada De Laurentiis, fez da comida sua plataforma de histórias. "Venho de uma grande família italiana, e, se existe algo de que eles gostam mais do que comida, é de contar histórias",[2] disse Giada certa vez. "Eu amava ouvir meu avô contar histórias de todos os lugares a que ele já tinha ido e de todas as comidas que ele tinha provado ao longo de suas jornadas e não via a hora de explorar, ver e experimentar todos esses lugares incríveis dos quais ele falava."

O avô de Giada, um magnata do cinema, entendeu os elementos de uma boa história, o principal deles a necessidade de simplificar o conteúdo. "Se você pegar um livro de 600 páginas, tem de reduzi-lo para um roteiro de 100 páginas. Em duas horas de filme, é impossível incluir todos os personagens."[3]

Para Giada, simplificar histórias estava no DNA da família. Então, ela usou isso para desmistificar a história da gastronomia italiana. Hoje, ela tem cinco programas no canal The Food Network e sete livros publicados, quase todos chegando ao topo do ranking de best-sellers do *The New York Times*.

Quando Giada começou a apresentar *Everyday Italian* no Food Network, os críticos a condenaram por tentar fazer pratos acessíveis para a cozinha do dia a dia. De acordo com eles, refeições italianas "de verdade", como massas, deviam ser feitas desde o início. Giada retrucou, alegando que poucas pessoas têm tempo para fazer a própria massa, mas podem elaborar refeições deliciosas com ingredientes simples. "Eu não queria falar como uma chef. Não queria preparar pratos complicados. Queria fazer do meu jeito. Queria compartilhar minhas raízes italianas e que as pessoas curtissem. Deixei minha roupa de chef no armário e criei receitas fáceis. Se eu não tivesse feito do meu jeito, não estaria aqui."[4]

Giada se formou pela UCLA em antropologia, mas encontrou sua verdadeira vocação em outra área – ensinando às pessoas técnicas simples para fazer deliciosos pratos italianos em casa. Em seus primeiros programas de TV, entretanto, o caminho para o estrelato encontrou um obstáculo. Ela não ficava confortável diante da câmera. "Quando fiz *Everyday Italian* pela primeira vez, foi difícil. Eu me sentia esquisita e desconfortável na frente da câmera e tinha muita, muita ansiedade mesmo",[5] lembra-se. "Isso se manifestou em uma horrível e eterna dor de estômago e em um grande problema de insônia. Foi muito humilhante."

A humildade é um traço que a maioria dos storytellers de sucesso compartilha. Contar histórias requer uma constante atitude de tentativa e erro. Requer prática, horas e horas de prática. E praticar foi exatamente o que Giada fez para melhorar seu desempenho.

AS FERRAMENTAS DOS STORYTELLERS

"Fui honesta comigo mesma e com minhas limitações",[6] comentou Giada certa vez. "Foi aí que meu irmão mais novo me ajudou. Ele me seguia com uma câmera o tempo todo. Eu falava para a câmera e, posteriormente, ela meio que se tornou uma pessoa real, uma amiga real. No final de cada dia, meu irmão e eu avaliávamos meu desempenho, o que era tenso. Aos poucos, fui ficando melhor e mais segura. O que teve um começo difícil se tornou um sucesso."

O storytelling, por definição, requer performance. Uma narrativa forte não é suficiente. A desenvoltura de Giada diante da câmera a levaria depois a receber um Prêmio Emmy e a ter o próprio restaurante na melhor região de Las Vegas. Giada tem várias qualidades que podem ajudar qualquer um a melhorar seu desempenho na frente da câmera, seja para um programa de TV, um canal no YouTube, o blog de uma empresa, seja para uma campanha de arrecadação de fundos no Kickstarter.

Paixão. É quase impossível ser um storyteller bem-sucedido sem paixão. A paixão leva à energia e, sem energia, entusiasmo e emoção, fica muito difícil prender a atenção do público. Giada exala entusiasmo na frente da câmera porque está fazendo o que ama. Ela teve certeza de que a indústria do cinema não era sua vocação. Queria compartilhar sua paixão por comida, ainda que não soubesse como seria uma carreira na gastronomia. "Mas eu sabia que amava ficar na cozinha com minha família, rir, contar histórias, sentir o cheiro da comida... E amava comer! Eu sabia o que tinha de fazer, e isso era o suficiente para mim."[7] A paixão autêntica transparece no vídeo. Não aperte o botão "gravar" sem isso.

Sorrisos. Você pensa que sorrir é fácil. Quando estamos felizes, sorrimos. Por que, então, a maioria dos executivos parece estar infeliz quando grava um vídeo? Os sorrisos são raros em vídeos profissionais, mas onipresentes no rosto das personalidades de TV. Giada é conhecida por seu sorriso radiante. Lembre-se de que contar histórias é sempre sobre emoções, e sorrir se relaciona à mais forte reação emocional. "Sorrir estimula os mecanismos de recompensa do cérebro de uma forma para a qual nem o chocolate, reconhecidamente um grande indutor de prazer, é páreo."[8]

Os neurocientistas também estão descobrindo que as pessoas podem perceber a diferença entre um sorriso verdadeiro e um falso, motivo pelo qual o storytelling sempre remonta à paixão. Se você estiver genuinamente entusiasmado com um assunto, isso vai transparecer, e sua animação contagiará o público.

Conversa. Todos nós já ouvimos falar de pessoas que parecem "pomposas", "formais" ou "rígidas". Essas palavras descrevem a mesma coisa: alguém que não soa natural. Quando uma pessoa lê um teleprompter ou anotações, diminui seu ritmo de fala, o que é pouco natural. O vídeo para web é uma plataforma informal que oferece um tom mais natural, como se a pessoa estivesse conversando com você. Queremos fazer negócios com alguém de quem gostamos, alguém como um amigo com quem conversamos durante o jantar.

Os oradores que conversam usam palavras curtas e simples e fazem vídeos curtos. Quando Bill Gates apresentou Satya Nadella como a nova CEO da Microsoft, ele o fez com um anúncio simples em um vídeo no YouTube de apenas 1 minuto e 45 segundos. Um vídeo com menos de 2 minutos é o ideal para um público com capacidade de atenção reduzida. A extrema quantidade de ruído nas mídias sociais demanda um desempenho que vá direto ao ponto. A Lloyds TBS, seguradora baseada em Londres, lançou um estudo para entender por que os acidentes residenciais estavam aumentando. Os pesquisadores descobriram que as pessoas que não prestavam atenção a uma tarefa eram mais propensas a se machucar. Isso em si já fazia sentido, mas os pesquisadores resolveram ir um passo além para verificar por quanto tempo as pessoas poderiam manter sua atenção. Com uma amostra de mil pessoas, eles descobriram que a capacidade de atenção média de um adulto caiu de 12 minutos em 1998 para 5 minutos em 2008. E o que aconteceu em 2008? A explosão das plataformas de mídias sociais que desafiam nossa capacidade de atenção: Vine (vídeos de 6 segundos), Twitter, Instagram, Snapchat, entre outros. Muitos canais corporativos nas mídias sociais estão descobrindo que o tempo ideal para um vídeo é de 60 a 90 segundos.

Os líderes empresariais têm contado cada vez mais com vídeos para disseminar suas histórias de transformação na companhia. Esses vídeos, porém, não significam nada se o público não assistir ou interiorizar suas mensagens. Pegar dicas de personalidades da TV como Giada pode tornar seus vídeos mais envolventes e, por fim, mais impactantes. É uma receita que vale a pena copiar.

O SEGREDO DOS STORYTELLERS

Os storytellers que capturam o coração do público são apaixonados por suas mensagens e compartilham esse conteúdo de maneira simples e em linguagem acessível. O vídeo se tornou um componente essencial para contar histórias. Os storytellers de sucesso abraçam essa mídia de modo personalista e amigável, fazendo o espectador se sentir como se estivesse em uma conversa cara a cara com eles.

CAPÍTULO 21

CHRIS HADFIELD

UM ASTRONAUTA STORYTELLER DEIXA A PLATEIA DO TED DE BOCA ABERTA

"Quanto mais visuais se tornam as referências, é mais provável que sejam reconhecidas e relembradas." – Dr. John Medina

Neil Armstrong e Buzz Aldrin deram seus primeiros passos na superfície da Lua em 20 de julho de 1969. Enquanto isso, 380 mil quilômetros abaixo, um garoto de 9 anos assistia ao evento na TV e sonhava em ser astronauta, em uma pequena casa de campo na ilha Stag, em Ontário, Canadá. Chris Hadfield queria muito ir para o espaço. "Eu simplesmente achava que eles eram os caras mais legais do mundo",[1] recorda-se. Ele ia para fora de casa para olhar a Lua e pensava: "Não sei como, mas é isso que quero fazer". No entanto, o sonho de Hadfield teria de superar um problema aparentemente intransponível: o Canadá não tinha um programa espacial. O sonho parecia impossível, mas andar sobre a Lua também parecia antes de John F. Kennedy, grande storyteller que inspirou uma nação a olhar para as estrelas.

Hadfield tinha imaginação infinita, ambição intensa, dedicação firme e o dom de articular as ideias de maneira confiante e persuasiva, habilidade que utilizou para tornar realidade seu sonho de criança. Ele se lembra de ter vencido uma competição de oratória no último ano do ensino fundamental. "Não me recordo do nome do professor, mas alguém me ensinou como elaborar um discurso e expressar minhas ideias para que os outros tirassem daí algo de útil e se lembrassem do que eu tinha falado."[2]

Quando a recém-criada Agência Espacial Canadense começou a solicitar candidatos, em 1992, Hadfield colocou seu nome junto de outros 5.329 aspirantes. Ele recebeu boas notícias cinco meses depois, quando pôs um pé dentro do programa. Hadfield havia sido escolhido como uma das 500 pessoas que avançariam para a fase seguinte. Depois de três novas fases de avaliações psicológicas e entrevistas, ele ficou entre os 20 melhores. Os últimos candidatos foram enviados para Ottawa por uma semana, e foi aí que as habilidades de storytelling de Hadfield fizeram diferença. Cada candidato teve de participar de uma falsa coletiva de imprensa. A Agência Espacial Canadense não tinha muitos fundos, então os astronautas, como embaixadores do programa, precisavam ser storytellers excepcionais para vender a ideia ao público.

Às 13 horas de um sábado de 1992, tocou o telefone na cozinha de Hadfield. Ele recebeu a notícia com a qual sonhava desde que tinha 9 anos e observava a Lua: fora escolhido para ser astronauta.

Hadfield serviu como comandante da Estação Espacial Internacional. Ele se tornou o astronauta mais condecorado do Canadá e o primeiro canadense a ir ao espaço. Em 2013, virou sensação das mídias sociais quando pegou seu violão e cantou "Space Oddity", música de David Bowie, enquanto flutuava sem gravidade em uma cápsula espacial. Postou o vídeo no Twitter e atraiu 1 milhão de seguidores para seu perfil, até o momento em que retornou à Terra.

Hadfield entrou em meu radar em março de 2014, quando foi aplaudido de pé em sua fascinante palestra no TED, intitulada "O que eu aprendi ao ficar cego no espaço", que contava a história de como seus olhos se fecharam e pararam de funcionar no meio de um passeio espacial. Ainda que a espaçonave estivesse viajando ao redor de nosso planeta, a 8 quilômetros por segundo, Hadfield não entrou em pânico, porque havia sido treinado para quase toda situação que poderia ocorrer. Ele nos ensinou a superar nossos medos. Sua apresentação foi uma surpreendente amostra de storytelling visual.

O arquivo de PowerPoint de Hadfield continha 35 slides, apenas com fotos e nenhum texto. Para termos uma noção, um slide de

PowerPoint tem em média 40 palavras. Havia cinco palavras em toda a apresentação, e elas faziam parte de alguma das fotos. "Acredito no poder de uma imagem envolvente",[3] disse-me Hadfield. "Uma imagem realmente boa não é só bonita; ela o faz pensar. Você tira conclusões com base na profundidade de informações que há nela." Por exemplo, quando Hadfield descreve como a Terra se parece quando vista do espaço, é praticamente impossível imaginar como é. As imagens dos continentes e rios são como pinturas que ficariam ótimas em um museu. Hadfield usa analogias para descrever as cenas: "Como uma galeria viva de arte de uma beleza fantástica, em constante mudança, que é o próprio mundo... É de um estrondoso silêncio, com cores e texturas". As analogias ajudam a tornar algo complexo mais digerível, porém uma simples fotografia traduz a analogia para os olhos do espectador.

Como embaixador do programa espacial canadense, Hadfield deu palestras semanais por 25 anos antes de chegar ao palco do TED. Durante esse tempo, ele aprendeu que a apresentação não conta uma história por si só. Ele é o storyteller; os slides complementam a história e dão vida à narrativa. "Quando vou para uma galeria de arte, sempre me sinto sugado por tanta informação. Quem era o artista e quando ele pintou? Onde ele pintou? A história por trás da imagem dá alma a ela. Caso contrário, seria só uma imagem bonita. A história que a acompanha é o que realmente importa."

AS FERRAMENTAS DOS STORYTELLERS

Hadfield conta com duas poderosas técnicas de storytelling para transportar seu público para a cadeira a seu lado na espaçonave: o uso de imagens e analogias.

Usar imagens para contar histórias é uma técnica consagrada na literatura de neurociência, por meio de um conceito chamado superioridade da imagem. Pesquisadores descobriram que, se você simplesmente ouvir uma informação, vai se lembrar de cerca de 10% do conteúdo. Se você ouvir a informação e vir uma foto, é mais provável que retenha 65% do conteúdo.

A palestra de 16 minutos de Hadfield contém 35 fotos e dois vídeos. Por exemplo, enquanto ele fala sobre sonhar em ser astronauta quando pequeno, mostra um slide com uma foto de si mesmo aos 9 anos, em uma caixa de papelão cortada no formato de foguete. A foto em si não conta a história. Sem a narração de Hadfield, seria apenas uma foto fofinha de um garoto. Em outro exemplo, Hadfield descreve como é o sentimento de aterrissar com um baque no meio do Cazaquistão. A fala é acompanhada por um slide que mostra oficiais do programa espacial russo ajudando-o a sair do módulo.

Em uma parte de sua agora famosa apresentação do TED, Hadfield fala de seu medo de aranhas e explica como superar isso. Como muitos de nós temos uma aversão natural a aranhas, faz sentido mostrar a foto de uma espécie perigosa, como a aranha-marrom ou a viúva-negra. Hadfield conseguiria contar a história sem as fotos, mas, como temos uma reação emocional profunda a aranhas, as fotos ajudam a reforçar o ponto de que conhecimento e preparação ajudam a superar medos. Hadfield conta que existe algo em torno de 50 mil espécies de aranhas, das quais apenas cerca de uma dúzia é venenosa, sendo bastante improvável que você encontre uma dessas. "Então, da próxima vez que você encontrar uma teia de aranha, não precisa entrar em pânico. O perigo é muito diferente do medo."

Uma imagem – por exemplo, a fotografia de um rosto humano – ativa até 30 milhões de neurônios no córtex visual, de acordo com o neurocientista Uri Hasson. O pesquisador de Princeton diz que um grande número de neurônios ativos melhora a "relação sinal-ruído".[4] Na ciência e na engenharia, a relação sinal-ruído é a medida de força de um sinal relativo ao ruído de fundo. Os designers de apresentações usam esse termo para explicar por que alguns slides são mais fáceis de lembrar. Slides de PowerPoint que têm muito "ruído" são complicados e cheios de textos, gráficos e números não essenciais para a ideia que o palestrante tenta passar. A pesquisa de Hasson descobriu que diminuir o ruído – os elementos não essenciais – e fortalecer o sinal na forma de imagens melhora a lembrança e a identificação. Uma apresentação de impacto deixa o ruído baixo e o sinal alto.

O efeito da superioridade da imagem explica por que as fotos da apresentação de Hadfield são mais impactantes e fáceis de lembrar do que se ele tivesse criado slide após slide apenas com palavras. "Esse efeito é realmente poderoso",[5] escreve o biólogo molecular John Medina. "Testes feitos anos atrás mostram que as pessoas podem se lembrar de mais de 2,5 mil imagens com pelo menos 90% de acerto alguns dias depois de terem sido expostas a elas, mesmo que cada imagem tenha sido vista por apenas cerca de 10 segundos. Um ano depois, os índices de acerto ainda pairam em torno de 63%. No artigo adoravelmente intitulado 'Remember Dick e Jane?', o reconhecimento de imagens permaneceu confiável depois de muitas décadas."

Comunicadores de sucesso aprenderam que a combinação de imagens e palavras facilita o aprendizado muito mais do que o fariam as palavras sozinhas.

O POWERPOINT DE US$ 875 MILHÕES

Hadfield vende ideias, mas até as apresentações corporativas podem se beneficiar do storytelling visual. Por exemplo, uma companhia transformou seu PowerPoint de palavras em imagens e recebeu um contrato de US$ 875 milhões como recompensa. Essa empresa está no setor de equipamentos de construção pesada. Tudo nessa indústria é enorme. Alguns guindastes pesam até 7 mil toneladas, o equivalente a 80 ônibus espaciais. Esses guindastes chegam a 180 metros de altura, duas vezes mais altos do que a Estátua da Liberdade. Só nos Estados Unidos existem 2 milhões de tubulações que fornecem energia para nossas necessidades. Muitas dessas tubulações percorrem centenas de quilômetros, levando trilhões de metros cúbicos de gás natural e centenas de bilhões de toneladas de petróleo todo ano. Os números financeiros também são grandes. Não é incomum encontrar contratos de construção pesada valendo dezenas de bilhões de dólares.

Havia, em certa época, uma pequena empresa nesse setor que queria ser tão grande quanto os equipamentos que vendia. No entanto, embora seus líderes tivessem a ambição de crescer bastante, uma coisa os segurava – suas apresentações eram bobas e não inspiravam. E não que eles fossem pessoas bobas. Em vez disso, foram vítimas de uma doença comum entre pequenas e grandes empresas: eles usavam slides de PowerPoint cheios de palavras para mostrar fatos e números. Tinham muitos dados sobre quantos quilômetros de fios elétricos a empresa havia instalado, quantas bobinas estavam sendo fabricadas para fornos a vapor ou quantas turbinas tinham sido construídas. O problema era que seus concorrentes tinham números similares – em muitos casos, até maiores e mais impressionantes.

Então, o diretor de marketing teve uma ideia que ajudaria a dar destaque à mensagem da empresa. No lugar de utilizar slides de PowerPoint para mostrar gráfico atrás de gráfico, ele contaria uma história sobre esses dados e usaria os slides para ilustrá-la com fotos. Assim que a transformação foi feita, os negócios começaram a fluir de novo, com mais intensidade do que qualquer um havia previsto.

O diretor de marketing trocou 72 slides de gráficos e textos por 30 slides de fotos impactantes. Por exemplo, muitos dos slides na apresentação original continham 200 palavras ou mais (esses não eram slides, e sim documentos disfarçados de slides). Muitos dos slides na nova apresentação continham menos de 10 palavras junto de uma fotografia. Os dados não desapareceram, mas foram empacotados no formato de história. Por exemplo, um slide mostrava um número (380 mil) sobre uma foto da Lua. "Nós instalamos mais de 380 mil quilômetros de canos. É o suficiente para levar óleo combustível daqui até a Lua", dizia o diretor de marketing sobre aquele slide.

Alguns líderes seniores estavam céticos. Eles não acreditavam que um PowerPoint com menos palavras e mais imagens poderia ser eficiente. Entretanto, como a empresa estava com dificuldades para atrair novos negócios depois da recessão de 2008, eles não tinham muito a perder. O diretor de marketing recebeu autorização para usar aqueles slides em uma série de apresentações que tinham como objetivo conquistar novos clientes.

O que aconteceu depois surpreendeu os líderes – mas não deveria surpreender aqueles que entendem o poder do storytelling visual. Um executivo de uma grande empresa de petróleo convidou-os a participar da concorrência de um projeto. Eles participaram e, por fim, ganharam um contrato de US$ 875 milhões – o maior da história da organização.

Depois que o acordo foi assinado, o diretor de marketing perguntou ao presidente da empresa de petróleo por que eles tinham escolhido uma pequena companhia como a dele. "Sua apresentação foi tão diferente que me fez enxergar as possibilidades", respondeu o presidente. "É nesse tipo de visão que eu quero investir."

Uma apresentação concisa, slides simples e mais imagens contaram a história da empresa de maneira muito mais convincente do que uma apresentação longa, complexa e cheia de palavras jamais teria feito. O inimigo não é o PowerPoint, mas a falta de criatividade. Quando o PowerPoint é usado para ilustrar uma história, ele pode mudar percepções, e muda.

QUANDO UMA IMAGEM NÃO É SUFICIENTE

Agora nós sabemos que uma foto melhorará sua história, mas imagens não são suficientes. Pintar quadros na mente do público também é um componente de um storytelling bem-sucedido. O astronauta Chris Hadfield não foi aplaudido de pé simplesmente porque mostrou lindas imagens. Assim como Ned Hallowell faz ao explicar o TDAH a seu público, Hadfield habilmente usa analogias para criar imagens mentais de suas experiências. A maioria de nós nunca colocará os pés em outro planeta ou andará em um foguete rumo ao espaço. Como é possível vivenciar essa experiência? As analogias são a forma mais próxima de fazer isso, e Hadfield é mestre em criá-las. Aqui está sua descrição de como é levantar voo:

> É incrivelmente poderoso estar a bordo de uma dessas coisas. Você está no controle de algo que é muito mais poderoso do que você. Chacoalha tão forte que você não consegue focar os instrumentos a sua frente. É como se você estivesse na mandíbula de um cachorro gigantesco e um pé em suas costas o empurrasse para o espaço, acelerando violentamente para cima, através do ar, e você em uma situação muito complexa – prestando

> atenção, vendo o foguete atingir cada uma de suas metas com um sorriso cada vez maior. Depois de dois minutos, os foguetes sólidos explodem e aí você só fica com os motores líquidos, hidrogênio e oxigênio, e é como se você estivesse em um carro de corrida com seus pés no chão, acelerando como nunca. Você fica cada vez mais leve e a força atua sobre você com cada vez mais peso. É como se alguém colocasse cimento, ou algo assim, em você. Até que, finalmente, depois de cerca de 8 minutos e 40 segundos, nós chegamos à altura e velocidade certas, na direção certa. O motor desliga e nós estamos sem peso. E vivos.[6]

A mandíbula de um cachorro, o pés em suas costas, o carro de corrida, o concreto –todas essas analogias nos ajudam a entender como é vivenciar aquela experiência. As analogias nos ajudam a conectar abstrações ao conhecimento que temos. As analogias marcam o conteúdo em nosso cérebro.

Um incrível número de evidências tem surgido na literatura de neurociência para provar o poder do storytelling e, como discutimos no capítulo 12, a eficiência de usar analogias para dar vida às histórias. As histórias funcionam porque ativam muitas partes de nosso cérebro, e metáforas e analogias são mecanismos essenciais para fazer isso acontecer.

Em 2006, pesquisadores espanhóis publicaram um artigo na revista *NeuroImage* intitulado "Reading *cinnamon* activates olfactory brain regions" [Ler *canela* ativa as regiões olfativas do cérebro]. Eles foram os primeiros a revelar que o simples ato de ler linguagem metafórica ativa áreas do cérebro associadas a cenas e cheiros. Por exemplo, quando as pessoas leram palavras como "canela", "perfume" ou "café", os cientistas viram regiões associadas com cheiro, o córtex olfativo primário, acenderem na máquina de ressonância magnética. Quando as pessoas leram palavras que não evocam cheiros, como "cadeira" ou "chave", essas regiões do cérebro permaneceram inativas. Conclusão: "Ler palavras que têm significados com fortes associações olfativas ativa regiões olfativas do cérebro".[7]

As fotos dos slides de Hadfield estimulam o córtex visual, enquanto suas analogias ativam outras partes do cérebro, como o córtex somatossensorial, associado ao toque.

"A analogia é a única maneira de aprender sobre qualquer coisa com a qual não temos uma experiência direta, seja sobre o comportamento de partículas subatômicas, seja sobre vivências de outras pessoas",[8] escreveu James Geary em *I is an Other*. Analogias simplificam assuntos complexos e nos apresentam a experiências novas e únicas que não poderiam ser compreendidas de outro modo.

Hadfield viveu um quarto de século no programa espacial canadense, servindo como um de seus embaixadores, dando palestras públicas quase toda semana. Ele aprendeu que não existe motivo para fazer apresentações ou falar para um público se as pessoas não conseguem extrair nada disso. As imagens e analogias de Hadfield trazem a história do espaço para a Terra.

O SEGREDO DOS STORYTELLERS

Grandes storytellers usam imagens – às vezes reais, às vezes por analogia – para criar um retrato vívido de uma experiência ou evento.

CAPÍTULO 22

ELON MUSK:

"O CARA ESTÁ VENDENDO BATERIA" E, AINDA ASSIM, INSPIRA

"Os loucos que acham que podem mudar o mundo são aqueles que efetivamente o fazem." – Steve Jobs

Enquanto storytellers como Chris Hadfield sonhavam em viajar para o espaço, Elon queria construir a espaçonave que os levaria para lá. As histórias tiveram importante papel durante a infância de Elon, na África do Sul. "Ele parecia ter um livro nas mãos o tempo todo", escreveu seu biógrafo. Quando as aulas acabavam, às 14 horas, ele ia para uma livraria e ficava lá até as 18. *O Senhor dos Anéis* e *O Guia do Mochileiro das Galáxias* estavam entre seus favoritos.

O jovem Elon adorava ler e ouvir histórias. Ele se lembra de quando ouvia, hipnotizado, as histórias de seu avô, Joshua Haldeman, que tinha "uma queda por aventuras". Haldeman costumava colocar a família dentro de um monomotor e sair de Pretória em viagens que atravessavam 35 mil quilômetros pela Europa. "Minha avó contava histórias sobre como eles quase morreram, por diversas vezes, durante suas jornadas",[1] recorda Elon.

Hoje, o CEO da Tesla e da SpaceX, Elon Musk, acredita que as histórias de seu avô ajudam a explicar seu desejo insaciável de entusiasmo e aventura e sua "peculiar tolerância ao perigo". Musk é um dos inovadores mais influentes de nosso tempo, pioneiro no desenvolvimento de carros elétricos, viagens ao espaço e energia sustentável.

Em 30 de abril de 2015, Musk apresentou a Tesla Powerwall, uma bateria doméstica que capta e armazena luz de painéis solares, convertendo-a em energia. Embora tenha sido desenvolvida para o consumidor médio, sua tecnologia é altamente complexa. De acordo com o site da empresa: "A Tesla Powerwall é uma bateria de íon-lítio recarregável, com controle térmico, montável na parede. Ela oferece uma corrente nominal de 5,8 amperes e de 8,6 amperes na saída de pico. A Powerwall está disponível nas versões de 10 kWh (recomendada para aplicações de backup) e de 7 kWh (ideal para uso no dia a dia)".[2] E essa é a parte fácil. As especificações técnicas são compreensíveis apenas para os cientistas e físicos mais avançados.

Musk é um dos inventores mais inteligentes do planeta, mas, quando explica tecnologia para os consumidores, usa linguagem que até mesmo um estudante do 6º ano poderia entender.

AS FERRAMENTAS DOS STORYTELLERS

Peter Kincaid codesenvolveu o teste de legibilidade Flesch-Kincaid em 1975 para a Marinha americana. O Departamento de Defesa dos Estados Unidos começou a utilizá-lo para amenizar a dificuldade de leitura dos manuais de treinamento. Atualmente, os educadores se baseiam na pontuação obtida no teste para calcular o nível de dificuldade de leitura apropriado para os livros usados em sala de aula. O teste de Flesch-Kincaid mede o comprimento das palavras, das frases e outros fatores para atribuir uma nota correspondente ao grau de escolaridade – o número de anos de estudo geralmente necessários para que uma pessoa compreenda determinado texto. Por exemplo, artigos da *Harvard Business Review* exigem um grau de escolaridade 17 ou superior. Artigos do *The New York Times* são escritos para pessoas que tenham ao menos iniciado o ensino médio, enquanto, de acordo com a ferramenta, "textos a serem lidos pelo público em geral devem visar um grau de escolaridade de mais ou menos 8".

Vamos olhar mais de perto as frases-chave da apresentação de Elon Musk sobre a Powerwall. Musk entende de histórias, e ele bem sabe que todas elas, como já discutimos, têm um herói e um vilão. Musk apresenta o vilão e o herói como um problema e uma solução, utilizando-se de palavras simples e de estruturas frasais para fazer isso. O primeiro slide de sua apresentação mostra a foto de chaminés lançando poluentes no ar. Musk diz:

> Sejam todos bem-vindos ao anúncio da Tesla Energy. O que falarei esta noite tem a ver com a transformação radical no modo como o mundo trabalha e como a energia é distribuída pelo mundo. Assim é hoje. E é muito ruim. É uma droga! Eu só quero ser claro porque, às vezes, as pessoas se confundem sobre isso. E isso é real. É assim que grande parte da energia é gerada: a partir de combustíveis fósseis.[3]

O parágrafo anterior requer um grau de escolaridade 6,3, o que significa que o aluno médio do 6º ano deve ser capaz de lê-lo e entendê-lo em linhas gerais. Bem, certamente a solução deve ser um pouco mais complicada, certo? Vejamos. De acordo com Musk, a solução começa olhando para cima:

> A solução está em duas partes. Parte um: o Sol. Nós temos esse útil reator de fusão no céu chamado Sol. Você não precisa fazer nada. Ele simplesmente funciona. Aparece todos os dias e produz um nível estrondoso de energia.

O parágrafo anterior exige um escore de apenas 2,9 no teste Flesch-Kincaid. Embora um estudante 3º ano não entenda o que é "reator de fusão", ele está apto a ler isso. As frases são curtas e a maioria das palavras é composta por apenas uma ou duas sílabas. Eu estava um tanto cético quando vi o escore 2,9, então fiz um experimento pessoal. Minha filha mais nova acabou de completar do 2º ano. Eu a gravei lendo o parágrafo na primeira tentativa, o que ela fez quase perfeitamente, tropeçando apenas em duas palavras: "reator" e "estrondoso". Minha filha mais velha, que acabou de completar do 3º ano, leu perfeitamente e conseguiu entender tudo, inclusive a palavra "fusão".

Assim que Musk apresenta o Sol como o herói de sua narrativa, introduz outro desafio: as baterias existentes. Uma vez mais, usa linguagem simples em sua descrição:

> O problema com as baterias do mercado é que elas são péssimas. São realmente horríveis. São caras. Não são confiáveis. São meio que feias, péssimas em todos os sentidos e muito caras.

A ferramenta Flesch-Kincaid atribui o grau 6,1 ao parágrafo anterior, o que significa que uma pessoa não necessita nem do ensino médio completo para compreendê-lo.

Um blogueiro do The Verge que cobriu a apresentação publicou um artigo intitulado "Watch Elon Musk announce Tesla Energy in the best tech keynote I've ever seen" [Assista ao anúncio da Tesla Energy por Elon Musk na melhor apresentação de tecnologia que já vi].[4] No artigo, T. C. Sottek escreveu: "O cara está vendendo uma bateria e, ainda assim, consegue ser inspirador". Sim, o "cara" está vendendo uma bateria, mas as baterias não inspiram. As histórias, sim.

As apresentações de Musk são comparadas às de outro importante inovador na área da tecnologia e também storyteller, Steve Jobs. Ele, igualmente, compreendia a necessidade de inserir vilões e heróis (problema e solução) em narrativas de produtos e fazia isso de maneira tão simples que um estudante de nível básico poderia entendê-lo.

Em uma apresentação de dez minutos, em 28 de abril de 2003, Jobs reinventou a indústria fonográfica e persuadiu milhões de amantes da música a pagar US$ 0,99 por uma faixa. A loja iTunes revolucionou o modo como as pessoas compram e ouvem música. Por US$ 0,99 cada canção, os usuários poderiam escolher entre 200 mil títulos. Mais de 1 milhão de músicas foram vendidas na primeira semana. Hoje, o iTunes é a maior revendedora de músicas do planeta.

Steve Jobs revolucionou a indústria musical fazendo algo um tanto extraordinário: convenceu milhões de amantes da música de que era boa ideia pagar por algo que muitos conseguiam baixando de graça na internet, e ele fez isso usando a técnica clássica de narrativa de apresentar vilões e heróis. O vilão apareceu primeiro: um problema que precisava de solução. O herói veio em seguida: um produto da Apple.

Jobs começou com uma breve argumentação sobre o Napster e o Kazaa, sites que ofereciam "recompensa quase instantânea"[5] e, da perspectiva do usuário, downloads gratuitos. No slide seguinte, ele listou o "lado negro". Os pontos eram:

- downloads não confiáveis;
- qualidade ruim ("muitas dessas músicas foram codificadas por crianças de 7 anos de idade, e elas não fazem um bom trabalho");
- sem amostras;
- sem a arte de capa do álbum;
- é roubo ("e é melhor não mexer com carma").

Jobs continuou a pintar o quadro de um vilão, usando o Kazaa como antagonista da narrativa. Demonstrou como um típico usuário tinha de tentar adivinhar entre 50 e 60 arquivos da mesma música qual seria o melhor para baixar. "O download é incrivelmente lento e ainda dá problema na metade do caminho." Finalmente, disse ele, você baixa a música e acaba descobrindo que foi codificada em baixa qualidade e que os segundos finais foram cortados. Depois de 15 minutos, o usuário consegue uma versão "limpa" da música. Jobs colocou, brilhantemente, o tempo em perspectiva. "O que isso significa é que você gastará uma hora, nessa velocidade, e terá quatro músicas; quatro músicas que custam menos de quatro pratas, na Apple, e você consegue isso mesmo que receba salário mínimo."

Jobs desafiou a crítica de que os consumidores se negariam a pagar US$ 0,99 por uma música: "Quanto é US$ 0,99? Quantos de vocês compraram um café na Starbucks hoje de manhã? Três pratas! São três músicas! Quantos cafés foram vendidos nos Estados Unidos hoje de manhã? Muitos! Noventa e nove centavos é um preço muito acessível!".

Por fim, Jobs listou os benefícios (o herói) do download de músicas na nova loja iTunes. O slide mostrava o seguinte texto:

- downloads rápidos e confiáveis;
- codificação original;

- amostras de cada música;
- arte da capa do álbum;
- carma bom.

Em dez minutos, Jobs tinha transformado completamente a mente daqueles que não acreditavam em pagar US$ 0,99, muito menos qualquer preço, por músicas que eles já estavam baixando. Ele também convenceu os analistas céticos de que o serviço proporcionaria benefícios tão vantajosos a ponto de fazer os amantes da música gastarem US$ 0,99 por faixa e darem dinheiro para a Apple. Não se pode deixar de mencionar que o discurso de apresentação do iTunes feito por Jobs, quando analisado com a ferramenta Flesch-Kincaid, obteve ao grau 4, o que significa que um estudante do 4º ano poderia entender os problemas e a solução apontados por Steve Jobs.

Da próxima vez que você deparar com uma plateia cética, pinte o quadro de um vilão antes de apresentar seu produto ou serviço – o herói salvador. A narrativa vilão/herói simplifica o problema que sua ideia resolve, e, se você usar palavras simples, ficará surpreso com a rapidez com que suas ideais se difundirão.

"O simples pode ser mais difícil que o complexo",[6] disse Jobs certa vez. "Você precisa trabalhar duro para limpar seus pensamentos e transformá-los em algo simples. Mas vale a pena no final, porque, quando você chegar lá, poderá mover montanhas." Steve Jobs, Elon Musk e outros inventores de nosso tempo movem montanhas e geralmente transmitem suas mensagens com histórias simples, contadas de maneira simples.

O SEGREDO DOS STORYTELLERS

Você pode ter o melhor produto do mundo, as melhores ideias, porém, se as pessoas não conseguirem entender os problemas que você resolve, elas jamais o comprarão. Os storytellers apresentam heróis e vilões para simplificar a história e constroem a mensagem com palavras tão simples que um estudante do ensino fundamental pode entender.

CAPÍTULO 23

CHARLES MICHAEL YIM

UM EMPREENDEDOR FAZ HISTÓRIA NO SHARK TANK

"O storytelling é tudo. Mostre-me um MBA e seus indicadores de vendas, tudo bem. Agora, conte-me uma história de como você começou e sua visão dos negócios, e nós conversaremos." – Barbara Corcoran, Shark Tank

Como muitas crianças de sua idade, Charles Michael Yim, aos 6 anos, decidiu montar uma barraca de limonada na calçada em frente a sua casa. Yim continuou demonstrando certo talento para o empreendedorismo e para contar histórias. Durante o ensino médio, um amigo lhe deu uma figurinha de basquete. Ele então trocou a figurinha por três outras, virou essas três no jogo, e logo já havia juntado mil figurinhas sem gastar um centavo sequer. E elas tinham valor: uma delas era nada menos que a primeira figurinha do então novato Michael Jordan. Revelando uma inclinação precoce para a atuação dramática, Yim levou as figurinhas para uma loja que permitia que crianças fizessem trocas, armado de uma história e de um livro. Ele as colocou em saquinhos de papel e cobrou US$ 4 cada saco. O gancho? Um dos saquinhos continha uma figurinha muito mais valiosa do que o preço cobrado. Ao perceber que outras crianças se entusiasmaram com a possibilidade de ganhar o tíquete dourado, ele fez o mesmo com outras figurinhas muito desejadas, e, ao terminar o ensino médio, tinha conseguido US$ 5 mil.

Avançando no tempo para setembro de 2013, descobrimos que Yim, aos 30 anos, ainda tem talento para a atuação, muito embora os riscos envolvidos sejam um tanto maiores agora. Ele está pedindo um investimento no valor de US$ 250 mil no programa da rede ABC *Shark Tank*, uma espécie de *American Idol* para empreendedores. Sua apresentação revela diversos componentes importantes de um storytelling eficiente:

> Olá, Tubarões! Meu nome é Charles Michael Yim e sou o fundador e CEO da Breathometer. Agora, imaginem-se em um jantar festivo, ou em um churrasquinho antes do jogo [ele aponta para Mark Cuban, dono de um time esportivo], ou em um bar com alguns amigos bebendo champanhe [aponta para uma mesinha a sua direita com cinco taças]. Alguém gostaria de uma taça? [Yim entrega uma a cada jurado. Eles brindam e tomam a bebida enquanto o discurso continua.] Vocês sabem como é... A gente come um pouco, toma uns drinques e, quando se dá conta, já está tarde e é hora de voltar para casa. A pergunta mais importante nesse momento é: você está bem o suficiente para dirigir? E quem gostaria de carregar um destes bafômetros enormes e desajeitados? [Ele mostra um bafômetro grande, desses que a polícia e os agentes de trânsito usam em blitz.] É por isso que eu criei o Breathometer. É o primeiro smartphone bafômetro. É tão pequeno que cabe no seu bolso. [Yim faz como Steve Jobs, mas, em vez de um iPhone, tira do bolso um pequeno adaptador para smartphone.] Deixem-me mostrar para vocês como funciona. É só plugar na saída de som do smartphone e ativar o app. [Ele sopra o aparelho.] Em questão de segundos, você saberá qual o nível de álcool em seu corpo. Melhor ainda, saberá também quanto tempo levará para ficar sóbrio e, se necessário, poderá chamar um táxi apenas apertando um botão. Por favor, juntem-se a mim nessa missão de ajudar as pessoas a fazer escolhas mais inteligentes e seguras, apenas com uma soprada.[1]

Pela primeira vez na história do programa, todos os cinco "tubarões" investiram na companhia, totalizando o montante de US$ 1 milhão. Mark Cuban investiu US$ 500 mil por uma fatia de 15% da empresa, e os outros quatro tubarões contribuíram com mais US$ 500 mil por outros 15%.

AS FERRAMENTAS DOS STORYTELLERS

Yim aprimorou a história do Breathometer em incontáveis apresentações e conversas. Também aprendeu que a simplicidade é a chave para contar uma história atraente. "Não importa quanto sua empresa é avançada ou técnica. Se o consumidor médio ou o investidor está tentando entender seu negócio, você precisa reduzi-lo aos fundamentos mais básicos para que qualquer um possa compreendê-lo."[2]

O produto de Yim é uma plataforma de análise da respiração, mas você deve ter percebido que, na apresentação feita no *Shark Tank*, ele não fez uso de jargões nem de definições técnicas para o conceito de análise da respiração: "método não invasivo para obter informações sobre o estado clínico de um indivíduo ao monitorar os compostos voláteis orgânicos presentes no ar expirado". Ao contrário disso, Yim baseou seu discurso em narrativa, transportando as pessoas para um bar onde beberam alguns drinques com amigos.

Em fevereiro de 2015, Yim teve mais uma oportunidade de ouro para fazer a apresentação de sua vida e, novamente, não decepcionou.

Ele era um dos três empreendedores convidados a promover startups para o bilionário Sir Richard Branson, em sua casa na Ilha Necker. O convite fazia parte do Extreme Tech Challenge – evento mencionado anteriormente, no qual um grupo de empreendedores inovadores combina seus talentos e recursos para aprimorar startups que tenham o potencial de melhorar o mundo.

Apesar do sucesso de Yim no *Shark Tank*, o caminho para chegar a Necker foi um tanto longo. De 2 mil inscrições, apenas dez finalistas foram convidados a apresentar suas startups pessoalmente na Consumer Electronics Show, em janeiro de 2015. Os três melhores foram escolhidos para se apresentar a Branson e a um grupo de juízes em Necker. Ao final, Yim ganhou o coração e a carteira de Branson.

"Tanto no *Shark Tank* como com Richard Branson ou em qualquer outra reunião, eu preciso me expressar claramente, demonstrar de forma exata o que estou tentando construir, seja um produto, seja um serviço. A proposta de valor deve ser clara. Se não for cristalina, perde-se a atenção das pessoas já nos primeiros cinco minutos",[3] explicou-me Yim.

O primeiro produto da Breathometer detecta o nível de álcool no ar exalado na respiração. A visão de Yim é muito mais ampla do que simplesmente detectar se alguém bebeu demais: a respiração contém cerca de 300 biomarcadores que podem identificar a existência de doenças como câncer e diabetes. Como a maior parte da audiência de Yim não é composta por experts em detecção de doenças, ele teve de desenhar um passo a passo. "Todo cliente entende que pode detectar álcool por meio da respiração. Eu parto dessa ideia já bem conhecida e digo: 'E há mais outras 299 coisas que podemos descobrir pela respiração: câncer de pulmão, pneumonia, infecção bacteriana, queima de gorduras...'. Tento manter tudo simples assim."

Em dez minutos e dez slides, ele conta uma história tão eloquente que fica impossível para os investidores resistirem. Yim representa as jovens estrelas do atual mundo dos negócios: homens e mulheres na faixa dos 20 a 30 anos que estão cansados de apresentações entediantes e sem emoção. Eles descobriram o poder das histórias e quanto isso os ajuda a atingir seus objetivos. Yim tem sucesso ao contar a história de um produto porque quebra a narrativa em pequenas partes. É como colocar um barco em uma garrafa. E como se coloca o barco dentro da garrafa? O barco – geralmente modelos de veleiros antigos – é construído antes de ser colocado na garrafa. Pense na garrafa como a capacidade mental de uma pessoa e o barco como uma história. A capacidade da garrafa não muda. É o barco que deve ser feito de modo a caber na garrafa.

A maioria de nós, ao ver um barco em uma garrafa, fica em êxtase. Ficamos maravilhados com a ideia de que isso possa acontecer. O que não vemos, contudo, são as horas gastas com um detalhado trabalho manual. O casco, em si, é maior que o gargalo, então não pode ser constituído de uma peça de madeira. Ele é construído em partes: a superior e a inferior. Em seguida, vêm a quilha e o leme. Também são feitos mastros e retrancas. Os artistas usam um bloquinho para desenhar um molde do barco e então colocam as peças de madeira e palitos de dente em cima do desenho. O barco é construído fora da garrafa e é cuidadosamente desmontado e inserido pelo gargalo aos poucos. Uma vez dentro, é expandido de modo que ocupe o espaço. Pequenos detalhes do barco são então colocados, peça a peça, sendo ele todo remontado.

O barco é sua história, e ela possui muitas partes: mastros, retrancas, velas, casco, gurupés. O gargalo da garrafa – a pequena abertura – é a "memória de trabalho" ou a capacidade cerebral de curto prazo de seu ouvinte. O barco inteiro não pode caber de uma só vez, então você vai contando a história para seu ouvinte aos poucos, em pequenas partes. Uma vez terminada, o ouvinte poderá ver a narrativa do começo ao fim e entender como os trechos se encaixam. A história poderá zarpar e abrir novos mundos para você e seus espectadores.

O PONTO CENTRAL DE UM GRANDE COMERCIAL É SE ELE CONTA OU NÃO UMA HISTÓRIA

Yim consegue cativar a atenção de seus ouvintes com sucesso, como fez no *Shark Tank*, em apenas 60 segundos. Os melhores comerciais do Super Bowl fazem o mesmo. "As pessoas são atraídas por histórias porque somos criaturas sociais e porque nos projetamos em outras pessoas",[4] afirmou o pesquisador Keith Quesenberry, da Johns Hopkins University. Ao *Journal of Marketing Theory and Practice*,[5] Quesenberry contou que estudou 108 comerciais do Super Bowl e previu com precisão qual deles faria maior sucesso entre os consumidores. Segundo ele, um comercial da Budweiser alcançaria as melhores avaliações da audiência porque se parecia com um "pequeno filme" que contava uma história completa em 60 segundos. O anúncio se chamava "Puppy Love".

O vídeo começa com a imagem de uma casinha com cerca de madeira branca e uma placa que diz: "Feira de Adoção de Filhotes de Warm Springs". Um filhote adorável – um labrador amarelo – escapa pela cerca para visitar seu amigo, um cavalo clydesdale, em um estábulo perto dali. No dia em que o filhote é adotado, o cavalo persegue o carro, enquanto o cãozinho é visto no banco de trás, latindo para ele. O cavalo pula a cerca e é seguido por outros clydesdales, que juntos param o carro. Os dois amigos se reúnem novamente no final e brincam juntos na pastagem. O vídeo desse comercial no YouTube teve aproximadamente 60 milhões de visualizações.

Quesenberry fez sua previsão dois dias antes do Super Bowl XLVIII, em 2 de fevereiro de 2014. O ponto nevrálgico de um grande comercial, de acordo com o pesquisador, não são animais ou modelos sexy. Um grande comercial conta uma história.

Ele ainda previu que os comerciais que conseguissem comprimir uma história completa em 60 segundos seriam os vencedores – e o que chegou mais perto disso foi o da Budweiser. Quesenberry estava certo. O anúncio de US$ 4 milhões liderou o AdMeter, do *USA Today*, um medidor de audiência.

Yim e outros empreendedores que alcançaram extraordinário sucesso conseguiram isso porque: 1) construíram produtos que solucionaram verdadeiros problemas para o mundo todo e 2) aprenderam a arte de desenvolver uma narrativa atraente de, no máximo, 60 segundos. Eles também fazem com que lembremos que nenhuma geração tem o monopólio do storytelling. Os empreendedores na faixa dos 20 a 30 anos são, em geral, dinâmicos storytellers, porque são movidos a paixão, perseguem seus objetivos e têm um propósito. Eles também cresceram na era do YouTube, do Twitter e do Facebook, em que contar uma história simples e sucinta é a lei. Há grandes storytellers de todas as idades.

O SEGREDO DOS STORYTELLERS

Os storytellers que simplificam assuntos complexos costumam falar de modo sucinto. Ensaiam suas apresentações até conseguirem contar uma história atraente em, no máximo, 60 segundos.

Escaneie o QR code ou procure no canal HSM Publishing do YouTube por "Storytelling - Vídeo 3".

Nesse vídeo, Bruno Scartozzoni, tradutor e prefaciador do livro, fala sobre estrutura de história.

PARTE IV

STORYTELLERS QUE MOTIVAM

CAPÍTULO 24

DARREN HARDY

ENCONTRE SUA LUTA

"Você não consegue ligar os pontos olhando para a frente. Só consegue isso olhando para trás." – Steve Jobs

"Meus pais se divorciaram quando eu tinha 18 meses",[1] conta Darren Hardy. "Minha mãe não me queria, então me deixou com meu pai. Ele tinha apenas 24 anos na época e não sabia muito bem o que fazer comigo."[1]

Hoje, Darren é um dos grandes storytellers de sua geração. Ele ganha mais de US$ 1,5 milhão por ano com palestras sobre o assunto e, como editor da revista Success, é um grande conhecedor do potencial humano. Talvez você já não se surpreenda, a esta altura do livro, que há uma ligação entre seu desfavorável começo e seu enorme sucesso.

A sensação de abandono de Hardy é a razão pela qual ele é "tão autoconfiante, motivado, guiado por metas e objetivos e focado em resultados". Muitas pessoas passaram por processos similares quando crianças e continuaram carregando essas feridas pela vida adulta. Hardy, no entanto, resolveu transformar a adversidade em vantagem. "Foi minha infância problemática que me tornou o adulto empreendedor de hoje", diz ele.

Hardy nem sempre jogou tanta luz sobre sua infância. "Não sou um contador de histórias nato. Tive de trabalhar muito para isso",[2] disse-me. Só depois de anos estudando comunicação e persuasão ele se deu conta de que deveria revisitar sua infância e torná-la protagonista de suas apresentações. "As pessoas não querem ouvir sobre suas conquistas e seu sucesso até saberem que você entende os fracassos delas. Ao falar sobre suas lutas e seus fracassos pessoais, você se conecta emocionalmente com a plateia. Você se torna acessível e ela, e ela se identifica com você. Ao conseguir estabelecer essa ligação emocional, você consegue levá-la para onde quiser."

AS FERRAMENTAS DOS STORYTELLERS

Hardy acredita que o cérebro humano evoluiu de modo a garantir as ferramentas para a sobrevivência. "Ele também esconde um grande segredo para o sucesso: a motivação. Você pode reprogramar sua mente e usá-la para lhe dar superpoderes."[3] Tudo o que você tem de fazer é "encontrar sua luta".

O que todos precisam é de um grande adversário, de acordo com Hardy. "Davi tinha Golias. Luke tinha Darth. A Apple tinha a IBM, depois a Microsoft... Um bom inimigo é aquele que lhe dá razão para querer lutar. Uma nêmesis o desafia e faz com que você encontre e use seus dons, habilidades e talentos ao máximo. Ter de lutar o desafia e o leva a vencer. É com a luta que você vai mais longe, fica mais forte e consegue aguentar por mais tempo – o que jamais conseguiria se não tivesse lutado."[4]

A luta. A nêmesis. O vilão. Toda grande história tem um, e toda grande história de vida também. Líderes inspiradores celebram seus fracassos e abraçam suas batalhas. A pergunta é: por quê? Por que a tensão e o triunfo devem estar presentes em todas as grandes histórias? Por que nós, humanos, temos de passar por lutas para construir um personagem central forte em nossa narrativa de vida? Assim como a pressão dá valor ao diamante, à pérola e à uva, grandes contadores de histórias transformam luta em força, conflito em confiança e tensão em triunfo. Como se vê, contamos histórias não apenas como instinto de sobrevivência, mas também para deixarmos um legado para a próxima geração.

A temática de luta e redenção é tão antiga quanto a civilização em si. "As consequências catárticas ou transformadoras do sofrimento humano são temas de tragédias gregas. A literatura, em suas mais variadas formas, no mundo inteiro e por milhares de anos, vem lidando com propósitos e mudanças que emergem da luta com a tragédia, o sofrimento e a perda",[5] escrevem os doutores Richard Tedeschi e Lawrence Calhoun.

Tedeschi e Calhoun são professores de psicologia na University of North Carolina. Eles são pioneiros no campo de "crescimento pós-traumático". Os pesquisadores estudam como as experiências traumáticas (como doença, perda de ente querido, abuso) levam muitas pessoas a reestruturar esses eventos e encontrar significado e propósito para a vida *por causa* deles. Elas transformam o trauma em vantagem e se tornam pessoas melhores – e melhores contadoras de histórias.

No modelo de crescimento pós-traumático de Calhoun e Tedeschi, uma pessoa vivencia um "evento sísmico" que interrompe sua narrativa interna, a história que esperava que sua vida tivesse. Esse acontecimento leva à "reflexão", pela qual ela passa a analisar e tentar entender tudo o que ocorreu. O período de reflexão é seguido pela "autorrevelação", quando a pessoa se sente confortável escrevendo e falando sobre o evento. Ela também acaba ficando ansiosa para compartilhar como o ocorrido a mudou para melhor.

SERES HUMANOS SÃO STORYTELLERS POR NATUREZA

Nosso cérebro adora e precisa de uma boa história de superação. Em 1993, o dr. Dan McAdams, professor de desenvolvimento humano na Northwestern University, publicou *The Stories We Live By* [As histórias pelas quais vivemos]. Com base em dez anos de pesquisa, ele explora como nossos mitos pessoais – narrativas internas – formam nossa identidade. "A mente humana é, acima de tudo, um veículo para contar histórias. Nós nascemos com uma mente narrativa",[6] escreve McAdams.

O professor identificou diversos componentes de storytelling que até mesmo as narrativas internas devem conter: personagens (herói/vilão), conflito e, sim, final feliz. Quando algo traumático acontece em nossa vida, nossa mente entra em "modo storytelling", esboçando uma narrativa da qual nós – os heróis – emergiremos "mais felizes, mais adaptados, mais esclarecidos ou, de alguma forma, melhores".

Há uma boa razão pela qual nós, seres humanos, estamos programados para compartilhar histórias e apreciar ouvi-las: precisamos disso! As histórias não apenas garantem nossa sobrevivência como espécie, mas também nos ajudam a tirar algo de bom das ocorrências negativas que inevitavelmente viveremos. Transformar experiências negativas em positivas é tão importante para nossa sobrevivência e felicidade que nós mesmos fazemos o papel de roteiristas de nossa narrativa de vida, revisando, reformulando e retrabalhando o roteiro. Toda história – até aquelas que contamos para nós mesmos – precisa de um herói, uma luta e um final feliz.

OS HERÓIS NOS DESAFIAM A REFORMULAR NOSSA NARRATIVA INTERNA

Nossa narrativa interna molda nosso destino. Uma boa história, como já discutimos, requer uma luta e um vilão a superar. Quando Hardy estava no ensino médio, uma professora lhe disse: "O sucesso definitivamente não está em seu DNA". Com essa narrativa, a professora de Hardy, sem desconfiar, colocou-se no papel de vilã na história de vida dele. Se a teoria de McAdams estiver correta, Hardy deveria revisitar sua história de vida e compor uma narrativa interna que daria a esses eventos um propósito e um significado, o que ele faria quando atingisse a "meia-idade". E foi exatamente o que Hardy fez em seu livro *The Entrepreneur Roller Coaster* [O empreendedor montanha-russa], escrito quando tinha 44 anos.

"Não. Meu DNA não é especial",[7] escreve Hardy. "Você é o criador de seu destino. A ideia de que 'eles nasceram para ser bem-sucedidos e eu não' é um truque da imaginação. É uma armadilha do pior tipo, e a única forma de fugir disso é criar um paradigma de 'futuro de sucesso'."

Ele reforça sua narrativa com histórias de heróis que não tiveram uma educação perfeita, nem as amizades certas, e teriam sido classificados, desde cedo, como não tendo DNA para o sucesso. "Richard Branson é disléxico e teve um desempenho acadêmico fraco quando estudante. Os pais de Steve Jobs o tiveram quando eram universitários e, não querendo criá-lo, colocaram-no para adoção. O pai de Mark Cuban era estofador de automóveis. Ele começou como bartender e conseguiu um emprego vendendo softwares, do qual foi demitido."[8]

A lista continua. Hardy lembra seus leitores de que "o pai de Suze Orman criava galinhas. O general reformado Colin Powell era um estudante nota C. Howard Schultz, CEO da Starbucks, nasceu em um conjunto de moradias populares no Bronx... Barbara Corcoran começou como garçonete e admitiu que foi demitida de mais empregos do que a maioria das pessoas tem em uma vida inteira. Pete Cashmore, CEO do Mashable, vivia doente quando criança e terminou o ensino médio dois anos depois do normal por causa de complicações médicas. Ele nunca foi para a faculdade". O que esses líderes e storytellers inspiradores têm em comum? Reescreveram suas narrativas internas e atingiram grande sucesso.

"As biografias dos heróis possuem elementos em comum. Tornar-se um é o mais importante",[9] escreve Chris Matthews em *Jack Kennedy, Elusive Hero* [Jack Kennedy, herói elusivo]. Matthews relembra seus leitores de que o jovem John F. Kennedy era um garoto doente e ficou acamado boa parte da juventude. E o que ele fazia enquanto batia recordes de permanência na enfermaria da escola? Lia vorazmente. Lia histórias de heróis nos livros de Sir Walter Scott e nos contos do rei Artur. Lia e sonhava ser o herói de sua história. Quando chegou a hora, Jack estava pronto.

Às 2h30 de 2 de agosto de 1943, Kennedy, o capitão responsável por um barco torpedeiro em patrulha durante a Segunda Guerra Mundial, teve a chance de ser o herói de sua história. Um contratorpedeiro inimigo atingiu o barco, partindo-o ao meio. Dois dos treze tripulantes morreram. Um deles ficou gravemente ferido e com certeza morreria se precisasse nadar sozinho para um lugar seguro. Kennedy, então, segurou uma das tiras do colete salva-vidas do homem entre os dentes e nadou por quatro horas, rebocando-o, até uma pequena ilha inabitada, de apenas 64 metros de comprimento. "Com a coragem e a capacidade física que ele demonstrou a si mesmo, Jack Kennedy transformou seus anos de fragilidade e sofrimento na confiança pessoal e pública que o levou para a frente",[10] escreve Matthews. As histórias de heróis e de ações heroicas nos desafiam a reescrever nossas narrativas interiores.

Em março de 2015, a Disney lançou um remake de *Cinderela*, com atores reais. O filme liderou as bilheterias em sua primeira semana e tornou-se um dos que mais arrecadaram durante o mês de março na história. Até mesmo alguns executivos da própria Disney relataram estar surpresos com o resultado, porque, como disse um chefe de distribuição, "as pessoas já sabem como é a história". Minhas duas filhas pertenciam a esse grupo, mas conhecer a história não as impediu de levar o papai para assistir ao filme duas vezes.

É difícil para alguém ignorar a história da Cinderela. O filme começa com "Ella" vivendo uma vida encantada. O conflito se inicia quando o pai de Ella morre e a jovem é forçada a viver com sua terrível madrasta e suas malvadas filhas, que passam a chamá-la de Cinderela [*cinder* significa "cinzas", em inglês] porque, como faz todas as tarefas domésticas, entre as quais limpar a lareira, seu rosto está sempre sujo e coberto de cinzas. Embora o sucesso não pareça estar em seu DNA, a jovem encontra seu príncipe, o perde e, finalmente, o reencontra, e eles vivem felizes para sempre. Em uma das últimas cenas do filme, Ella passa a usar o nome Cinderela; reconstruiu a própria narrativa para dar àquelas cinzas novo significado. A história é atemporal porque combina perfeitamente com o modo como nossa mente é construída, para consumir e apreciar conteúdo. Como Gregory Berns, neurocientista da Emory University, aponta em seu livro *Satisfaction*: "O caminho para experiências gratificantes passa pelo terreno do desconforto".

Nossas narrativas pessoais e os personagens dessas histórias formam nossa identidade. O motivo pelo qual as histórias de grande superação jamais se tornarão velhas é que nossa mente está condicionada a amá-las. Nós encontramos sentido e significado para nossa vida na forma de histórias. Criamos narrativas interiores para modelar nossa identidade e dar propósito e sentido a nossa vida, para deixarmos um legado. O storytelling não é algo que fazemos. O storytelling é algo que nos faz ser quem somos.

O SEGREDO DOS STORYTELLERS

Storytellers inspiradores recriam suas narrativas pessoais de maneira a dar a sua vida um propósito e um significado. Fazendo isso, motivas as outras pessoas a sonhar mais e a realizar tudo o que forem capazes de alcançar.

CAPÍTULO 25

O HOSPITAL QUE STEVE JOBS TERIA CONSTRUÍDO

"Eu dificilmente conseguiria imaginar a medicina sem as histórias médicas." – Dr. Oliver Sacks

Se a Apple Store fosse um hospital, seria bastante parecida com o Walnut Hill Medical Center, no coração de Dallas. Em abril de 2014, a imprensa noticiou a inauguração de um hospital no norte da cidade, com oito andares e dezesseis leitos para tratamento intensivo, além de uma sala de emergência com dez leitos e quatro apartamentos para cuidados cardíacos.

Os "fatos" fazem com que o Walnut Hill seja igual a qualquer outro hospital. Os fatos não contam a história. Os fatos não explicam por que é mais difícil conseguir um emprego nesse hospital do que ser aceito em Harvard. Os fatos não explicam por que o hospital é diferente de quase todos os outros que você já viu, atraindo visitantes de lugares tão distantes quanto a China, que procuram aprender seus segredos. Os fatos não contam que o hospital está reinventando o conceito de cuidados com a saúde. Os fatos necessitam de storytellers para soprar vida neles. No Walnut Hill, um cardiologista de Dallas é o storyteller-chefe.

A cada duas semanas, o dr. Rich Guerra dá início à orientação de novos funcionários. Sua apresentação é direcionada a motivar os homens e mulheres que decidiram devotar todo o seu trabalho àquele hospital em particular. "Hoje eu quero dividir com vocês a história de como chegamos até aqui e por que fazemos o que fazemos",[1] começa o médico.

Pelos 60 minutos seguintes, Guerra leva seus espectadores a uma jornada narrativa que descortina a visão do hospital e mostra como seus funcionários podem trabalhar juntos para reinventar e redesenhar toda a experiência hospitalar.

Os pacientes que chegam ao Walnut Hill logo descobrem que ele é diferente de todos os hospitais em que já entraram antes. Um manobrista pega o carro e cumprimenta calorosamente o recém-chegado, dando informações claras sobre o lugar para onde ele deve se dirigir. Como o manobrista é a primeira e a última pessoa que os pacientes verão no hospital, todos eles são especialmente treinados para atendê-los bem. Na verdade, independentemente do cargo, todos no hospital são treinados em práticas de acolhimento e hospitalidade.

AS FERRAMENTAS DOS STORYTELLERS

Os primeiros 15 minutos da apresentação de Guerra não são sobre o hospital. Ele conta histórias sobre a Apple Store, o Ritz-Carlton, a Zappos, a Disney, a Starbucks e a Virgin. Fazendo isso, ajuda a audiência a compreender como essas marcas reinventaram as categorias a que pertencem, usando, todas, técnicas similares de tratamento aos clientes. O Walnut Hill, por sua vez, reinventará a indústria de cuidados com a saúde. Guerra explica que a missão da Disney não é construir parques temáticos; é "criar felicidade". O Ritz-Carlton não está no ramo de providenciar apenas camas, e sim no de realizar todos os desejos de seus hóspedes. A Starbucks não só vende café, mas também inspira e nutre o espírito humano. "Temos de refletir sobre o que fazemos em medicina. Estamos presentes no começo da vida e também no final. Estamos aqui para enriquecer vidas. Isso é o centro de tudo o que fazemos", explica Guerra.

Uma vez que a plateia de Guerra aprende sobre as marcas que inspiraram o Walnut Hill, torna-se mais fácil entender a razão de estratégias como a "regra 5-1,5": a 5 metros de distância de um paciente ou visitante, o funcionário tem de fazer contato visual; a 1,50 metro, deve cumprimentá-lo com um "olá" e, caso pareça confuso, perguntar-lhe se precisa de ajuda. Guerra esclarece que o hospital adotou essa estratégia com base em estudos feitos sobre as técnicas de hospitalidade usadas por cadeias de hotéis como o JW Marriott.

Muitas pessoas passam por sessões de orientação na escola ou no trabalho. Na maioria dos casos, elas são encorajadas a ler um material com informações que lhes é entregue. Se a intenção, contudo, é motivá-las a realizar algumas atividades específicas em seu dia a dia, esse material é muito menos eficaz do que as histórias. A apresentação de orientação de Guerra no Walnut Hill é parecida com o programa da Disney "Traditions", direcionado a todos os novos funcionários – membros do elenco –, com frequência obrigatória antes de trabalharem nos parques temáticos. Como um facilitador salientou, a meta do "Traditions" não é colocar pessoas na Disney; é colocar a Disney nas pessoas. E isso é feito utilizando os atuais membros do elenco, que consideram uma honra compartilhar suas histórias durante o processo de orientação. "Não subestime o poder de um bom programa de orientação para criar um retrato da organização e de sua cultura",[2] afirma o Disney Institute. "Ainda que a história, a missão e os valores de nosso negócio possam parecer tão familiares para nossos novos funcionários quanto sua história de infância preferida, a chance de que nunca tenham ouvido falar deles antes é enorme."

NÃO ESTAMOS QUEBRANDO PEDRAS: ESTAMOS CONSTRUINDO UMA CATEDRAL

No Walnut Hill, a cada funcionário é dado um crachá com nome e foto. Atrás do crachá, eles encontram os seis passos para um bom serviço, sintetizados no acrônimo W-E-C-A-R-E [Nós nos importamos]. Cada colaborador é treinado a seguir os seis passos em toda interação com os clientes: dar boas-vindas calorosas; estabelecer empatia; comunicar-se e conectar-se; abordar o problema; resolvê-lo, assegurando confiança; e, finalmente, encerrar com uma afetuosa despedida. Esses passos foram diretamente inspirados no Ritz-Carlton e na Apple Store, pois ambos adotaram, com sucesso, passos parecidos para elevar a experiência dos clientes.

Se aos novos contratados simplesmente fosse dado um pedaço de papel ou um crachá com os passos para um bom serviço, e a eles fosse pedido que seguissem esses passos, a estratégia certamente falharia. As pessoas costumam seguir regras para manter o emprego, mas elas superam as expectativas quando seu trabalhos têm significado. E, como Guerra aprendeu, as histórias carregam significado. Elas invocam emoções que fazem com que as pessoas sintam mais profundamente, tornando-as mais suscetíveis de interiorizar hábitos e práticas que impulsionarão as marcas. Guerra sabiamente mistura histórias reais de funcionários que realizam um serviço excepcional com fábulas como a seguinte:

> Imagine que você vive na Idade Média e está viajando pelo interior do país. Há todo tipo de poeira, barulho e coisas acontecendo. Você cruza com um homem com um martelo na mão, e ele está quebrando pedras.
> "O que está fazendo?", você pergunta.
> O homem responde: "O que lhe parece? Estou quebrando pedras!".
> Você continua seu caminho e encontra outro homem, que também está com um martelo na mão quebrando pedras.
> "O que está fazendo?", você pergunta.
> "Estou garantindo meu ganha-pão", responde ele.
> Você caminha mais e mais e vê outro homem na mesma atividade. Ele tem um martelo e está quebrando pedras.
> "O que está fazendo?", você pergunta.
> "Estou construindo uma catedral."
> Esse último homem não vê o que está fazendo como algo trivial. Ele é parte de algo maior. Não queremos pessoas que estejam aqui para quebrar pedras. E, se você está aqui pelo ganha-pão, este lugar provavelmente não é o mais indicado para você. Mas, se você está aqui para fazer algo maravilhoso, este é o lugar a que você pertence.

Tome nota de dois elementos na história de Guerra. Primeiro, é curta. Guerra conta a história sobre o homem e o martelo em menos de

60 segundos. Segundo, ele rapidamente amarra a história com o papel da plateia de criar experiências positivas com os pacientes.

No artigo "An integrative review of storytelling" [Uma revisão integrativa do storytelling], o professor Robert Gill aponta que os líderes que contam histórias corporativas reforçam os laços de engajamento dos funcionários, o que acaba por aumentar a reputação da empresa. Os colaboradores que interiorizam a visão da organização por meio de histórias tornam-se "campeões em reputação". De acordo com Gill, "as histórias fazem com que a equipe se identifique com o narrador em um nível pessoal e, por meio da interpretação, assuma uma espécie de propriedade em relação ao modo como a marca é representada. [...] As histórias podem ser usadas em empresas como forma de motivar pessoas e de criar uma mensagem memorável o suficiente a ponto de elas abraçarem a causa e agirem".[3]

A equipe do Walnut Hill certamente se tornou campeã em reputação. De boca em boca, essa reputação passou a se espalhar menos de um ano depois de o hospital abrir as portas. O Walnut Hill recebeu 9 mil candidatos em seu primeiro ano. Apenas 3,2% deles foram selecionados para trabalhar lá, o que faz com que seja mais difícil entrar para o Walnut Hill Medical Center do que para Harvard.

A HISTÓRIA DE VIDA QUE CONTAGIA 200 FUNCIONÁRIOS

Howard Leonhardt é pioneiro no tratamento de doenças cardiovasculares. Ele inventou o sistema de enxerto de um stent endovascular para o tratamento reparador de aneurisma da aorta, um dispositivo médico que já salvou centenas de milhares de vidas. Embora Leonhardt fosse um inventor, ele aprendeu rapidamente que precisaria desenvolver suas habilidades como storyteller se quisesse realmente ter sucesso. "Se você está na área da biotecnologia, está na área do levantamento de capital por excelência",[4] disse-me ele. "O CEO de uma companhia de biotecnologia passa 50% de seu tempo levantando capital. O storytelling é uma das habilidades principais", revelou-me.

Na primavera de 1997, a empresa de Leonhardt já contava com cerca de 200 funcionários quando ele recebeu uma ligação inesperada em casa. Ele conta a história no tempo presente.

> São 3h00 e meu telefone em Fort Lauderdale, Flórida, toca. Eu atendo, e é o dr. Barry Katzen, diretor do instituto cardiovascular de Miami. Estávamos fazendo pesquisas juntos sobre o enxerto do stent TALENT. "Howard, perdão por ligar a esta hora, mas estamos com um problema. Temos um paciente com um aneurisma da aorta torácica que se rompeu. Eles não querem abrir o peito dele e cortar suas costelas para mexer no coração porque acreditam que, ao fazerem isso, ele ficará fraco demais para sobreviver. Felizmente, é um rompimento bem pequeno. Está vazando apenas um pouco de sangue no peito a cada batida do coração. Eles querem usar um de seus enxertos de stent em vez de fazer uma cirurgia com o peito aberto."
>
> "Se precisam disso em Miami, tudo bem, eu pego e levo."
>
> "Bem, essa é a segunda parte. O paciente está em Viena, Áustria. Há um voo às 6h00 direto para lá, saindo de Miami, e eles acreditam conseguir mantê-lo vivo até você chegar."
>
> Eu dirijo até nossas instalações, pego uma porção de stents de tamanhos variados em nosso depósito, jogo todos em minha maleta e consigo chegar ao aeroporto às 5h00. Desembarco, tomo um táxi e corro para o hospital da Universidade de Viena."

Na cena seguinte, Leonhardt descreve a situação que ele e a equipe médica enfrentaram.

> No hospital, a equipe médica me diz: "Por que você demorou tanto? Tentamos introduzir o cateter pela virilha para chegar até o aneurisma e, depois de tanto esforço, vimos que ele tem uma anatomia fora dos padrões. Não conseguimos chegar ao aneurisma porque há uma curva na artéria femoral. Descobrimos, então, uma forma de introduzir o stent. Soltamos o enxerto acima do aneurisma e isolamos a bolha. Fechamos

bem. O vazamento no peito parou. A pressão arterial voltou ao normal e ele está bem".

Se a história terminasse por aí, Leonhardt já teria oferecido à equipe uma boa lembrança do valor de seu trabalho. O que aconteceu a seguir deu às pessoas uma história de que se lembrariam para sempre.

> O dr. Mendel me leva para a sala de espera, onde há duas mulheres: a esposa e a filha do homem que salvamos. Elas parecem preocupadas. O dr. Mendel começa a falar com elas em alemão. "Quero lhes apresentar o dr. Leonhardt. Ele é o inventor do equipamento que salvou a vida de seu marido e viajou para cá de Miami. Acreditamos que seu marido não estaria mais aqui se o dr. Leonhardt não tivesse feito isso."
> As duas mulheres levantam os olhos e dizem duas simples palavras: "Muito obrigada". Observo a filha. Ela tem 16 anos. Imagino que ela concluirá o ensino médio, depois se casará, terá filhos. Se não tivéssemos sido bem-sucedidos, aquele pai teria perdido todas essas coisas, e ela teria perdido o pai.

Quando Leonhardt retornou à Flórida, fechou temporariamente as portas da empresa e chamou os 200 funcionários para a área de produção. Contou a história para todos eles – era, talvez, a melhor oportunidade que teria para dizer-lhes que seu trabalho significava mais do que apenas uma ocupação. Eles estavam no ramo de salvar vidas, de dar aos outros mais tempo com a família. Há um rosto e uma história atrás de cada vida que salvam.

Quando você vive uma experiência desse calibre, fica difícil ir para outra linha de trabalho. Quando sente a imensa importância do trabalho que faz, fica difícil fazer qualquer outra coisa. Mesmo que a medicina seja sobre fatos e dados, a força motriz que engaja as pessoas (funcionários, investidores, consumidores) é a história humana daquilo que estão fazendo. Repetidamente, percebemos que colocar isso em termos humanos é a maneira mais eficiente de engajarmos aqueles três grupos.

AS HISTÓRIAS DÃO ALMA À CIÊNCIA

Oliver Sacks foi um dos maiores nomes da medicina de nosso tempo. Você deve se lembrar do filme que o tornou famoso: *Tempo de Despertar*, com Robin Williams como o médico que descobriu a L-Dopa, uma espécie de dopamina, como terapia para pacientes presos a um estado catatônico por décadas. O filme foi baseado no livro de mesmo nome escrito por Sacks. Ele descreveu *Tempo de Despertar* não como um livro médico, mas como um livro de 20 biografias. Podemos dizer, também, um livro de 20 histórias.

Sacks cresceu em uma família de médicos. Todas as noites, a conversa na mesa de jantar tomava a forma de histórias – histórias de médicos reais e pacientes reais. Aquelas histórias, que "fascinavam e apavoravam" o jovem Sacks, guiaram-no para seguir a carreira de medicina. "A fome de narrativa e de histórias sempre foi muito forte em mim, e é uma necessidade para todos",[5] disse Sacks certa vez. Na faculdade, os seus professores viam casos; Sacks via pessoas e queria saber suas histórias. "Eu me lembro de pouquíssimas coisas das aulas de lá, mas, por outro lado, me lembro de todos os pacientes que vi."

Sacks passou a ser um grande defensor da medicina narrativa. Seu famoso livro *O Homem que Confundiu sua Mulher com um Chapéu* é uma série de histórias retiradas de seu trabalho como neurocirurgião.

"Cada um de nós é uma biografia, uma história",[6] escreve ele. "Biológica e fisicamente, não somos tão diferentes uns dos outros; historicamente, como nas narrativas, cada um de nós é único." O autor argumenta que a ciência empírica "não leva em conta a alma".

Quando uma história médica aquece o coração de uma pessoa e esse coração pertence ao bilionário Mark Cuban, essa história pode ter um impacto profundo.

Em 2015, no festival South By Southwest, em Austin, Texas, ocorreu uma peculiar competição de apresentações de empresas dedicadas à medicina pediátrica. Kezia Fitzgerald era uma das participantes e tinha três minutos para apresentar-se para Mark Cuban e um grupo de jurados.

Fitzgerald percebeu que, como teria apenas três minutos para apresentar seu produto, precisaria tocar o coração dos jurados – e não havia melhor maneira de fazer isso do que compartilhar a própria história.

Conforme seu marido ia avançando os slides (uma série de fotografias), Fitzgerald contou a história de quando foi diagnosticada com câncer, em 2011.[7] Quatro meses depois, sua filha, Saoirse, ainda bebê, também desenvolveu câncer, um neuroblastoma em estágio 4. Um cateter foi colocado nela para infundir medicamentos diretamente em sua corrente sanguínea. Aos 11 meses de idade, a primeira reação de Saoirse era puxar e mastigar o tubo. Se o tubo ficasse preso em alguma coisa, saísse ou quebrasse, precisaria ser substituído por outro em uma cirurgia de emergência. Esparadrapo foi a única solução que ofereceram para os Fitzgerald, mas não funcionou muito bem. O casal, então, desenvolveu uma manga longa feita de algodão e elastano, que impede que as crianças fiquem mexendo nos cateteres. É uma solução simples que resulta em menos irritações, menos infecções e sono melhor e ainda deixa a criança livre para ser, justamente, criança. Os Fitzgerald montaram a CareAline para tornar essa manga disponível para pacientes de todo o mundo.

Cuban estava imerso na história. Sua primeira pergunta foi: "Como está sua filha hoje?". Ficou visivelmente abalado ao ouvir de Fitzgerald que a menina tinha morrido. Sem pedir nenhum retorno financeiro, Cuban ofereceu-se para comprar mil mangas, colocar nelas o logo do Dallas Mavericks (o time de basquete do qual é dono) e apresentar os produtos para os hospitais de Dallas. Fitzgerald contou-me que começou a apresentação com sua história pessoal não porque queria que os juízes sentissem pena dela, e sim porque essa era a única maneira que conhecia para demonstrar sua paixão pelo produto. "Não é apenas um produto de mercado para a comunidade médica; é uma necessidade real. Além de ser uma forma de manter o nome e o legado de nossa filha vivos."[8]

Fitzgerald não tem MBA nem uma carreira em marketing. Frequentou a escola de artes e tornou-se fotógrafa. O quadro que ela pintou naquele dia, contudo, conseguiu o primeiro lugar na competição de apresentações, ganhou o apoio de Cuban e pavimentou o caminho para ajudar crianças e adultos que passam pelo tratamento de câncer.

As histórias dão alma à condição humana. Na indústria de cuidados com a saúde, o storytelling leva a diagnósticos e tratamentos mais eficazes. Em empresas de qualquer tipo, cria marcas campeãs que são motivadas a fornecer um serviço e um tratamento excepcionais a todo cliente e a todo paciente.

O SEGREDO DOS STORYTELLERS

Líderes de sucesso motivam suas equipes com histórias que narram o cenário atrás da missão, do propósito e da visão da companhia. As pessoas não se importam com o modo como deveriam fazer seu trabalho até entenderem por que o estão fazendo.

CAPÍTULO 26

STEVE WYNN

UM MAGNATA DA HOTELARIA TRANSFORMA 12 MIL FUNCIONÁRIOS EM HERÓIS DO SERVIÇO AO CLIENTE

"O storytelling mudou minha vida e meus negócios."– Steve Wynn

Steve e sua esposa casaram-se quando eram jovens. Eles estavam quebrados e não tinham dinheiro suficiente para a lua de mel. Quando Steve ganhou a oportunidade de supervisionar uma pequena transação comercial em Las Vegas, decidiu dar à mulher a viagem que eles não tinham conseguido pagar. Mal sabia ele que aquela pequena aventura transformaria a cidade que eles estavam visitando.

O casal decidiu aproveitar o feriado de Ação de Graças de 1965 em Palm Springs antes de seguir para Vegas. Eles foram jantar em um restaurante chamado Ruby's Dunes. Por acaso e por um golpe de sorte, Frank Sinatra estava na mesa ao lado e levantou-se para cumprimentar o empresário que tinha convidado Steve para desenvolver um novo hotel na área de Vegas. "Em que hotel vocês ficarão em Las Vegas?",[1] perguntou o famoso cantor ao casal. "Ficaremos no Dunes", respondeu Steve. "Não ficarão, não. Vocês ficarão no Sands, como meus convidados", ofereceu Sinatra. Ele também convidou o casal para um show. Quando Steve e sua mulher, Elaina, chegaram à casa de shows em Vegas, foram levados até a primeira fila para assistir à maior peça em cartaz nos Estados Unidos da época, *Rat Pack*. Junto de Sinatra, no palco, estavam Sammy Davis Jr., Dean Martin, Peter Lawford e Joey

Bishop. O casal sentou próximo às maiores estrelas de Hollywood daqueles tempos: Lucille Ball, Elizabeth Taylor, Gregory Peck e Roger Moore. A peça era praticamente uma grande festa, pois os artistas conheciam quase todo mundo na plateia. Sinatra estava reconhecendo o terreno quando viu Steve e perguntou: "Gostou de seu lugar, garoto?".

Steve não tinha intenção alguma de permanecer em Las Vegas. O jovem de 23 anos só queria levar sua mulher para viajar de férias. A experiência, contudo, tocou-o tão profundamente que ele decidiu que ficaria e...

Pelos 50 anos seguintes, Steve Wynn transformaria Las Vegas de uma cidade espinhosa com alguns motéis e pequenos cassinos no meio do deserto na meca das apostas e da diversão que é hoje. Wynn construiu o Mirage em 1989. Com valor estimado em US$ 600 milhões, era o hotel mais caro da época; logo depois, o empresário ultrapassou esse valor com o Bellagio. Atualmente, Wynn é fundador e presidente da Wynn Resorts, supervisionando os hotéis que carregam seu nome em Las Vegas e em Macau, na China.

Você certamente pensa que um magnata do setor hoteleiro que vale US$ 4 bilhões sabe tudo sobre o ramo da hospitalidade. Wynn sabe muito, de fato, mas admite que só recentemente descobriu o segredo que "mudou meus negócios e minha vida". O segredo é o storytelling.

AS FERRAMENTAS DOS STORYTELLERS

Para compreender como o storytelling transformou o negócio de hospitalidade de Wynn, é necessário entender o que ele chama de "a força mais poderosa do universo": a autoestima. "Se você conseguir fazer alguém sentir-se bem consigo mesmo, essa pessoa passará a amá-lo por isso. Ela será leal a você. Se conseguir fazer alguém se sentir melhor sobre si mesmo, você acertou na loteria. É o tiro certeiro das relações humanas",[2] diz.

Steve Wynn descobriu uma técnica que venho recomendando desde meu sexto livro, *A Experiência Apple*. Eu a chamo de "histórias surpreendentes". Veja como funciona na Wynn Resorts: é prática corriqueira nos hotéis da rede que o supervisor de cada departamento convoque uma reunião antes de cada turno. Por exemplo, os gerentes dos restaurantes se reúnem com os garçons; os chefs, com os cozinheiros; as supervisoras, com as camareiras. No começo, as reuniões eram apenas táticas, uma forma de compartilhar informações com os funcionários para que cumprissem suas tarefas naquele dia. Anos depois, contudo, Wynn começou algo novo e incrivelmente eficiente – incrivelmente porque é simples, de graça e funciona como mágica. O supervisor passou a fazer esta pergunta à equipe:

> **Alguém tem alguma história sobre uma ótima experiência com o cliente que gostaria de compartilhar?**

Em uma dessas primeiras reuniões, um mensageiro contou a história a seguir.

Um casal tinha feito check-in no hotel. O mensageiro perguntou se todas as bagagens estavam no carrinho. A mulher entrou em pânico porque percebeu que havia esquecido a maleta de medicamentos na mesa em frente ao corredor, em casa. Seu marido era diabético e necessitava de insulina. Ela também precisava de remédios prescritos. O mensageiro perguntou onde eles moravam.

"Pacific Palisades, em Los Angeles",[3] respondeu a mulher.

"Alguém está em casa?", indagou o mensageiro.

"A empregada estará lá hoje."

"Meu irmão mora em Encino. Não é muito longe de sua casa. Se alguém estiver lá, ele pode passar para pegar a maleta de remédios", ofereceu o mensageiro.

"Mas precisamos dos remédios amanhã de manhã, às 7h00", disse a mulher.

"Não se preocupe, você os terá. Agora, vá aproveitar um delicioso jantar e uma boa noite de sono."

O mensageiro estava no início de seu turno. Ele ligou para o irmão para combinar e pediu autorização a seu supervisor para ir até Encino. O mensageiro pegou a maleta de remédios e voltou para Las Vegas às 4h00. O casal recebeu seus remédios às 7h00, quando acordou.

"Você acha que o hotel continuará sendo o mesmo para aquele casal?",[4] pergunta Wynn. "Esqueça os candelabros de cristal, o ônix, o mármore, os tapetes feitos à mão – isso não significa nada. Eles contarão aos amigos como este hotel é incrível."

TENHO 12 MIL FUNCIONÁRIOS PROCURANDO UMA HISTÓRIA

Poucos minutos depois de o mensageiro contar sua história, o pessoal de marketing do hotel, que havia gravado tudo, postou o vídeo na intranet da companhia. Eles fizeram um grande pôster com a foto do funcionário e a história contada e o colocaram na sala da equipe. O que aconteceu depois é fácil de prever, mas com implicações profundas. Os colaboradores passaram a procurar as próprias histórias para contar. Por quê? Por causa da força mais poderosa do universo: a autoestima. Eles queriam ser reconhecidos por seus pares.

"Agora, tenho 12 mil funcionários procurando uma história, alguém para ajudar",[5] diz Wynn. Uma pessoa de vendas que esteja de folga pode perceber alguém perdido e levá-lo até o lugar certo. "Talvez tome cinco minutos do tempo dele, mas ele terá uma história", continua o empresário. "E levará isso para a internet amanhã. Será um herói... É a força que faz com que um cara como eu durma bem à noite."

Wynn pode dormir confortavelmente à noite porque confia que milhares de seus funcionários ao redor do mundo estarão seguindo os passos necessários para criar uma experiência sensacional para o cliente. Eles querem ser os heróis das próprias histórias.

HISTÓRIAS SURPREENDENTES LEVAM A MELHORES EXPERIÊNCIAS DO CLIENTE

Uma empresa não precisa estar no ramo da hospitalidade para se beneficiar do compartilhamento de histórias surpreendentes em sua equipe. Eu apresentei essa técnica a uma franquia de restauração de tecidos chamada FRSTeam, presente em cerca de 50 endereços nos Estados

Unidos. Quando a casa de alguém é danificada por fogo ou enchente, as seguradoras usam a FRSTeam para a limpeza e restauração de roupas danificadas, estofamento e outros itens.

A empresa implantou o programa de "histórias surpreendentes" entre seus motoristas, que são os funcionários em melhor posição para criar momentos interessantes com o cliente. As histórias fizeram sucesso entre eles, que tentavam superar um ao outro em matéria de satisfação do cliente. Os motoristas começavam fazendo uma pergunta fundamental ao cliente: "Qual destes objetos significa mais para você?". Os supervisores os incentivaram a transformar esses objetos em histórias surpreendentes. Por exemplo, um cliente contou ao motorista que eles estavam muito chateados por uma fotografia ter sido danificada no incêndio. A FRSTeam não restaura fotos, mas o motorista, em seu tempo livre, usou o Photoshop para fazer a restauração. Ele emoldurou a foto e a devolveu para a família. Outra cliente disse que um celeiro velho em sua propriedade tinha um valor sentimental para ela. Uma vez mais, o celeiro em si não tinha nada a ver com os itens danificados que o motorista estava lá para recolher. Ele tirou uma foto do celeiro e pediu que um amigo fizesse um enfeite natalino com ela. Em outra história, um motorista desviou sua rota para devolver um ursinho de pelúcia limpo e restaurado para seu dono, no mesmo dia, para que a criança não sentisse falta de seu bichinho nem por uma noite. Os resultados foram tudo, menos brincadeira de criança. As avaliações sobre o serviço ao cliente da franquia atingiram níveis altíssimos depois da implantação das "histórias surpreendentes". A poetisa Maya Angelou disse que as pessoas esquecerão o que você disse e fez, mas nunca esquecerão como você as fez sentir. Esses motoristas fizeram seus clientes sentir que se importavam com eles.

De acordo com Steve Wynn, quando os funcionários acreditam que estão sendo tratados de modo justo, o valor do salário não se torna a principal questão para eles. Eles querem ser felizes. Querem sentir que desempenham papéis significativos. Querem ser celebrados. O storytelling faz exatamente isso. Eleve a autoestima de uma pessoa e você a terá conectado à mais poderosa fonte de energia disponível no planeta.

O SEGREDO DOS STORYTELLERS

Líderes de sucesso usam o storytelling para construir uma sólida cultura organizacional. Essa cultura é criada por funcionários leais na linha de frente, comprometidos e apaixonados por entregar uma experiência sensacional para cada cliente, sempre. Fazer com que os colaboradores vejam a si mesmos como os heróis da própria história de relacionamento com o cliente é a mágica para a criação de uma cultura organizacional imbatível.

CAPÍTULO 27

HERB KELLEHER

UMA IDEIA REVOLUCIONÁRIA QUE GANHOU VIDA NO VERSO DE UM GUARDANAPO

"Se você não consegue explicar uma ideia de maneira rápida e sem muitos detalhes, ela é uma porcaria." – Sir Richard Branson

O St. Anthony Hotel, em San Antonio, Texas, tem uma longa e romanceada história. O presidente Lyndon B. Johnson passou sua lua de mel lá, e o primeiro filme a ganhar o Oscar de Melhor Filme, *Asas*, foi rodado naquela propriedade. No entanto, sua mais famosa história, provavelmente, não envolve nem presidentes nem Hollywood. Aconteceu no restaurante do hotel, o St. Anthony Club.

Em um dia de 1966, dois homens se encontraram para beber uns drinques no bar do hotel. Um deles era um empresário do Texas; o outro, um advogado beberrão e fumante inveterado. Herb Kelleher e Rollin King estavam discutindo um plano de negócios, rascunhando-o no verso de um guardanapo. Primeiro, um dos homens desenhou um triângulo no centro do guardanapo. No alto do triângulo, escreveram "Dallas"; no canto inferior esquerdo, "San Antonio"; e no canto inferior direito, "Houston". A visão deles era simples: criar uma pequena companhia aérea local que ligasse essas três cidades do Texas.

Aquele plano de negócios, rascunhado no verso de um guardanapo do St. Anthony Hotel, transformaria a vida de milhões de norte-americanos. Um ano depois, em 15 de março de 1967, o plano deles foi concretizado e recebeu o nome de Southwest Airlines.

Hoje, o guardanapo original é mantido exposto na sede da Southwest Airlines, em Dallas. A empresa vem, desde então, trilhando um longo caminho. É a maior companhia aérea do mundo, empregando 46 mil pessoas, levando mais de 100 milhões de passageiros por ano e gerando bilhões de dólares de lucros trimestrais em um setor em que eles têm se tornado cada vez mais escassos.

A Southwest democratizou os céus. Nos anos 1960, 80% dos norte-americanos nunca tinham viajado de avião. Apenas pessoas muito ricas conseguiam comprar uma passagem. Graças ao modelo adotado pela Southwest, os preços despencaram, e mais e mais pessoas passaram a poder voar. Hoje, mais de 90% dos norte-americanos já viajaram de avião, e cerca de 700 milhões de embarques são feitos por cidadãos dos Estados Unidos por ano. Se você considerar o fato de que os pilotos nunca foram tão bem treinados e voar nunca foi tão seguro como atualmente, a idade de ouro da indústria da aviação não foi ontem: é hoje. E muito do crédito vai para Herb Kelleher, Rollin King e o plano de negócios que coube em um guardanapo.

AS FERRAMENTAS DOS STORYTELLERS

Muitas empresas tentaram descobrir o segredo do sucesso da Southwest. "Tínhamos um dia específico para atendê-las. Elas vinham de todas as partes do mundo e estavam interessadas em nosso processo de contratação, treinamento, essas coisas",[1] contou Kelleher. "Então dizíamos: 'Trate bem suas pessoas e elas também tratarão você bem', e voltavam para casa desapontadas. Era simples demais!"

A cultura organizacional importa muito na Southwest. "Se você não tem essa cultura, não tem m**** nenhuma",[2] disse Kelleher certa vez, usando sua conhecida linguagem ácida. "Os concorrentes podem comprar ativos tangíveis, mas não comprar a cultura." Ele fez o que chamou de "um comprometimento audacioso": colocar funcionários em primeiro lugar, clientes em segundo e acionistas em terceiro. Até hoje, seus funcionários recitam o principal mantra de Kelleher: "Se os funcionários tomarem conta dele, ele tomará conta dos funcionários".

Diferentemente de muitos líderes que dão apenas uma palestra sobre a importância da cultura organizacional, Kelleher falava sobre isso incessantemente. Em muitas de suas apresentações para acionistas e funcionários, ele falava só sobre isso. Como um storyteller, entendia que a cultura não é algo que um comitê coloca no papel e segue em frente. Ao contrário, a cultura é uma história que deve ser partilhada todos os dias.

Em uma entrevista, o repórter perguntou a ele por que era tão difícil para as companhias aéreas concorrentes copiarem o sucesso da Southwest. Kelleher explicou a diferença com a seguinte história:

> Acho que a dificuldade deles é o aspecto cultural. Isso não pode ser copiado. Uma das coisas que demonstram o poder das pessoas é o fato de a United Shuttle ter passado a nos usar como exemplo em Oakland. Eles tinham todas as vantagens. Quer dizer, tinham assentos de primeira classe para aqueles que não querem outra coisa além disso. Tinham um programa global de milhas, que nós não tínhamos. Eles provavelmente gastaram de US$ 25 milhões a US$ 30 milhões em campanhas publicitárias. Eu devo ter algo como mil cartas em meu escritório que contam por que eles acabaram saindo de Oakland. As cartas dizem: "Herb, tentei viajar com eles, mas gosto mais de seu pessoal. Então, estou de volta". Jamais duvide, no ramo de serviços, da importância das pessoas e de sua atitude.[3]

Conforme a Southwest crescia, muitos especialistas diziam que seria mais difícil para a empresa manter sua base de funcionários amigável, capacitada e produtiva. Kelleher discordava. "Nossa missão é eterna. Nossa missão lida exclusivamente com pessoas. Isso não muda nunca, de maneira alguma",[4] explicava.

AS HISTÓRIAS TRANSFORMAM FUNCIONÁRIOS EM PALADINOS

As histórias sobre cultura organizacional são mais impactantes quando compartilhadas entre os funcionários. Uma das ferramentas de storytelling de Kelleher era executar simples gestos que repercutiriam em toda a empresa.

> Uma das coisas que fazemos é enfatizar que valorizamos nossas pessoas como pessoas, não apenas como trabalhadores. Em qualquer evento de sua vida, seja festivo ou de luto, a Southwest Airlines entra em contato com você. Se você perder um parente, entraremos em contato. Se estiver de licença por causa de uma doença séria, entraremos em contato, e isso se dará por telefone, carta, lembrancinhas enviadas por nós. Se você tiver um bebê, entraremos em contato. O que estamos tentando dizer para nosso pessoal é: "Ei, olhe só, nós valorizamos você como uma pessoa por completo, não apenas das 8h às 17h".[5]

Quando um funcionário recebe uma carta escrita à mão ou um telefonema do chefe, contará a outra pessoa, que contará a outra, que contará a outra. As histórias se perpetuam e reforçam a cultura organizacional. Conversei com um piloto da Southwest que repetia uma história que ouvira dez anos antes, de quando Kelleher descobriu que o filho de um funcionário havia morrido em um acidente de carro. O funcionário estava em Baltimore, e sua família, em Dallas. Kelleher mandou que um avião que seria enviado para manutenção de rotina fosse redirecionado, aterrissasse em Baltimore, pegasse o funcionário e o levasse para junto de sua família imediatamente. "Histórias como essa me deixam orgulhoso de trabalhar para esta companhia", disse o piloto.

AS HISTÓRIAS AGRUPAM PESSOAS EM UM OBJETIVO COMUM

Depois de construir uma das empresas mais admiradas dos Estados Unidos, Kelleher se afastou em 2007. Os pilotos, os comissários de voo e as equipes em terra que se lembram de suas histórias estão entre os funcionários mais leais que você encontrará em qualquer empresa, de qualquer setor, de qualquer país. Mas e quanto aos milhares de funcionários contratados todos os anos que não têm acesso ao privilégio de ouvir as histórias do fundador diretamente? Em geral, um contracheque é o suficiente para fazer com que as pessoas trabalhem, mas só uma proposta inspiradora, independente do pagamento, as encoraja a ir além. De acordo com o CEO da Southwest, Gary Kelly, a missão de uma companhia deveria ser responder à pergunta: "Por que existimos?". Ele complementa: "Nós existimos para conectar pessoas ao que é importante na vida delas por meio de viagens aéreas amigáveis, confiáveis e de baixo custo".[6]

Só o storytelling consegue juntar pessoas apaixonadas por algo em torno de um propósito comum. Toda semana, Kelly expressa publicamente sua gratidão aos funcionários que foram além de seus deveres para oferecer um ótimo serviço ao cliente. Todo mês, a revista da companhia traz a história de um colaborador que fez o mesmo. A empresa destaca comportamentos positivos com uma série de programas de reconhecimento e premiações. Por fim, vídeos corporativos estão repletos de exemplos reais e histórias que ajudam os funcionários a perceber como funciona cada passo do propósito da companhia.

AMIGÁVEL

Em um vídeo, Jessica, cliente da Southwest, fala sobre o dia em que ela e sua família foram se despedir do marido, que partia para o Kuwait em uma missão do Exército por seis meses. Kelli, uma agente do serviço ao cliente, viu a família e perguntou se eles gostariam de acompanhá-lo até o portão de embarque. "Aquilo nos deu mais 30 minutos para ficarmos juntos",[7] disse Jessica. Depois, outro funcionário perguntou se a família gostaria de entrar no avião. Os filhos do militar conseguiram dar um último abraço no pai, enquanto os outros passageiros vibravam.

CONFIÁVEL

As histórias sobre confiança na Southwest geralmente focam viagens de negócios (a Southwest é a companhia mais bem avaliada entre esses viajantes). Em um vídeo, uma empresária diz: "O embarque deles é o mais rápido, a entrega das bagagens é a mais rápida, e isso é muito eficiente. Sei exatamente quando pousarei, toda semana, e posso facilmente marcar minhas reuniões, porque sei que eles serão pontuais".[8]

BAIXO CUSTO

Em outro vídeo, Vicki relata que recebeu uma ligação de sua filha grávida contando que havia sido diagnosticada com uma séria doença. Vicki era professora e não tinha muito dinheiro, mas as baixas tarifas da Southwest permitiram que ela fizesse cinco viagens de ida e volta de Orlando, Estados Unidos, a Birmingham, Inglaterra, durante a gravidez, até que seu neto nascesse. "Percebi o papel importantíssimo que a Southwest teve nessa história toda",[9] diz ela. Outro vídeo mostra a reação emocionante de uma mãe quando vê a filha aparecendo de surpresa em sua porta para passar as festas de fim de ano com ela. A filha não tinha dinheiro suficiente para viajar para casa, mas, certa noite, recebeu um alerta de promoção. O baixo preço lhe permitiu comprar um voo para o dia seguinte e dar a sua mãe "o melhor presente que ela poderia receber".

Embora qualquer pessoa possa ver esses vídeos no YouTube, eles não foram necessariamente feitos para o público em geral. Foram feitos para motivar e educar a audiência interna da empresa, para relembrar a todos por que seus trabalhos são tão importantes para milhões de pessoas. "Por causa de vocês, eu e minha família teremos algo para recordar pelo resto de nossa vida", diz Jessica para a câmera. "Por causa de vocês, eu pude estar ao lado de minha filha durante uma gravidez de risco", afirma Vicki.

Herb Kelleher disse que o ponto central do sucesso da companhia é a coisa mais difícil para a concorrência copiar. "Eles podem comprar todas as coisas materiais. As coisas que não podem comprar são dedicação, devoção, lealdade, o sentimento de que você está participando de uma cruzada."[10]

Seus funcionários se sentem participando de uma cruzada? Eles têm um senso de propósito que vai além de receber o contracheque duas vezes por mês? "Esse não é o maior mistério de todos os tempos",[11] afirmou Kelleher. "Um funcionário motivado trata bem o cliente. O cliente fica feliz e continua voltando, o que satisfaz o acionista. É assim que as coisas funcionam."

O SEGREDO DOS STORYTELLERS

Líderes bem-sucedidos constroem uma cultura organizacional digna de ser premiada, com histórias que dão vida ao propósito da empresa. Compartilhar essas histórias publicamente é o gatilho para o início de uma cruzada.

CAPÍTULO 28

AMY PURDY

QUANDO ELA PERDEU AS PERNAS, ENCONTROU SUA VOZ

"Mostre-me um herói e eu escreverei uma tragédia." – F. Scott Fitzgerald

Amy achou que estivesse gripada. Seu corpo doía e ela estava com uma leve febre. Amy tinha apenas 19 anos, boa saúde, e poderia sulcar uma montanha em seu snowboard. Foi para casa descansar, mas se sentia cada vez pior. Por sorte, sua irmã caçula havia acabado de tirar a carteira de habilitação e a levou para o hospital. O médico que a atendeu logo concluiu que não se tratava de gripe. Era algo muito pior.

O corpo de Amy estava entrando em colapso. Seus rins estavam parando de funcionar. "Falência total dos rins", ela ouviu o médico dizer. Amy entrou em estado de choque séptico severo e tinha expectativa de vida de duas horas. Houve um momento em que ela teve certeza de ter sentido seu coração bater pela última vez. Pouco antes de ser colocada em coma induzido, Amy se lembra de ter visto seus pés. Eles estavam com a pele manchada, ficando roxos. Um corpo em choque séptico recorre ao sangue das extremidades para irrigar os órgãos que estão falindo. Amy estava morrendo.

Milagrosamente, os médicos conseguiram fazer uma cirurgia de emergência e salvaram a vida de Amy. Suas pernas, contudo, precisaram ser amputadas abaixo dos joelhos.

Depois de um longo processo de recuperação, Amy Purdy seguiu em frente. Continuou a competir e ganhou a medalha de bronze no snowboard adaptado nos Jogos Paraolímpicos de 2014. Conquistou milhares de corações ao chegar às finais do popular programa da ABC *Dancing with the Stars*. Outros milhões conheceram sua história quando viram sua palestra pra lá de emocionante no TEDx, "Vivendo além dos limites". Suas habilidades de storyteller a colocaram ao lado de Oprah Winfrey no palco durante a turnê de *The Life You Want Weekend*, que passou por oito cidades.

Embora a história de Purdy tenha inspirado milhões de pessoas, a maioria não sabe que ela, por pouco, não quis se dedicar à carreira de palestrante, pois acreditava que não tinha uma história que merecesse ser contada. Assim que abraçou sua história, um mundo completamente novo se abriu para ela.

"Você pensaria que meus piores dias aconteceram quando perdi minhas pernas",[1] contou-me Purdy.

> Em vez disso, meus piores dias foram quando voltei para casa e tive de andar com estas pernas de metal pela primeira vez. Tive de repensar o resto de minha vida inteira. E me senti totalmente fora do controle. Eu estava no fundo do poço. Estava doente e cansada de me sentir doente e cansada. Foi quando esta pergunta pipocou em minha cabeça: "Se minha vida fosse um livro e eu fosse a autora, como gostaria que a história continuasse?". Eu sabia o que não queria. Não queria que as pessoas sentissem pena de mim. Não queria que me vissem como deficiente. Queria viver uma vida de aventuras e histórias. Aquela pergunta me permitiu sonhar acordada: viajar o mundo, praticar snowboard, fazer todas as coisas que eu queria fazer e que acreditava ser completamente possível.

Quando Amy Purdy perdeu as pernas, encontrou sua voz.

AS FERRAMENTAS DOS STORYTELLERS

Como muitos dos grandes storytellers da atualidade, Amy Purdy estava uma pilha de nervos em suas primeiras aparições diante de uma plateia. Em seu livro *Por um Sentido na Vida*, ela descreve o que aconteceu quando foi convidada para ser palestrante em um evento e lhe ofereceram US$ 8 mil por isso. "Entrei em pânico. Parei de comer. Mal conseguia dormir."[2] Ela ficou morrendo de preocupação porque não conseguia dar um jeito de fazer caber 30 anos de vida em 30 minutos. Sem conseguir superar o pavor, desistiu da palestra. "Foi a primeira e a última vez em que larguei um grande compromisso", de acordo com ela.

Purdy decidiu aliviar a pressão reunindo-se com um amigo que também tinha uma história inspiradora para contar. Juntos, eles começaram a falar em escolas para aperfeiçoar suas habilidades de palestrantes. "Comecei a ficar fascinada com a arte do storytelling",[3] disse-me ela. "O que descobri é que nem sempre você tem a história mais incrível. O que vale é aprender como compartilhar a história que você tem."

Purdy me contou que se embasou em seu treinamento como atleta para se transformar em uma storyteller segura. Assistiu a grandes palestrantes, aceitou tantas oportunidades quanto possível e vislumbrou seu sucesso.

"Tem sido uma evolução. Já tive experiências de sucesso e de fracasso no palco, quando fiquei 45 minutos querendo morrer enquanto tentava descobrir o que podia dizer em seguida",[4] afirmou. "Eu sabia que queria dividir minha história para ajudar outras pessoas... Fui convidada para falar em minha antiga escola e dividi minha história com todas as turmas. Lembro que estava muito nervosa e não sabia nem por onde começar, mas sabia que tinha informações que eles poderiam levar para a vida."

Em 2011, o TEDx convidou Purdy para dar "a palestra de sua vida". As apresentações, cujo limite de tempo é de 18 minutos, fizeram com que ela refinasse sua história ainda mais. Em seu livro, ela dedica três capítulos, mais de 30 páginas, aos acontecimentos que resultaram na amputação de suas pernas logo abaixo dos joelhos. Para a palestra no

TEDx, ela teria de fazer isso em 18 minutos, na frente de uma plateia de 1,5 mil pessoas.

Apesar de sua crescente confiança para se apresentar em locais menores, Purdy reconhece que estava "completamente surtada" para dar uma palestra no TEDx. Assim que começou, suas mãos tremiam e sua voz embargou. Ainda assim, a história fluiu – com muita emoção. Quando terminou, não havia um olho seco sequer na plateia. "Eu tinha feito uma palestra que se tornara perfeita por causa de suas imperfeições."[5]

A HISTÓRIA DE PURDY EM TRÊS ATOS ENVOLVENTES

A apresentação de Purdy foi perfeita. Vamos retornar à estrutura de storytelling de três atos mostrada no capítulo 19. Se você lembrar, uma narrativa com começo, meio e fim se enquadra como uma história. A história de Purdy pode ser assim: "Uma garota de 19 anos adoece. É levada ao hospital com meningite. Perde as pernas, mas sobrevive". Essa estrutura se encaixa na definição de história, mas não ganhará prêmio algum, não se tornará viral, não chamará a atenção de Oprah, tampouco inspirará alguém a sonhar alto.

Agora prestemos atenção à estrutura de três atos que Purdy usou em sua agora famosa apresentação no TEDx. Ela se parece muito com a estrutura de um roteiro de sucesso. O ato 1 apresenta o protagonista – o herói – e estabelece o ritmo no qual o personagem vive seu dia a dia. Acima de tudo, o ato 1 deve criar empatia pelo herói. Nós nos identificamos com o personagem com quem nos importamos. O ato 1 também estabelece o ponto de inflexão. Termina com a introdução do conflito – se você assistiu ao filme *Titanic*, esse é o momento do iceberg.

APRESENTAÇÃO DE PURDY: ATO 1

Cresci no quente deserto de Las Vegas e tudo o que eu queria era ser livre. Eu sonhava acordada viajar o mundo, viver em um lugar com neve, e imaginava todas as histórias que teria para contar. Aos 19 anos, um dia depois de me formar no ensino médio, mudei para um lugar onde nevava e me tornei massoterapeuta. Nesse trabalho, tudo de que eu precisava era de minhas mãos e minha mesa de massagem a meu lado, e poderia ir a qualquer lugar. Pela primeira vez na vida, eu me senti livre, independente e completamente no controle de minha vida, ***até que ela tomou um novo rumo.***[6]

O ato 2 aumenta a tensão e traz os obstáculos que a heroína deve superar. Um ato 2 consistente traz reviravoltas dramáticas, geralmente mais que uma. O *Titanic* bateu em um iceberg no ato 1. Afundar é um problema ainda maior.

APRESENTAÇÃO DE PURDY: ATO 2

Saí do trabalho mais cedo e fui para casa por causa da gripe que achava que tinha. Em menos de 24 horas, estava no hospital, respirando por aparelhos e com menos de 2% de chance de sobreviver. Só dias depois, enquanto estava em coma, os médicos me diagnosticaram com meningite bacteriana, uma infecção sanguínea prevenida por vacina. [Purdy apresenta outro obstáculo, e outro, e outro.] *Após dois meses e meio, eu tinha perdido o baço, os rins, a audição no ouvido esquerdo e as duas pernas abaixo dos joelhos.* [Quando a plateia pensa que o pior acabou, Purdy traz mais uma reviravolta dramática.] *Pensei que o pior tivesse passado, até que, semanas depois, vi minhas novas pernas pela primeira vez. As panturrilhas eram blocos volumosos de metal, com tubos aparafusados para os tornozelos e pés amarelos de borracha, com uma linha aparente na borracha que ia do dedão do pé até o tornozelo para parecer uma veia. Eu não sabia o que esperar, mas não esperava aquilo. Com minha mãe a meu lado e lágrimas escorrendo pelos olhos, amarrei essas pernas pesadas e me levantei. Elas eram tão dolorosas e tão apertadas que tudo o que eu conseguia pensar era: "Como conseguirei viajar o mundo usando isto? Como poderei viver a vida cheia de aventuras e histórias que sempre sonhei? Como voltarei a praticar snowboard?". Eu estava completamente destruída, física e emocionalmente.*

A essa altura, a plateia também estava destruída. Estabelecemos uma relação de empatia com a heroína e estávamos passando pelo inferno com ela. Bem, pelo menos o pior havia passado. Ou não?

Quatro meses depois, eu estava de volta ao snowboard, embora as coisas não tenham saído como eu esperava: meus joelhos e tornozelos não conseguiam se curvar, e, em certo momento, eu traumatizei todos os esquiadores no teleférico quando caí e minhas pernas, ainda presas no snowboard, voaram montanha abaixo, enquanto eu continuava no topo da montanha. Fiquei chocada. Fiquei tão chocada quanto todos os outros e muito desencorajada, mas sabia que se encontrasse os pés certos eu poderia fazer isso de novo. E foi então que aprendi que nossas limitações e nossos obstáculos só podem fazer duas coisas: 1) parar-nos em nosso caminho ou 2) forçar-nos a ser criativos.

No ato 3, o conflito alcança o auge, e todos se sentem sem esperança. Nossa heroína procura a fundo em sua alma a força emocional para resolver o problema e ultrapassar todos os aparentemente intransponíveis obstáculos. Esse é o clímax – o *Titanic* racha em duas partes e afunda no oceano. A personagem Rose sobrevive e segue em frente, vivendo uma longa vida. Mas Rose mudou para sempre por causa de seu breve romance com Jack e manterá um pedaço dele para sempre em seu coração.

APRESENTAÇÃO DE PURDY: ATO 3

Há 11 anos, quando perdi minhas pernas, não tinha a menor ideia do que esperar. Mas, se você me perguntar hoje se eu mudaria minha situação em algum momento, eu diria que não. Porque minhas pernas não me deixaram incapacitada; elas me capacitaram. Obrigaram-me a confiar em minha imaginação e a acreditar nas possibilidades, e é por isso que acredito que nossa imaginação pode ser usada como ferramenta para ultrapassar barreiras, porque, em nossa mente, podemos fazer e ser o que quisermos... Então, o desafio que deixo para vocês hoje é o de, talvez, deixarmos de olhar nossas limitações e desafios como coisas negativas ou ruins e começarmos a tratá-los como bênçãos, presentes magníficos que podem ser usados para dar asas a nossa imaginação e nos ajudar a chegar mais longe do que jamais pensamos.

É quase impossível resistir ao impulso de ficar de pé e aplaudir Purdy, porque, agora sabemos, nosso cérebro está condicionado a responder a histórias como essa.

Purdy acredita que os storytellers que passaram por momentos difíceis conseguem sentir mais intensamente, pois já viveram a profundidade da vida e seus altos e baixos. "Minhas maiores lutas me levaram a minhas maiores conquistas",[7] disse-me ela.

Por trás de todo herói há uma história de luta e sacrifício, uma história de sonhos interrompidos e de sonhos encontrados. Se sua vida fosse um livro e você fosse o autor, como gostaria que a história continuasse? Todos temos uma história que vale a pena ser compartilhada, mas não raro temos medo ou ficamos relutantes em fazê-lo. Amy Purdy, a mulher que desistiu de seu primeiro convite para palestrar e que quase desistiu de falar no TEDx, hoje é uma das mais requisitadas e populares palestrantes motivacionais, porque aprendeu a abraçar sua história. "Quando você vai falar, acha que precisa ter grandes ideias",[8] disse-me. "Mas, na verdade, é a mais simples das ideias, com a qual todos nos identificamos, que tem o maior poder de impacto."

O SEGREDO DOS STORYTELLERS

Os storytellers motivacionais reacendem os sonhos nas pessoas com histórias de dificuldade, coração partido e superação de obstáculos aparentemente intransponíveis. Tensão e triunfo são fundamentais para sua história. Eles vestem a luta como um distintivo de honra, inspirando seus ouvintes a contar as próprias histórias e a tratar a vida como se fosse um livro, em que o indivíduo é o autor de seu destino.

CAPÍTULO 29

KAT COLE

DO HOOTERS PARA O ALTO ESCALÃO: UMA EX-GARÇONETE COMPARTILHA SUA RECEITA DE SUCESSO

"Sempre fugi de minhas raízes, mas, conforme fui envelhecendo, descobri que é exatamente isso que faz de mim única." – Kat Cole

A mãe de Kat aturou seu marido alcoólatra por anos antes de perceber que a única maneira de manter a si mesma, Kat e suas duas filhas mais novas seguras era se afastar dele. Isso não tornou as coisas mais fáceis automaticamente: pelos três anos seguintes, ela sustentou a família com US$ 10 por semana, a maior parte gasta em lasanha congelada e carne enlatada.

Quando Kat estava no ensino médio, sua mãe sustentava a família de quatro com a renda que ganhava como assistente-administrativa. Kat queria ajudar a pagar as despesas e avidamente passou a procurar emprego "assim que a lei permitiu". Aos 17 anos, conseguiu um trabalho de meio período. Depois da escola, colocava um shortinho laranja e uma blusa colada ao corpo e servia asinhas de frango em um restaurante Hooters, na Flórida. O trabalho não tinha muito glamour, mas ensinou-a a comandar uma cozinha e a gerenciar uma equipe. O emprego era importante porque, além de ajudar sua mãe nas contas da casa, Kat juntava dinheiro para tornar-se a primeira pessoa da família a ir para a faculdade. Com isso, antes mesmo de terminar o ensino médio, já havia economizado o suficiente para se matricular na University of North Florida, onde pretendia se formar em engenharia. Tinha feito progressos consideráveis em um curto espaço de tempo, e parecia que as coisas andavam no ritmo até ocorrer um motim na cozinha.

Certo dia, no meio de seu turno, Kat ouviu um burburinho de conversas vindo da cozinha, seguido por uma súbita batida da porta, quando toda a equipe de lá resolveu ir embora. Ela ficou sabendo, depois, que eles tiveram uma séria discussão com o gerente. Abandonaram o trabalho no meio do turno, deixando Kat e outras garçonetes perguntando-se como os clientes conseguiriam comer, sem falar em como elas conseguiriam suas gorjetas. Kat pôde levar bacon para casa aquele dia porque ela mesma o havia preparado. "Pulei para a cozinha e fiz asinhas de frango. Por sinal, fritar asas de frango usando shortinho laranja e meia-calça é uma péssima ideia",[1] relembra. Ela assumiu o controle, mobilizando a gerência e a equipe restante, sendo bem-sucedida ao evitar um desastre no restaurante. Foi naquele momento que Kat descobriu seu dom. "No papel, eu era um desastre. Filha de mãe solteira, desisti da faculdade, trabalhei para o Hooters. Se você olhar tudo isso no papel, não parece um currículo muito impressionante. Mas, na vida real, se eu você me colocar a cargo de seus negócios, sou uma aposta certa."

Kat era uma aposta tão certa que seu chefe a incumbiu de treinar a equipe de uma nova franquia Hooters na Austrália. Ela, contudo, enfrentou muitos obstáculos: nunca tinha voado de avião, não tinha passaporte e nunca tinha viajado para fora do país. E o principal: faltava-lhe autoconfiança – o que era tão claro para seu chefe ainda não estava claro para ela. Em busca de respostas, Kat procurou sua líder mais inspiradora – a mãe – e lhe explicou seu desejo de aceitar o trabalho, mas que tinha um medo paralisante de fracassar. A mãe pegou-a pelos ombros e disse: "Você pode fazer qualquer coisa, e estou esperando que você faça tudo".[2] Kat foi para a Austrália.

Kat Cole não comanda mais aquele Hooters na Austrália, embora tenha feito disso uma experiência muito produtiva. Hoje é presidente da Cinnabon, uma rede de franquias de US$ 1 bilhão, que tem 1,1 mil lojas em 56 países. Vale lembrar que ela foi nomeada presidente da Cinnabon aos 32 anos de idade e logo saiu na edição *40 Under 40*, da revista *Forbes*, que lista os jovens líderes empresariais norte-americanos mais bem-sucedidos. Cole conquistou uma carreira de grande sucesso, mas uma importante parte de sua história é um lembrete para sua plateia: "Minha história só é interessante se você entender de onde eu vim".

AS FERRAMENTAS DOS STORYTELLERS

As histórias fazem mais do que apenas entreter. Elas nos guiam. Elas nos inspiram a viver uma vida "sem fronteiras e sem limites", lema que guia Kat Cole. Todos nós temos profundas crises de autoconfiança e até mesmo fracassamos em algum momento da carreira. Os líderes de sucesso lutam durante as crises e os fracassos e focam resultados. Se os resultados são inaceitáveis, eles tentam de novo e de novo até ficar satisfeitos. Indo além, os líderes transformam a si mesmos em storytellers inspiradores quando reúnem a coragem de dividir as difíceis lições que aprenderam.

COLE ENCONTRA PONTOS EM COMUM AO CONTAR SUA HISTÓRIA PESSOAL

Cole fala abertamente de sua história de vida à grande maioria das pessoas que conhece. No começo da carreira, descobriu que honestidade e autenticidade são um atalho para construir confiança e credibilidade. Quando lhe foi dada a tarefa de abrir a primeira franquia Hooters na Austrália, ela teve três semanas para treinar um novo dono, motivar a equipe e abrir o restaurante. Para complicar as coisas, Cole era a pessoa mais jovem lá, tornando ainda mais difícil estabelecer credibilidade e confiança. "Para igualar as diferenças, eu precisava encontrar pontos em comum",[3] contou-me. "Sou uma aprendiz muito louca. Observo as pessoas. Percebo como elas respondem. Quanto mais eu dou, mais elas dão. Quando você sorri, dá e compartilha, isso acelera a construção de confiança. E você não consegue trabalhar em uma equipe e conquistar muitas coisas em um curto espaço de tempo se não tiver confiança. Quando vocês não conhecerem uns aos outros, encontrem um atalho."

Cole aprendeu uma lição tão importante na construção de confiança que continua a dividir sua história de quase todo jeito: em palestras, entrevistas, reuniões de funcionários. Aliás, momentos antes de conversarmos, ela estava ao telefone com um novo dono de franquia, com quem compartilhava sua história de vida.

"Por que você acha importante falar sobre seu passado?", perguntei.

"Você não pode achar que as pessoas vão confiar em você porque leram sobre sua vida ou porque você comanda uma empresa de sucesso. As pessoas são céticas por natureza. Se você baixar a guarda, for gentil e dividir seus próprios erros, fracassos e sua história de um jeito que diga 'Eu sou como você, mais do que você provavelmente imagina', vocês terão muito mais coisas para fazerem juntos."

Quatro palavras explicam a habilidade de Cole de construir fortes relações comerciais baseadas em confiança: EU SOU COMO VOCÊ. As pessoas querem fazer negócios com alguém de quem gostem e em quem confiem. A transparência de Cole faz com que as pessoas gostem dela e confiem nela. "As pessoas se importam e são motivadas ao serem inspiradas e ao saberem que estão trabalhando com outras pessoas boas, comprando delas ou trabalhando para elas",[4] disse-me Cole. "Elas abrem a carteira quando sabem que há uma boa família, uma boa pessoa ou uma boa empresa por trás de um produto. Os funcionários permanecem durante tempos difíceis quando sabem que estão trabalhando para pessoas boas."

Considere a clássica narrativa de storytelling de tensão e triunfo. As narrativas de luta e redenção de Cole sempre terminam com a lição que ela aprendeu e como isso impactou positivamente sua carreira.

Por exemplo, em uma apresentação para líderes empresariais da região de Atlanta, Cole lembrou sua plateia de que a Cinnabon começou como uma loja em um shopping de Seattle, Washington, com um produto – um pãozinho de canela supercalórico e perturbadoramente delicioso. De um início humilde, a Cinnabon se transformou em uma rede de franquias global ao aumentar sua oferta de produtos e estabelecer parcerias inovadoras. Cole amarra a história do nascimento da empresa com as lutas de sua vida e extrai lições que todas as organizações e profissionais podem adotar para chegar ao sucesso.

> Há sempre um núcleo – um núcleo para cada um de nós: de onde viemos, nossas raízes, nosso passado. Temos todo o potencial de nos transformarmos em alguém muito diferente. A coragem de expandir seu núcleo, mas também a disciplina de mantê-lo alinhado a sua marca, tem permitido às empresas continuar a crescer apesar de grandes crises econômicas e do enorme aumento da concorrência. As únicas marcas e empresas que sobreviverão nos próximos cinco, dez, vinte anos não são as que têm um produto em particular, e sim as que têm disciplina e, como característica principal, são capazes de ser flexíveis e parceiras, de entender que, só porque estão trilhando um caminho pelos últimos dois, cinco, dez anos, não significa que esse seja o caminho que as levará ao sucesso contínuo no futuro.[5]

Cole vê seu papel de liderança como o de "embaixadora constante" da marca. Uma "embaixadora" é uma mensageira. A mensagem que você entrega para parceiros, acionistas, funcionários e membros da equipe não conseguirá surtir os efeitos desejados se a fonte (você) for considerada não confiável. As histórias sobre origens criam confiança, reforçam relacionamentos e constroem credibilidade para o mensageiro, o embaixador da marca.

Cole trabalha na indústria de serviços de alimentação, um setor tradicionalmente composto de trabalhadores jovens. A geração dos *millennials* – aqueles nascidos entre os anos 1980 e 2000 – é agora a força dominante no mercado de trabalho. Suas metas de carreira são muito diferentes das de gerações passadas. Ao contrário dos baby boomers ou da geração X, os *millennials* não veem a "subida de degraus" como a meta número um da carreira. Querem mais do que um salário; querem orientação e significado. Pesquisas e mais pesquisas mostram que jovens trabalhadores não se sentem ligados a seus empregadores como seus pais se sentiam. Eles não gostam de hierarquias estruturadas e desejam fazer parte de comunidades com interesses e paixões em comum. Não querem ser gerenciados; querem ser inspirados. Líderes como Kat Cole motivam jovens trabalhadores porque eles podem ver-se em sua história.

Os espectadores de hoje são cada vez mais sofisticados e muito, muito bons em perceber uma farsa. Palestrantes que não se mantêm fiéis à realidade arriscam-se a perder a credibilidade de que precisam para influenciar comportamentos e criar impacto. "É importante que um líder seja um bom storyteller, mas é igualmente crucial que esse líder personifique a história em sua vida",[6] escreve Howard Gardner. Segundo ele, os líderes devem talhar histórias sobre sua identidade se esperam mudar corações e mentes. A história sobre a identidade é a história sobre a origem, a história de onde uma pessoa veio e as lições que ela aprendeu das lutas ou fracassos.

"Eu tinha um medo mortal de ser definida pelo lugar de onde vim",[7] diz Kat Cole. "Todos os anos, em meu aniversário, minha mãe me manda um cartão que diz: 'Não se atreva a se esquecer de onde veio, mas não se atreva a deixar que isso defina você'. Desenvolvi um alto grau de apreço para proteger essas raízes."

O SEGREDO DOS STORYTELLERS

Líderes inspiradores abraçam seu passado e têm a coragem de dividir as lições que aprenderam. Valorize suas raízes, proteja-as e compartilhe as histórias que o definem.

CAPÍTULO 30

ADAM BRAUN

TROCANDO OS RICOS DE WALL STREET PELA PROMESSA DE UM LÁPIS

"A verdadeira viagem de descobrimento não consiste em procurar novos horizontes, mas em ter novos olhos." – Marcel Proust

Em seu 25º aniversário, Adam decidiu criar uma história de vida que valesse a pena ser contada. Deixou de lado uma carreira lucrativa em private equity para abrir uma organização sem fins lucrativos com um investimento inicial de apenas US$ 25. A motivação para isso veio quatro anos antes, enquanto ele passava um semestre na Índia como parte do programa Semester at Sea.* Foi lá que seus olhos se abriram para a existência de pobreza, dor e sofrimento em escalas que ele nunca havia imaginado. Adam conheceu um garotinho "coberto de sujeira da cabeça aos pés, mendigando dinheiro e comida".[1]

"Se você pudesse ter qualquer coisa no mundo, o que mais gostaria de ter?", perguntou ele.

"Um lápis", respondeu o garoto.

Adam ficou surpreso. Acreditava que o garoto pediria um brinquedo ou um iPod. Pegou sua mochila, tirou de dentro dela um lápis nº 2 e viu "como uma onda de possibilidades" lavou o rosto daquele

---

* Semester at Sea é um programa em que estudantes viajam a bordo de um navio ao redor do mundo, a fim de obterem o entendimento de várias culturas diferentes (http://www.semesteratsea.org). (N. E.)

menino. "Para mim, aquele lápis era um instrumento de escrita, mas para ele era uma chave... Aquele simples pedaço de madeira e grafite lhe permitiria explorar mundos aos quais, de outra maneira, ele nunca teria acesso."[2]

Adam retornou aos Estados Unidos com a mente bastante aberta, mas as pessoas a seu redor ainda não tinham ideia de como era uma vida com propósito. Ele havia concluído três cursos na Brown University. Seus pais, professores e amigos diziam que ele seria louco de desistir de uma carreira praticamente certa em Wall Street, que lhe traria milhões de dólares durante a vida. E, então, Adam fez o que era esperado.

Certo dia, fez a seguinte anotação em um caderno: "Eu queria poder gostar mais deste trabalho, mas isto não é para mim. Encontre sua paixão e você encontrará sua força".[3]

Adam finalmente encontrou coragem para seguir sua paixão e, ao fazer isso, encontrou sua força. Em 1º de outubro de 2008, Adam Braun criava, com US$ 25, a organização sem fins lucrativos Pencils of Promise [Lápis da Promessa]. Cinco anos depois da fundação, a ONG já tinha aberto mais de 200 escolas, ajudando mais de 30 mil estudantes de áreas pobres do mundo todo. Cada 90 horas, a Pencils of Promise começa o projeto de uma nova escola. "Eu era só um cara normal, com US$ 25 no bolso, que queria provar que, independentemente de idade, posição social ou lugar, todas as pessoas têm capacidade de mudar o mundo",[4] diz Braun. "Todos têm uma revolução batendo no peito."

Conversei com Braun quando da publicação de seu primeiro livro, *The Promise of a Pencil* [A promessa de um lápis]. Embora ele tivesse apenas 30 anos naquela época, passei a vê-lo como um dos melhores storytellers de sua geração. Braun tem um sentido afiado para contar histórias, aprimorado depois de fazer milhares de discursos para arrecadar fundos. Ele sempre pede feedback, constantemente analisa a reação da plateia e aprendeu que o caminho para a cabeça de uma pessoa passa por seu coração. Por exemplo, Braun sabe que não é "racional" pedir às pessoas que doem dinheiro para auxiliar uma criança do outro lado do mundo. No entanto, fazer dos espectadores – os doadores – os heróis de uma história em que eles têm o papel de mudar o mundo acaba por ativar a ação desejada de persuadi-los a abrir a carteira.

"A capacidade de cativar outro indivíduo por meio de storytelling é essencial nos estágios iniciais de uma empresa",[5] contou-me Braun. "Passo muito tempo pensando em como apresentei nosso trabalho em milhares de conversas. Aprendi quais partes de nossa história fazem com que os olhos das pessoas se iluminem e a cabeça acene positivamente. Também aprendi quando elas começam a ficar inquietas ou seus olhos ficam vidrados. Por meio de comunicação persistente, aperfeiçoamos a linguagem com que descrevemos a organização. Essa ainda é a parte mais crítica de liderar o crescimento da ONG."

AS FERRAMENTAS DOS STORYTELLERS

A Pencils of Promise precisava de doadores ricos que assinassem cheques bem gordos. O desafio, claro, era persuadir as pessoas a doar dinheiro para crianças sem rosto e sem nome que estavam do outro lado do mundo. A solução encontrada foi dar um rosto e um nome a essas crianças, para que os doadores pudessem "conhecê-las" e vê-las como indivíduos. E nada se aproxima mais de um encontro cara a cara do que um vídeo.

Três garotinhas que Braun conheceu no vilarejo de Pha Theung, no Laos, foram as responsáveis por proporcionar o momento "de cair o queixo" de que a apresentação dele precisava. Em março de 2009, Braun estava reconhecendo o terreno para a construção da primeira pré-escola da ONG. A maioria das famílias do vilarejo vivia em cabanas de bambu, com menos de US$ 2 por dia. Braun encontrou, por acaso, três garotinhas em uma das cabanas, brincando com letras em um quadro-negro. Elas queriam aprender, mas não tinham professores nem sala de aula. Seus nomes eram Nuth, Nith e Tamund.

Braun pegou uma câmera Canon, dessas bem simples, e gravou um pequeno vídeo. Nele, podemos ouvi-lo, fora da câmera, perguntando "*Jao seu nyang?*" (Qual o seu nome?). As garotas respondem, sorriem e dão risadinhas umas para as outras. Braun começa a filmar a escola primária existente, com três salas de aula, e o terreno onde ele espera construir a primeira escola da Pencils of Promise. "Vocês serão nossas primeiras alunas da pré-escola", conta para as meninas, enquanto elas sorriem.

Braun postou o vídeo no Facebook e recebeu uma resposta surpreendente. Ele agora insere em suas apresentações no PowerPoint o vídeo de 40 segundos, que sempre faz sucesso com a plateia. "A filmagem é autêntica, real, porque não é um vídeo de muita qualidade e está em primeira pessoa. Você se sente testemunhando aquele momento especial. O vídeo tem menos de um minuto e é um elemento importantíssimo para provocar uma resposta emocional das pessoas", diz ele.

Em sua apresentação, logo depois que o vídeo termina, Braun avança para um slide que mostra uma fotografia tirada quatro meses depois que ele conheceu as garotas. Nela, as mesmas garotas, agora sentadas na primeira sala de aula da Pencils of Promise. "Mostrar o antes e o depois é incrivelmente poderoso e permite que as pessoas embarquem em uma jornada emocional que enseja muitas reações."

A apresentação de Braun, contudo, não é só história; ele traz fatos e cifras sobre a estabilidade financeira da organização para a plateia de possíveis doadores porque isso é o que eles acham que querem ouvir. Mas, enquanto fatos e cifras conseguem, talvez, um aceno afirmativo, é preciso, ainda, extrair da audiência um aplauso de pé. O vídeo consegue – toda vez.

Pesquisas em neurociência explicam por que o vídeo de Braun é aplaudido de pé. Tudo graças à atividade neuroquímica da oxitocina, de que falei antes. "A oxitocina é produzida quando presenciamos atos de bondade, e isso motiva nossa cooperação com os outros. Ela aumenta nosso senso de empatia, nossa habilidade de sentir as emoções dos outros",[6] diz Paul Zak, professor da Claremont Graduate University.

Zak descobriu que o nível de oxitocina no cérebro de uma pessoa pode ser "hackeado" para motivar as pessoas a cooperar. O storytelling é a chave para isso. Zak e sua equipe de pesquisadores constataram que histórias captadas em vídeo aumentam o nível de oxitocina no cérebro daqueles que assistem. "Ao tirarmos amostras de sangue antes e depois da narrativa, observamos que as histórias centradas em personagens causam, consistentemente, a síntese da oxitocina. Além disso, a quantidade de oxitocina liberada pelo cérebro predizia quanto as pessoas estavam dispostas a ajudar outras, por exemplo, doando dinheiro para a instituição de caridade associada à narrativa."

Zak levou sua pesquisa sobre storytelling um passo adiante para entender por que as histórias são tão eficientes. Sua pesquisa em neurobiologia ajuda a explicar por que quase todo storyteller deste livro experimentou dificuldades diretamente ou usa histórias de grandes esforços para sensibilizar sua plateia. "Descobrimos que, para motivar o desejo de ajudar os outros, a história deve primeiro prender a atenção – recurso escasso do cérebro – por meio de momentos de tensão durante a narrativa. Se a história é hábil para criar esse tipo de tensão, então é provável que ouvintes/espectadores atentos compartilhem as emoções dos personagens e, ao terminar, é provável que continuem a imitar os sentimentos e comportamentos daqueles personagens", escreve Zak. "Histórias de sofrimento tendem a ter um arco dramático em que o personagem luta e, finalmente, encontra habilidades até então desconhecidas que usa para triunfar sobre a adversidade; meu trabalho mostra que o cérebro é altamente atraído por histórias desse tipo."

Adam Braun não fez nenhuma pesquisa de laboratório, mas estuda técnicas de persuasão. Sabe que o cérebro humano tem um lado emocional e um racional. "O lado racional nos leva a tirar conclusões e o lado emocional nos leva à ação",[7] disse-me. "Uma grande apresentação tem de demonstrar a viabilidade do produto ou serviço, mas o foco deve estar em acender o centro emocional da pessoa." Graças à habilidade de Braun de acender o centro emocional de uma plateia, mais de 30 mil crianças pobres têm acesso a escolas a que, de outra maneira, não teriam. É uma lição que vale a pena repetir.

O SEGREDO DOS STORYTELLERS

Os storytellers persuasivos acendem o centro emocional de seus ouvintes ao compartilhar histórias de pessoas reais superando dificuldades reais. Para ativar a liberação de oxitocina, as histórias devem seguir o arco narrativo de luta e triunfo. Se um storyteller não consegue deixar a plateia cara a cara com o objeto da narrativa, o vídeo funciona quase tão bem quanto isso. Fatos e cifras informam, mas histórias levam as pessoas a agir.

CAPÍTULO 31

PETE FRATES

O DESAFIO DO BALDE DE GELO DERRETEU O CORAÇÃO DE MILHÕES

"Que oportunidade maravilhosa de mudar o mundo!" – Pete Frates, seis horas depois de ter sido diagnosticado com esclerose lateral amiotrófica (ELA)

No verão de 2011, Pete e sua mãe, Nancy, estavam sentados à mesa de jantar quando ele confidenciou algo que o vinha devorando por dentro: "Acho que não estou aproveitando todo o meu potencial. Vender seguros não é minha paixão. Não é a missão de minha vida".[1]

Foram precisos só alguns meses para Pete descobrir qual era sua missão, muito embora não fosse algo que ele tivesse buscado nem mesmo desejado a seu pior inimigo. Pete, ex-jogador de defesa e ex-capitão do time de beisebol do Boston College, estava jogando uma partida com os amigos pela liga intermunicipal quando uma bola, a quase 150 quilômetros por hora, atingiu sua mão esquerda. Seu punho ficou mole e nunca mais voltou ao normal. Por seis meses, Pete foi a vários médicos para tentar descobrir o que havia acontecido. Finalmente, um neurologista lhe disse que tinha encontrado a resposta e o chamou a seu consultório.

Em 13 de março de 2012, Pete ligou para sua mãe, Nancy, para ver se ela gostaria de acompanhá-lo na consulta. A enfermeira colocou-os em uma sala de espera e, logo depois, não um, mas quatro médicos apareceram. Nancy disse, mais tarde, que sabia não se tratar de uma visita de rotina ao consultório. "Não é um punho torcido. Não é um punho quebrado. Não é uma infecção", disse um dos médicos. Ele, então, olhou Pete nos olhos e declarou: "Não sei como dizer isso a uma pessoa de 27 anos. Pete, você tem ELA... Desculpe lhe dizer isso, mas não há tratamento nem cura".

Esclerose lateral amiotrófica, também conhecida como doença de Lou Gehrig, por causa do jogador de beisebol que sucumbiu a ela há 75 anos, é uma doença neurológica progressiva de difícil diagnóstico, porque os sintomas podem ser muito diferentes. Na maioria dos pacientes, porém, rapidamente enfraquece os músculos e ocasiona paralisia. Não há cura e, de fato, pouco progresso foi feito nas décadas posteriores à morte de Gehrig.

Pete, contudo, não ficaria apavorado com seu prognóstico sombrio. Apenas seis horas depois de ter recebido a terrível notícia, ele, sua namorada, Julia, seus pais e seus irmãos se juntaram na casa dos pais, em Boston. "Não vamos olhar para trás, vamos olhar para a frente",[2] instruiu Pete. "Que oportunidade maravilhosa de mudar o mundo! Eu vou mudar a cara da ELA. Vou ficar frente a frente com filantropos como Bill Gates."

A missão havia se tornado pessoal, e Pete, ex-capitão de beisebol, estava determinado a liderá-la. Ele agora sabia a resposta à pergunta que tinha feito a sua mãe meses antes: "Qual é minha missão de vida?". A missão de Pete era chamar a atenção para a doença, o que ele conseguiria compartilhando sua história.

Pete Frates começou a falar publicamente sobre a necessidade de aumento da conscientização sobre a doença. Contava sua história a todos os que se dispusessem a ouvi-la: ONGs, médicos, laboratórios de remédios e agências governamentais como a FDA [Administração de Alimentos e Medicamentos], em Washington, DC.

Em 4 de julho de 2014, Frates escreveu um artigo para o MLB.com em comemoração aos 75 anos do discurso de aposentadoria de Lou Gehrig, fala conhecida como "O homem mais sortudo". No artigo, de 1.700 palavras, Frates compartilhou sua história bastante triste, mas inspiradora, com a mesma vividez de detalhes que colocava em suas apresentações. "Eu tinha orgulho de minhas mãos fortes", começa. "Elas me ajudavam a pegar o bastão, dar tacadas que atravessavam o campo e pegar bolas com precisão com minha luva. Hoje, elas não conseguem sequer digitar esta história, e dependo de rastreadores oculares para dar a mensagem que minha voz grossa e meus dedos costumavam dar."

Frates traça os passos de sua infância, em Beverly, Massachusetts, jogando na primeira divisão de beisebol universitário e fazendo home runs no histórico Fenway Park, em Boston. Ele também compartilha em detalhes como seu corpo começou a mostrar sinais da doença que acabou tirando sua voz. O artigo termina com um chamamento à ação e o compromisso de Frates de levantar fundos para combater a doença. "Meu sonho é que este artigo seja encontrado por alguém, ao fazer uma pesquisa no Google, e que essa pessoa fique se perguntando como alguém pode ter morrido de algo tão facilmente tratável."

Vinte e três dias depois de Frates publicar sua história, o gelo começou a cair.

Ele não iniciou o Desafio do Balde de Gelo. O crédito vai para seu ex-colega de quarto, que, inspirado pela história de bravura de Frates, gravou a si mesmo derrubando gelo sobre a cabeça, desafiando outros a fazer o mesmo e postando em mídias sociais.

O desafio teve mais sucesso do que se poderia imaginar: no quarto dia, milhares de pessoas tinham se juntado ao desafio e postado seus vídeos no Facebook. Em poucas semanas, 2,5 milhões de vídeos foram postados no Facebook, e vídeos no YouTube foram postados de mais de 150 países. Estrelas do esporte como LeBron James, cantores como Justin Timberlake e Taylor Swift, e estrelas do cinema como Tom Cruise aceitaram o desafio e encorajaram milhões a fazer o mesmo. E, em 16 de agosto de 2014, Frates atingiu o objetivo que tinha traçado no dia de seu diagnóstico: conseguiu entregar a mensagem a filantropos como Bill Gates. Gates aceitou o desafio que Mark Zuckerberg lhe fez e jogou um balde de água gelada na cabeça em um vídeo do YouTube. Gates, por sua vez, desafiou Elon Musk, Ryan Seacrest e o curador das TED Talks [Palestras do TED], Chris Anderson.

O fenômeno viral arrecadou mais de US$ 100 milhões em doações para a ALS Association no verão de 2014, comparados aos US$ 2,8 milhões no mesmo período do ano anterior. Em março de 2015, tinha gerado mais de US$ 220 milhões para a associação sem fins lucrativos, o que lhe permitiu acelerar pesquisas médicas que, de outra maneira, ela demoraria anos para começar. Embora o Desafio do Balde de Gelo venha a ser lembrado como um estudo de caso de mídias sociais, o fenômeno jamais teria ocorrido não fossem as habilidades de comunicação e de storytelling de Pete Frates. "As mídias sociais são uma ferramenta, mas a história de Pete impactou uma geração",[3] declarou Nancy Frates.

AS FERRAMENTAS DOS STORYTELLERS

Pete Frates concluiu o curso de comunicação no Boston College, área de estudo que sua mãe o incentivou a seguir porque ele era realmente bom nela. "Pete sempre conseguiu liderar a turma, uma habilidade que seus professores passaram a reconhecer no 6º ano", disse-me Nancy.

No 6º ano, Pete fez o relatório de um livro sobre um de seus jogadores de beisebol favoritos, Tony Conigliaro, que jogava no Boston Red Sox. Ele já havia demonstrado talento para performances e sabia como dar vida a uma história. Segundo Nancy, o próprio Pete escreveu a apresentação e apareceu no dia vestido de uniforme de beisebol. Sua professora ainda hoje comenta sobre o episódio como a apresentação mais memorável que já viu um aluno fazer.

No 9º ano, Pete concorreu a representante de classe. "Ele mesmo escreveu seu discurso, que tinha tudo o que você gostaria de ouvir em uma apresentação. Tinha humor, os colegas se identificavam, e era um chamado à ação. Ele deixou todos de queixo caído", relembra a mãe.

Frates aceitou o diagnóstico como uma oportunidade para tornar-se a voz de dezenas de milhares de pessoas que convivem diariamente com a ELA e que acabam perdendo a voz com o avanço da doença. Ele descobriu que as pessoas precisam se identificar com a história. Têm de ver a si mesmas na história dele. Frates queria deixar claro que, se aquilo aconteceu a ele, poderia acontecer a elas também. E, para conseguir isso, tinha de tornar a história o mais específica possível.

"Minha vida antes do diagnóstico era bastante normal",[4] contou Frates ao apresentador de TV Charlie Rose. "Eu era atleta de três esportes no ensino médio. Joguei beisebol no Boston College, onde fui capitão do time em 2007. Eu tinha 1,90 metro, 100 quilos, e, como alguém disse certa vez, era feito de pedra e estava pronto para detonar."

Falando à equipe da Biogen Idec, empresa de Massachusetts especializada em terapias para melhorar a vida de pacientes com problemas neurológicos, Frates ofereceu detalhes bastante específicos sobre o declínio em seu desempenho que culminou com a jogada que acertou seu punho.

> No verão passado, eu estava jogando beisebol na rua, em Lexington. Minha média de rebatidas tinha caído de .400 para .270. Faltavam dois jogos para acabar o ano. Um garoto da UMass ia arremessar. Ele estava com uma média de arremessos de 145 km/h, a maioria bolas rápidas. Bolas de 145 não deveriam ser problema. Fui derrubado e fiquei bastante frustrado. Era um dos melhores jogadores da liga. Conseguia ouvir o outro banco me provocando: "Finalmente pegamos ele!". Faltando pouco para o último turno, fui rebater e, por ser canhoto, a bola acertou meu punho esquerdo. Esse foi o momento em que minha vida mudou para sempre.[5]

Em um documentário sobre o Desafio do Balde de Gelo mostrado na ESPN, o apresentador do programa pergunta: "Como um movimento desses começa?". A resposta, claro, é uma história inspiradora – mas não é qualquer história. Uma história que coloque as pessoas no lugar de outras deve ser contada com detalhes específicos e concretos.

"A característica da narrativa é a certeza",[6] explica o especialista literário Gerald Prince. "Ela reside na certeza. Isto aconteceu e depois aquilo. Isto aconteceu por causa daquilo. Isto aconteceu e está relacionado àquilo." Vamos analisar em partes a estrutura que Prince diz dar especificidade às histórias e aplicá-la à história que Pete Frates contou.

Isto aconteceu: o desempenho de Pete com o bastão estava em declínio.
E depois aquilo: Pete foi derrubado com um arremesso rápido.
Isto aconteceu por causa daquilo: o punho de Pete ficou mole.
Isto aconteceu e está relacionado àquilo: o punho nunca se recuperou; seis meses depois, Pete descobriu que tinha ELA.

Uma história, segundo Prince, é um evento específico realizado por personagens específicos em um lugar específico de um tempo específico. Prince e outros especialistas que estudam a evolução da narrativa acreditam que temos uma espécie de "radar interno" para nos proteger de desonestidade e falsidade. Não somos sempre precisos, claro, e algumas pessoas possuem um senso de percepção mais apurado que outras. Mas, quanto mais específica uma história, mais evidências temos para medir o nível de verdade dela. As pessoas querem acreditar que você está contando uma história verdadeira. Ouvimos os detalhes para nos ajudar a distinguir entre fatos e ficção.

HISTÓRIAS ABSTRATAS NÃO ARRECADAM US$ 6 MILHÕES POR ANO

Por mais de cem anos, o *New York Times* tem dado a seus leitores a oportunidade de contribuir para seu Neediest Cases Fund, um programa que ajuda famílias e crianças com problemas. O jornal não pede apenas "doações para os necessitados". Ao contrário, conta histórias bastante detalhadas – e de cortar o coração – de pessoas em situação de necessidade. E aqui, de novo, é muito difícil que a maioria das pessoas doe dinheiro a uma entidade sem rosto, mas elas abrirão a carteira para Carlos Montanez, um jovem de 21 anos que cresceu em um conjunto habitacional no Lower East Side de Nova York e que gostaria de ir para a faculdade. "Sua família tem pouquíssimo dinheiro. Sua principal fonte de renda é um benefício assistencial no valor de US$ 600 mensais pago a sua mãe. Ela tem síndrome de Charcot-Marie-Tooth, um distúrbio neurológico que causa fraqueza muscular e a inabilita para o trabalho."[7]

Abstrações não arrecadam US$ 6 milhões por ano para o Neediest Cases Fund; histórias de pessoas reais, sim.

Os repórteres do *New York Times* são excelentes storytellers. A maioria dos artigos sobre tópicos abstratos e/ou complexos quase sempre começa com uma história bastante detalhada sobre uma pessoa, uma família ou uma organização impactada pelo assunto. Por exemplo, um artigo sobre as lutas da classe média norte-americana começa com esta história:

"As contas chegam tão regularmente quanto as batidas de um coração na aconchegante casa de dois andares de tijolo à vista dos Vories, do outro lado do rio Ohio, em Cincinnati. Nos últimos dias, Alex Vories, 37 anos, vem entregando pizzas do La Rosa, embora precise usar o carro dos pais desde que seu Nissan 1997 pifou em um dia chuvoso do mês passado. Durante a primavera e o outono, ele conseguiu um emprego temporário de várias semanas no Internal Revenue Service (IRS), classificando declarações de impostos por cerca de US$ 14 a hora. Quando esse não é o caso, a família tem de se contentar com os US$ 350 semanais que sua mulher, Erica, traz para casa do trabalho como responsável pelas correspondências no IRS. A instabilidade financeira com que os Vories lidam é uma característica da vida de milhões de trabalhadores".[8]

"Milhões de pessoas" é simplesmente um número muito grande e muito vago para nossa mente visualizar. Contudo, todos podemos ter empatia em relação a Alex Vories. Sentimos sua dor enquanto ele tem de entregar pizzas usando o carro dos pais para conseguir se manter. Abstrações não motivam as pessoas a agir. Abstrações não inspiram as pessoas a tirar dinheiro da carteira em nome de uma causa.

Já está sedimentado na literatura da neurociência que nosso cérebro não processa abstrações e generalidades muito bem. Um storytelling persuasivo requer detalhes vívidos e específicos, e isso até uma menina de 10 anos sabe.

Antes co-CEO da Pimco, Mohamed El-Erian renunciou a sua posição no gigante banco de investimentos depois que sua filha de 10 anos confrontou-o com uma lista de eventos que ele perdeu por ter passado muito tempo trabalhando.

O argumento da garota foi persuasivo porque era específico, concreto e tangível. Ela não disse: "Pai, você precisa equilibrar vida e trabalho". A filha de El-Erian nunca fez um curso de comunicação, mas intuitivamente entendia que conceitos abstratos como "trabalho-vida" não são tão persuasivos quanto exemplos reais. Ela criou uma lista de 22 itens para ilustrar seu caso. "Foi uma tremenda chamada de atenção",[9] escreveu El-Erian em um artigo, ao explicar sua decisão. "A lista continha 22 itens, desde seu primeiro dia de escola e sua primeira partida de futebol da temporada até uma reunião de pais e professores e um desfile de Halloween. E o ano escolar ainda nem tinha acabado."

As crianças não falam de modo abstrato para conseguir o que querem. Elas sabem que, para serem persuasivas, devem ser específicas. Da mesma forma, os consumidores não compram soluções; compram produtos que melhorarão sua vida de maneira bem específica. Os doadores não contribuem para "causas"; dão dinheiro para ajudar determinadas pessoas a atingir determinados objetivos. E as pessoas não se juntam a movimentos para curar uma doença; dão início a movimentos para ajudar uma pessoa com quem se sentiram conectadas por meio de uma história.

O SEGREDO DOS STORYTELLERS

Os movimentos não começam sozinhos. Os líderes inspiram movimentos, e o fazem por meio de histórias com detalhes específicos, tangíveis e concretos.

CAPÍTULO 32

WINSTON CHURCHILL

SEU MELHOR MOMENTO: 180 PALAVRAS QUE SALVARAM O MUNDO

"Palavras curtas são melhores." – Winston Churchill

O discurso havia começado bem o suficiente. Tão logo o recém-eleito, de 29 anos de idade, pensou ter entrado no ritmo, passou por um momento temido por qualquer pessoa que tenha de se dirigir a um grande grupo: esqueceu o resto de sua fala. Enquanto ficava ali, paralisado, em frente a seus pares, por um tempo que durou três minutos inteiros, mas que deve ter-lhe parecido uma eternidade, ele sentiu o começo de sua carreira se desmantelar. A neblina daquele momento não era densa o suficiente para impedi-lo de ver seus inimigos políticos rindo em silêncio ou gargalhando abertamente. Pior ainda, seus apoiadores cochichavam uns com os outros e olhavam para o chão em uma tentativa de se dissociar daquela catástrofe que se desdobrava diante deles. O orador finalmente desistiu, voltou, desesperado, para seu lugar e cobriu a cabeça com as mãos. Achava que sua carreira tinha terminado ali.

Na manhã seguinte, os jornais chamaram o fiasco de "naufrágio". Um famoso médico especulou, publicamente, que o orador seria vítima de "cerebração defeituosa" ou senilidade precoce.

No entanto, o jovem não era senil. Na verdade, era uma das mentes mais afiadas de seu país. Jurou nunca mais cometer aquele erro.

Daquele momento em diante, trabalhou incansavelmente para melhorar cada palavra de cada discurso e certificou-se de que as únicas palavras que falaria seriam aquelas que ele mesmo escrevesse e em que acreditava com todo o seu coração. Trinta e seis anos depois, a hora de Winston Churchill chegava. Ele tinha se tornado tão mestre em sua arte que, sozinho, convenceu os britânicos a se levantar contra Adolf Hitler e a lutar até a morte. Churchill ficou conhecido como um dos maiores oradores do século 20 e mudou o curso da história.

Winston Churchill prova que um orador armado com um discurso cuidadosamente lapidado pode desencadear um movimento capaz de derrotar o mal inconcebível.

O dia do discurso foi 28 de maio de 1940. O ex-primeiro-ministro Neville Chamberlain tinha pagado o preço por tentar apaziguar Adolf Hitler. A Alemanha nazista havia conquistado boa parte da Europa. Os soldados britânicos caíram em uma emboscada em Dunquerque, e a França estava prestes a cair enquanto soldados alemães marchavam rumo a Paris. A ilha britânica estava sozinha e os avanços nazistas pareciam irreversíveis. "Faça um acordo com Hitler", a maior parte do gabinete britânico pedia a Churchill, recém-indicado primeiro-ministro. A maioria dos britânicos concordava que apenas um acordo com Hitler seria capaz de salvá-los.

Churchill convocou uma reunião com todo o gabinete. Não sucumbiria ao apelo popular. "Se a grande história de nossa ilha tiver de terminar, deixe que acabe apenas quando cada um de nós estiver deitado no chão engasgando com o próprio sangue",[1] disse. Os membros do gabinete ficaram de pé, aplaudiram-no e gritaram seu apoio. Um ano após o discurso de Churchill, 30 mil homens, mulheres e crianças britânicos haviam morrido nas mãos dos nazistas. E, ainda assim, eles lutaram. Lutaram em Londres, em meio a incansáveis bombardeios aéreos alemães. Lutaram nas praias da Normandia. Lutaram nas colinas, nas praias e no ar. A coragem indomável de Churchill e sua habilidade como storyteller carregaram a Grã-Bretanha e seus aliados durante a maior crise que o mundo já viveu.

Se você estudar a história do período, perceberá quão perto os britânicos estiveram de fazer um acordo com Hitler. Se eles o tivessem feito, o ditador alemão teria continuado sem controle, e a democracia teria sido destronada em boa parte do mundo, substituída pelo mal inconcebível, "o abismo de uma nova Idade das Trevas", nas palavras de Churchill. Entretanto, no espaço de duas semanas e seis discursos, Churchill conseguiu, com sucesso, reverter a opinião pública. Uma população inteira pronta a se curvar a Hitler foi motivada a pegar em armas e lutar até a morte.

Boris Johnson, prefeito de Londres de 2008 a 2016, é um escritor prolífico que detalha a memorável transformação de Churchill em storyteller em *O Fator Churchill*. "Ele não era um talento nato",[2] conto-me Johnson. "Pensamos nele como alguém com um talento sobrenatural, como se fosse resultado da união de Zeus e Polímnia, a deusa da retórica. Temo que estejamos só parcialmente certos." Churchill aprendera a fazer discursos que acendiam a paixão da nação, mas isso era graças ao "triunfo do esforço e da preparação", e não a um talento nato com as palavras, de acordo com Johnson.

> Para liderar o país em tempos de guerra, para manter as pessoas juntas em um momento de profunda aflição, era preciso conectar-se a elas de maneira profunda e emocional. Apelar para a lógica do desafio não era o suficiente. Ele não podia apenas exortá-las a serem corajosas. Tinha de chamar a atenção delas, levantá-las, impulsioná-las; se necessário, fazê-las rir e, melhor ainda, rir de seus inimigos. Para tocar o povo britânico, precisava identificar-se com ele em algum nível – com aqueles aspectos de sua identidade que ele e o povo acreditavam ser intrínsecos à psique nacional.[3]

Diversos recursos de estilo do storytelling ajudaram Churchill a fazer essa conexão, mas um em particular se destaca: ele trocou palavras longas por curtas.

AS FERRAMENTAS DOS STORYTELLERS

"As palavras curtas de um idioma são geralmente as mais antigas",[4] disse Churchill certa vez. "Seu significado está mais arraigado na identidade nacional, e elas parecem ter mais força." As palavras de Churchill motivaram milhões de pessoas porque ele lapidou seus discursos em uma linguagem que era entendida instantaneamente pela maioria. E a maior parte das pessoas prefere as palavras curtas que ouvem nas conversas do dia a dia.

Em 18 de junho de 1940, a França se rendeu à Alemanha. Era um dos momentos mais obscuros da Segunda Guerra Mundial. Churchill fez um discurso pelo rádio naquele dia, e uma cópia dele ainda existe. O manuscrito mostra palavras longas riscadas e substituídas por curtas. Por exemplo, ele substitui "libertado" por "livre".

O último parágrafo do discurso tornou-se um grito de guerra para os britânicos. Em 180 palavras, Churchill apresentou seus argumentos para a guerra. Cerca de três quartos das palavras [no original inglês] contêm apenas uma sílaba.

> O que o general Weygand chamava de "Batalha da França" acabou. Eu acredito que a Batalha da Grã-Bretanha está prestes a começar. Dela depende a sobrevivência da civilização cristã, e a continuidade de nossas instituições e nosso império. Toda a força e a fúria do inimigo serão em breve direcionadas a nós. Hitler sabe que tem de quebrar o povo desta ilha ou perderá a guerra. Se conseguirmos nos manter de pé, toda a Europa poderá ser livre e a vida no mundo poderá seguir em frente, por planaltos amplos e ensolarados. Mas, se falharmos, então o mundo inteiro, inclusive os Estados Unidos, inclusive tudo o que conhecemos e com o que nos importamos, afundará no abismo de uma nova Idade das Trevas, tornada mais sinistra e, talvez, mais prolongada, pelas luzes da ciência desvirtuada. Vamos, portanto, abraçar nossos deveres e apoiar-nos para que, se o Império Britânico e sua Commonwealth durarem mais mil anos, a humanidade ainda diga: "Aquele foi seu melhor momento".[5]

Churchill editou esse discurso incansavelmente, cortando palavras e frases desnecessárias. Condensou bastante conteúdo em poucas palavras bem-escolhidas, usando linguagem simples para contar histórias complexas.

Em um ponto crucial da Batalha da Grã-Bretanha, quando os aviões alemães bombardeavam Londres diariamente, todas as aeronaves britânicas disponíveis estavam no céu para impedir que esses aviões alcançassem a cidade. Quando Churchill estava em um carro com seu secretário militar, disse: "Não fale comigo. Nunca fiquei tão comovido assim". Ficou sentado, quieto, por cinco minutos. Então, virou-se para o secretário e lhe pediu que anotasse uma frase que se tornaria uma das mais famosas da Segunda Guerra Mundial: *"Never in the field of human conflict has so much been owed by so many to so few"* [Nunca, na história dos conflitos humanos, tantos deveram tanto a tão poucos].[6] Apenas duas palavras da frase têm mais do que uma sílaba e, com seis palavras, Churchill contou toda a história da coragem britânica e o que isso significava para o resto do mundo: **so much, so many, so few** [tantos, tanto, tão poucos]. Essas palavras resumem histórias que preenchem livros inteiros.

"Tanto" expressa a liberdade e a democracia – muito do que seria eliminado se Hitler não tivesse sido freado.
"Tantos" representa a população inteira do Império Britânico à época e aqueles que viviam em países invadidos por Hitler.
"Tão poucos" é uma referência ao pequeno número de pilotos britânicos, muitos dos quais foram mortos nos céus ao defender sua pátria.

"Para milhões de pessoas – sofisticadas e não sofisticadas –, ele aperfeiçoou suas habilidades retóricas para injetar coragem em seu coração e fazê-las acreditar que poderiam lutar contra uma ameaça mais mortal do que qualquer outra com que já tivessem deparado",[7] escreve Boris Johnson. "Churchill mostrou como isso [a arte da retórica] poderia ajudar a salvar a humanidade."

De acordo com a colunista Sue Shelenbarger, do *The Wall Street Journal*: "Ao tentar parecer inteligentes, muitas pessoas acabam fazendo coisas que as fazem parecer idiotas".[8] O artigo resumia uma crescente área de pesquisa sobre como formamos impressões em relação aos outros. Muitos acreditam que, se usarem palavras grandes – uma linguagem ampla, volumosa e pomposa –, os outros pensarão que é sinal de inteligência. O exato oposto é a verdade. Se você quiser parecer inteligente e confiante, substitua palavras grandes por pequenas. Palavras grandes não impressionam as pessoas, e sim as frustram.

Os líderes que lançam movimentos não "implementam" um plano; eles o realizam. Os líderes que lançam movimentos não oferecem "remuneração" para executar o plano; eles recompensam as pessoas por fazerem isso. Os líderes que lançam movimentos não executam um plano "da concepção à conclusão"; eles o levam a cabo do começo ao fim.

Churchill mostrou que uma pessoa pode fazer diferença, que uma pessoa pode salvar uma civilização. No entanto, ninguém tem a chance de persuadir um grande número de pessoas se não puder explicar suas ideias com palavras curtas e bem-escolhidas.

O SEGREDO DOS STORYTELLERS

Os storytellers motivam o maior número de pessoas com o mínimo de palavras possível.

Escaneie o QR code ou procure no canal HSM Publishing do YouTube por "Storytelling - Vídeo 4".

Nesse vídeo, Bruno Scartozzoni, tradutor e prefaciador do livro, fala sobre a ética do storytelling.

PARTE V

STORYTELLERS QUE CRIARAM MOVIMENTOS

CAPÍTULO 33

MARTIN LUTHER KING JR.

GRANDES STORYTELLERS SE FAZEM, NÃO NASCEM ASSIM

"Não se dirija ao cérebro dos outros; dirija-se ao coração." – Nelson Mandela

Era terça-feira, 27 de agosto de 1963. Às 22 horas, Clarence Jones retornava a seu quarto no Willard Hotel, em Washington, DC. Sua tarefa era compilar páginas e páginas de notas escritas à mão durante uma reunião no saguão do hotel e transformá-las em um discurso coeso para seu chefe.

Clarence voltou para o saguão menos de duas horas depois. Seu chefe e o grupo de principais assessores ouviram a explicação dele defendendo o discurso que havia escrito. Eles o encheram de perguntas: "Por que você não incluiu isso?", "Por que você disse aquilo?". O chefe de Clarence interrompeu a discussão. Ele já tinha ouvido o suficiente e decidiu voltar para seu quarto.

Na quarta-feira, 28 de agosto, o telefone de Clarence tocou às 7 horas. O discurso tinha ficado pronto e estavam sendo colocadas cópias em materiais de divulgação para um evento que ocorreria mais tarde, naquele mesmo dia.

Clarence veria uma cópia do discurso somente no púlpito em que seu chefe, o dr. Martin Luther King Jr., falaria logo mais.

Quando a multidão no Washington Mall alcançou 250 mil pessoas, King assumiu seu lugar, atrás do microfone, nos degraus do Lincoln

Memorial, deu uma olhada no texto a sua frente e começou a falar: "Há cem anos, um grande norte-americano, sob cuja sombra simbólica estamos hoje, assinou a Proclamação de Emancipação...".

Um sorriso surgiu no rosto de Clarence quando ele percebeu que King tinha mantido os parágrafos de abertura que ele havia escrito. Talvez Clarence tivesse finalmente encontrado o tom de King, já que essa era a primeira vez que King lia um discurso de Clarence palavra por palavra. "Quando se tratava de meus rascunhos de discursos, ele [King] geralmente agia como um designer de interiores: eu construía quatro fortes paredes, e ele usava suas habilidades dadas por Deus para mobiliar o lugar de modo a se parecer um lar."[1] King soprava vida na narrativa de Clarence. "Clarence, este argumento é mais forte do que eu poderia imaginar, mas onde está a humanidade dele?", dizia King com frequência. Enquanto King continuava a discursar e Clarence ficava cada vez mais feliz porque o líder do movimento dos direitos civis estava lendo as palavras que ele havia escrito, aconteceu algo que transformaria o discurso e, com ele, o futuro da nação.

A cantora gospel Mahalia Jackson, que estava de pé próximo de King, gritou: "Conte para eles seu sonho, Martin!".

Poucas pessoas ouviram o grito, mas King ouviu. E sabia exatamente sobre o que ela estava falando.

King já havia usado a metáfora de um sonho em discursos anteriores, mas não tinha intenção de utilizá-la naquela praça em Washington. Tanto que nem estava incluída na cópia do discurso entregue à imprensa.

"Martin agarrou o pódio do orador, uma mão de cada lado, inclinou-se para trás e olhou para a multidão de 250 mil pessoas ou mais agrupada em frente ao Lincoln Memorial",[2] relembra Clarence. Ele viu quando King deixou de lado as anotações preparadas. Clarence sabia o que aconteceria a seguir. "Essas pessoas ainda não sabem, mas estão prestes a ir à igreja", sussurrou para a pessoa perto dele.

"Eu tenho um sonho...", exclamou King. E, com essas palavras, King personificou três gerações de pregadores batistas que vieram antes dele. Clarence já tinha visto isso acontecer antes. "Habilidade incrível de improvisar, reimaginar seu texto lapidado e até mesmo recordar e, se parecer bom, inserir outras maneiras de apresentar o material previamente mostrado."[3]

A sequência que fez do "Discurso do Sonho", de Martin Luther King, o maior discurso do século 20 foi toda improvisada. As palavras "eu tenho um sonho" não estão na versão original do discurso!

Improvisar não significa criar algo vindo do nada. Significa juntar peças de qualquer lugar em que estejam disponíveis. As peças de King estavam disponíveis... em sua cabeça.

Você já deve ter ouvido falar da "regra das 10 mil horas". Os especialistas acreditam que leva aproximadamente 10 mil horas de prática para alguém se tornar mestre em uma habilidade, como praticar um esporte, dominar música ou realizar uma cirurgia. Esse conceito se aplica diretamente ao storytelling e ao ato de falar em público.

Martin Luther King havia participado da equipe de debate da escola. Fora ordenado ministro religioso 16 anos antes do "Discurso do Sonho". Fazendo as contas, percebemos que King estava aperfeiçoando sua capacidade de falar em público por, pelo menos, 20 anos antes de proferir as palavras que transformariam uma nação.

Acredita-se que King tenha feito 2,5 mil discursos durante sua vida. Se considerarmos duas horas de escrita e ensaios para cada um (e em muitos casos ele gastou bem mais do que isso), chegaremos a uma estimativa moderada de 5 mil horas. Mas são discursos. Isso não leva em conta os debates no ensino médio e as centenas de sermões. Você entendeu. King facilmente tinha atingido as 10 mil horas de treino naquele 28 de agosto de 1963.

Martin Luther King era um mestre da improvisação porque havia dedicado muito tempo a isso. Grandes storytellers se fazem, não nascem assim.

AS FERRAMENTAS DOS STORYTELLERS

Os storytellers não pegam atalhos, pois não há nenhum atalho para pegar. Inspiração requer prática – horas e horas de prática. Alguns famosos palestrantes do TED ensaiaram suas apresentações até 200 vezes antes de subirem ao palco. Você deve se lembrar do pastor Joel Osteen. Ele me disse que ensaia cada sermão por seis horas antes de fazê-lo pela primeira vez, no sábado à noite. Ele, então, o repete duas vezes no domingo. O terceiro sermão é aquele a que milhões de pessoas assistem na TV. Os espectadores veem um storyteller lapidado, mas não quantas horas são necessárias para lapidar uma história inspiradora. Steve Jobs começava a ensaiar meticulosamente cada um dos pontos principais das famosas apresentações de seus produtos semanas antes. O bilionário Warren Buffett matriculou-se em um curso da Dale Carnegie e se ofereceu para dar aulas sobre negócios na University of Omaha a fim de superar seu medo de falar em público. Hoje, seu certificado da Dale Carnegie é o único diploma que ele orgulhosamente pendura na parede de seu escritório. Em 1964, Ronald Reagan fez um discurso animador para apoiar o então candidato do Partido Republicano, Barry Goldwater. Goldwater perdeu a eleição, mas os eleitores foram inspirados por Reagan, que se tornou governador da Califórnia e o 40º presidente dos Estados Unidos. A plateia viu um storyteller magnífico começando no palco em 1964, porém não viu Reagan fazendo centenas de discursos para os 250 mil funcionários da General Electric durante quatro anos, quando a empresa patrocinava um programa de TV apresentado por ele.

De modo muito parecido, Martin Luther King teve anos e anos de prática até proferir o discurso que cativou o mundo. E foi só com a prática que ele conseguiu usar habilmente duas técnicas de retórica que são as bases do storytelling: metáfora e anáfora.

O MESTRE DA METÁFORA

"De certa maneira, viemos à capital da nação para descontar um cheque",[4] disse King. Os arquitetos da Constituição norte-americana elaboraram uma "nota promissória", referiu ele, que garantiu a todos os cidadãos o direito inalienável à vida, à liberdade e à busca da felicidade. "É óbvio que a América não cumpriu esse compromisso", afirmou.

Os storytellers como King fazem um esforço consciente para incorporar metáforas em seus discursos e apresentações. A "nota promissória" foi uma das muitas que ele usou naquele discurso.

As metáforas deram a King a ferramenta de "soprar vida" em conceitos abstratos:

- "Não vamos satisfazer nossa sede de liberdade bebendo da xícara da amargura e do ódio".
- "Agora é tempo de subir do vale das trevas da segregação para o caminho iluminado pelo sol da justiça racial".
- "Eu tenho o sonho de que, um dia, até mesmo o Mississippi, um estado que transpira com o calor da injustiça, que transpira com o calor da opressão, será transformado em um oásis de liberdade e justiça".
- "Nunca poderemos ficar satisfeitos enquanto um negro não puder votar no Mississippi e um negro em Nova York acreditar que não tem motivos para votar. Não, não, não estamos satisfeitos e não estaremos satisfeitos até que a justiça e a retidão rolem abaixo como águas em uma poderosa correnteza".

A metáfora é um componente crítico da caixa de ferramentas do storytelling. "A metáfora sistematicamente desorganiza o senso comum das coisas – misturando o abstrato e o concreto, o físico e o psicológico, o parecido e o oposto – e o reorganiza em combinações incomuns",[5] escreve James Geary. "O pensamento metafórico – nosso instinto não apenas para descrever, mas para compreender uma coisa em termos de outra, para me equiparar ao outro – molda nossa visão de mundo e é essencial para o modo como nos comunicamos, aprendemos, descobrimos e criamos."

Frequentemente pensamos e explicamos nossos sentimentos com metáforas. Você já sofreu de "coração partido"? Tomara que tenha encontrado "a luz de sua vida". Já esteve em um projeto tão desafiador que precisou "matar um leão por dia"? Talvez nem fosse tão desafiador assim, mas só você se sentindo "com a corda no pescoço". De alguma forma, todos estão em busca de sua "galinha dos ovos de ouro". Às vezes, você precisa enfrentar um "bicho de sete cabeças" para chegar a algum lugar. Algumas pessoas vendem "gato por lebre"; elas são "lisas como quiabo". Há quem seja "esperto como uma raposa". Ela tem um "coração de leão". Eu tenho "visão de raio X".

Em vendas, as metáforas geralmente são utilizadas para simplificar assuntos complexos. Por exemplo, em termos técnicos, um chip "dual core" possui dois núcleos de desempenho que processam dados a um ritmo muito mais rápido. Isso o motiva a comprar um? Claro que não! É muito abstrato para quem não é engenheiro. E se eu dissesse que o chip é o "cérebro" do computador e, com um chip dual core, você teria o equivalente a dois cérebros em um computador? Você provavelmente ficaria mais intrigado, tornando mais fácil, para mim, explicar os benefícios do produto. É isso o que a metáfora faz. Metáforas e analogias têm mais probabilidade de ajudar em vendas porque esclarecem o que, por vezes, pode ser abstrato.

Algumas metáforas farão sucesso com sua plateia, enquanto outras passarão despercebidas. Escrever metáforas não é uma habilidade que surge naturalmente para a maioria das pessoas. É uma técnica de storytelling que se adquire. Então, não hesite em pedir feedback a seus colegas. Até mesmo um dos maiores storytellers do século 20, o dr. Martin Luther King Jr., pedia a conselheiros de confiança que escrevessem trechos de seus discursos. King fazia os arranjos finais, mas ele tinha confiança de deixar que outros o ajudassem.

VOCÊ PODE REPETIR ISSO?

"Eu tenho um sonho de que um dia esta nação se levantará e viverá o verdadeiro significado de sua crença", declarou Martin Luther King, dando início à sequência mais citada do século 20. Ele continuou:

> **"Eu tenho um sonho** de que um dia, nas montanhas vermelhas da Geórgia, os filhos dos descendentes de escravos e os filhos dos descendentes de donos de escravos poderão sentar-se juntos à mesa da fraternidade".

> **"Eu tenho um sonho** de que um dia...".
> **"Eu tenho um sonho** de que um dia...".
> **"Eu tenho um sonho** hoje...".

No "Discurso do Sonho", King usa com maestria o recurso da anáfora. Anáfora é uma ferramenta de storytelling em que uma palavra ou um grupo de palavras se repete no começo de sucessivas frases. Na política, democratas e republicanos compartilham o mesmo grande amor: a anáfora.

Em janeiro de 2015, o presidente dos Estados Unidos, Barack Obama, democrata, perguntou à nação:

> **"Será que nós** aceitaremos uma economia na qual apenas poucos consigam se sair espetacularmente bem? Ou nos comprometeremos com uma economia que gere renda crescente para todos os que se esforçarem?".[6]
> **"Será que nós** nos aproximaremos do mundo...".
> **"Será que nós** nos permitiremos ser...".

Mais cedo, no mesmo dia, o recém-eleito governador do Texas, Greg Abbott, republicano, contou pequenas histórias de luta e sucesso usando frases anafóricas. "Até hoje, o Texas tem sido agraciado com lendas que começaram humildemente e tiveram um sucesso espetacular":[7]

> "**Onde** um garoto como Dan Duncan cresceu muito pobre, no leste do Texas, e começou um negócio com dois caminhões e US$ 10 mil, mas, com trabalho duro e muita bravura, seguiu em frente e tornou-se um dos homens mais ricos da história do Texas".
> "**Onde** pessoas como Colleen Barrett conseguem subir os degraus de uma carreira como assistente-executiva até ser listada uma das mulheres mais poderosas dos Estados Unidos, como presidente da Southwest Airlines".
> **"Onde** a filha de 13 anos de imigrantes mexicanos que trabalhava à noite em uma fábrica de cortinas e que nunca desistiu de seus sonhos

tornou-se a primeira latina a ser juíza da Suprema Corte do Texas: Eva Guzman".

A anáfora é eficiente na construção de um movimento porque aumenta a intensidade da ideia, e as ideias intensas acabam "colando" em nossa cabeça. Há uma razão pela qual Winston Churchill escolheu a anáfora como recurso retórico para reunir o povo britânico durante a Segunda Guerra Mundial:

> "**Nós lutaremos** até o fim, **nós lutaremos** na França, **nós lutaremos** nos mares e oceanos, **nós lutaremos** com crescente confiança e crescente força nos ares. Nós defenderemos nossa ilha a qualquer custo! **Nós lutaremos** nas praias, **nós lutaremos** nas pistas de pouso, **nós lutaremos** nos campos e nas ruas, **nós lutaremos** nas montanhas. Nós nunca nos renderemos!".

Os líderes empresariais não raro se afastam da anáfora porque acreditam ser ela uma ferramenta reservada para discursos políticos. Na verdade, a anáfora pode ser perfeita e confortavelmente incorporada em apresentações de negócios destinadas a inspirar o público a ver o mundo de maneira diferente.

Por exemplo, Leonard Walker, gerente de setor da Wells Fargo, em Atlanta, falou em uma reunião trimestral do Atlanta Business Banking. O tema era a necessidade de liderança, e sua mensagem principal era a de que as pessoas que estavam na sala tinham a obrigação de dar um passo à frente como líderes para ajudar a economia local a superar a recessão. "Onde estão os líderes?",[8] perguntou Walker. "Ainda precisamos deles? As respostas são 'estão nesta sala' e 'sim, precisamos deles'. **Nós somos** os líderes hoje. **Nós somos** aqueles por quem estávamos esperando. Nós somos aqueles em cujos ombros recai a recuperação."

Certa vez, ouvi um executivo da SAP explicar: "Em um mundo de tamanha complexidade, a simplicidade vence. **A simplicidade** traz clareza, em vez de confusão. **A simplicidade** remove obstáculos. **A simplicidade** permite que as empresas acompanhem a enorme quantidade de dados que estão sendo gerados hoje".

Quando você deparar com o momento de seus sonhos, pratique incansavelmente para acertar o tom e, se possível, inclua ferramentas estilísticas, como a metáfora e a anáfora, para transformar uma simples apresentação em um evento que agita a alma.

O SEGREDO DOS STORYTELLERS

Grandes storytellers se fazem, não nascem assim. Aproveitam cada oportunidade para aperfeiçoar suas habilidades de falar em público e de trabalhar na arte de inspirar espectadores. Experimentam cada artifício retórico a sua disposição e, muitas vezes, se tornam especialistas em usar os elementos de construção da narrativa: a analogia e a metáfora.

CAPÍTULO 34

SHERYL SANDBERG

MILHÕES DE MULHERES FAZEM ACONTECER QUANDO UMA DELAS SE ATREVE A DIZER O QUE PENSA

"Quando você quiser motivar, persuadir ou ser lembrado, comece com uma história humana de luta e triunfo. Isso conquistará o coração das pessoas – atraindo primeiro o cérebro." – Paul Zak

Quinze minutos é tempo suficiente para dar início a um movimento. Esse era o tempo que Sheryl tinha para dar uma palestra sobre mulheres no mercado de trabalho. Algumas pessoas acreditavam que ela não deveria fazer isso. "Você vai acabar com sua carreira! Nunca mais será levada a sério!", diziam para a alta executiva. Sheryl, entretanto, estava convencida de que precisava falar sobre um problema persistente no mundo dos negócios. Mesmo com todos os avanços das mulheres no mercado de trabalho, ainda havia pouquíssimas ocupando posições de liderança.

Em 10 de dezembro de 2010, durante a edição TEDx Women, em Washington, DC, ela atacou o problema de frente. Ao preparar sua fala, Sheryl fez o que se tornou natural para ela. A ex-consultora de gestão reuniu montanhas de estatísticas sobre coisas como quantas mulheres são chefes de Estado e quantas ocupam cargos de alto escalão na América corporativa.

Pouco antes de subir ao palco, Sheryl se viu em dificuldades para focar o discurso. Contou à amiga Pat que se sentia incomodada com algo que tinha acontecido antes de embarcar no avião para a conferência. Sua filha de 3 anos, triste porque a mãe estava partindo, agarrou-se a sua perna e, implorando, pediu: "Mamãe, não vá!". Pat sugeriu a Sheryl que contasse essa história para a plateia, composta em sua maioria por mulheres.

"Você está brincando?",[1] respondeu Sheryl. "Vou subir ao palco e admitir que minha filha estava se agarrando a minha perna?"

"Se você quer mais mulheres em papéis de liderança, precisa ser honesta e reconhecer como isso é difícil", disse Pat.

Sheryl seguiu o conselho.

> Agora, para começar, quero deixar bem claro que este discurso não tem nenhum juízo de valor. Não tenho a resposta certa – nem para mim! Saí de San Francisco, onde moro, na segunda-feira, e estava para pegar o avião para esta conferência, e minha filha de 3 anos, quando a deixei no maternal, abraçou minha perna, chorando e pedindo: "Mamãe, não entre naquele avião". Isso é difícil... Eu me sinto culpada às vezes. Não sei de nenhuma mulher, esteja ela em casa ou no mercado de trabalho, que não sinta isso às vezes. Então, não estou dizendo que permanecer no mercado é a coisa certa para todas. Minha fala hoje é sobre as mensagens certas se você quiser mesmo ficar no mercado. E acho que há três: um, não fique de fora; dois, faça de seu parceiro um parceiro de verdade; e três, não desista antes da hora.[2]

A apresentação de Sheryl Sandberg no TEDx Women viralizou. A popularidade do tópico e as histórias que ela recebeu de mulheres que foram inspiradas por ele convenceram a executiva-chefe de operações do Facebook a escrever um livro, que rapidamente se tornou best-seller e inspirou um movimento com o mesmo nome: *Faça Acontecer*. Por acidente, Sandberg descobriu o que Paul Zak descobrira no laboratório: as histórias alteram a química cerebral, que, por sua vez, aciona a empatia na plateia.

AS FERRAMENTAS DOS STORYTELLERS

Embora Sandberg tenha introduzido dados importantes em sua famosa apresentação do TED, as histórias pessoais correspondem a mais de 70% de seu conteúdo. Estatísticas não iniciam movimentos; histórias, sim.

Mas, enquanto Sandberg descobria o poder das histórias para dar vida aos dados, voltou-se para seu treinamento em análise de dados quando começou a escrever seu livro. Sandberg recebeu outro alerta:

> Escrevi o primeiro capítulo e achei que tinha ficado maravilhoso. Estava repleto de dados e cifras. Escrevi três páginas sobre as tribos matrilineares massais e seus padrões sociológicos. Meu marido leu e falou algo do tipo: "Isso é como comer aquele seu cereal matinal horroroso. Ninguém – e peço desculpas à marca do cereal que consumo –, ninguém, ninguém lerá este livro". E percebi, durante esse processo, que eu tinha de ser mais honesta e mais aberta e que precisava contar minhas histórias. Minhas histórias de ainda não me sentir tão confiante quanto deveria em muitas situações. De meu primeiro e fracassado casamento. Do choro no trabalho. Da sensação de não pertencer àquele lugar, me sentindo culpada até hoje.[3]

Pat Mitchell, a amiga de Sandberg que falou com ela antes da palestra no TEDx, fala sobre o motivo ao qual ela atribui o sucesso de *Faça Acontecer*: "Penso que umas das coisas mais impressionantes do livro e, em minha opinião, o que fez dele o sucesso que é no mundo todo é que você fala sobre sua vida e suas experiências. Deixa claro que teve os mesmos desafios que muitas de nós".[4]

Sandberg diz que, ao ser aberta e honesta sobre sua história, deu a outras mulheres a possibilidade de também serem abertas e honestas em relação a suas histórias e, juntas, poderem alcançar a igualdade. A mensagem ecoou em uma jovem que trabalhava no Facebook, uma engenheira excepcionalmente brilhante que tinha medo de falar.

UMA GAROTA TÍMIDA CONSTRÓI UMA "PRAÇA" PARA DAR VOZ A ESTUDANTES

A jornada de Pooja Sankar até o Facebook era improvável com as perspectivas que ela vislumbrava, tendo crescido em um tradicional vilarejo da Índia. Lá, o papel da mulher era cozinhar, limpar e se preparar para o casamento. "Durante meus anos escolares, cresci em uma cultura em que era tabu – algo inédito, na verdade – falar com um garoto ou manter contato visual com ele",[5] contou-me.

Embora ela tenha crescido em uma família tradicional de uma cidade tradicional, seu pai tinha uma posição firme sobre a educação. Em 1998, Sankar matriculou-se no Indian Institute of Technology (ITT), uma das escolas mais competitivas do mundo, com uma taxa de aceitação de 1%. Ela conseguiu uma das 2 mil vagas disputadas por um número de pessoas cem vezes maior do que isso.

Ao entrar na faculdade, sentiu-se intimidada, apesar das capacidades que a tinham feito chegar lá. De 425 calouros, só 25 eram mulheres. "O primeiro obstáculo a superar era minha timidez. Tive de me tornar confiante para me aproximar dos colegas (a maioria homens), monitores e professores para fazer perguntas sobre as matérias do curso."

Depois da faculdade, aos 22 anos de idade, Sankar foi para os Estados Unidos continuar os estudos, onde concluiria dois mestrados no Maryland College Park e um MBA em Stanford. Pouco antes de ingressar em Stanford, ela trabalhou como engenheira no Facebook, no Vale do Silício, e teve a sorte de assistir a uma apresentação interna de Sheryl Sandberg. "Eu me lembro de muitas mulheres se levantando e dizendo que não tinham grupo de apoio ou que às vezes se sentiam assustadas e intimidadas em levantar a mão ou fazer perguntas na frente de colegas homens. Ali percebi que o problema não existia só para as mulheres do norte da Índia, mas também para muitas vindas das melhores universidades dos Estados Unidos. Havia muitas mulheres como eu."

Em Stanford, Sankar seguidamente ouvia histórias de outros empreendedores e do que os fez começar seus negócios. "Todas as histórias tinham em comum o tema de trabalhar em um problema pelo qual eles eram profundamente apaixonados. Para mim, o problema pelo qual eu era profundamente apaixonada envolvia ajudar estudantes tímidos a se conectar com seus colegas e instrutores de maneira que isso potencializasse sua experiência de aprendizado."

Depois de se graduar em administração, Sankar decidiu combinar sua luta pessoal como estudante com sua habilidade no campo das ciências da computação. Criou a Piazza, uma ferramenta online para estudantes universitários e professores. *Piazza*, em italiano, significa "praça", lugar em que as pessoas se encontram para compartilhar conhecimento e ideias, e sua versão online criou um espaço para estudantes e professores colaborarem entre si.

Sankar percebeu que os investidores, professores, estudantes e outros de seu público-alvo responderam instantaneamente à maneira como sua história pessoal de superação da timidez se conectava com a missão da Piazza, e agora ela apresenta a história de forma destacada no website dessa plataforma. "Comecei a Piazza porque queria ter tido algo assim",[6] diz ela na introdução do vídeo.

> Eu era uma de três mulheres da turma de ciências da computação no ITT. Cresci frequentando uma escola só de garotas, e a maioria de meus 50 colegas homens cresceu em escolas só de garotos. Éramos tímidos demais para interagir uns com os outros. Meu primeiro ano na faculdade foi desafiador. Nossos professores nos davam tarefas de programação, para que aprendêssemos bastante sobre programação básica de computadores. Só que muitas noites eu passava acordada até as seis da manhã presa a pequenos detalhes das tarefas... Eu me sentava a um canto do laboratório de computação, tímida demais para me comunicar com os colegas. Eles conversavam entre si, perguntavam coisas uns para os outros e aprendiam muito trabalhando juntos. Perdi tudo isso em meu aprendizado... Iniciei a Piazza para que toda estudante tenha a oportunidade de aprender com os colegas, seja ela muito tímida para perguntar, esteja trabalhando sozinha em seu quarto ou se nenhum de seus poucos amigos souber a resposta. Quero que a Piazza seja um recurso para estudantes às quais não é dado espaço intelectual, liberdade ou apoio para preencher seu potencial educacional e seu desejo de aprender. E quero que a Piazza dê poder aos instrutores para que tenham um impacto positivo e pessoal sobre mais estudantes. A Piazza foi criada para conectar estudantes, monitores e professores de modo que toda estudante consiga ajuda quando precisar – até mesmo às duas da manhã.

Sankar descobriu que os professores, em especial, adoram ouvir a história da fundadora. "Eles são levados para ferramentas que não têm base em uma história real. Dessa maneira, sabem que a ferramenta foi criada por uma empreendedora que era tímida e que não quer que outras estudantes tímidas passem por isso em aula. Isso cria muita confiança com os professores."

Hoje, centenas de milhares de estudantes, de diversos campi, estão usando a Piazza, entre elas metade de todas as alunas de Stanford e metade das do Massachusetts Institute of Technology (MIT). Sankar aborda o storytelling como aborda o desenvolvimento de softwares: constantemente aperfeiçoando o produto. "Volto à filosofia pela qual vivo e respiro em termos de construção de produtos. Lancei esse primeiro produto. Ele nunca será, de cara, o produto certo. É tudo sobre repetição. Qual é a primeira mensagem, reação, não reação, repetição. Fui levada a milhares de repetições antes de conseguir explicar o que fazemos em uma ou duas frases e captar a atenção dos ouvintes."[7]

TENSÃO E TRIUNFO

As histórias inspiradoras devem ter dois elementos: tensão e triunfo. A atual safra de storytellers – empreendedores como Sandberg e Sankar – fala abertamente sobre as lições aprendidas para triunfar sobre a adversidade.

"Com 22 anos, eu casei – um casamento tradicional e arranjado", revela Sankar. "Pelos quatro anos seguintes, passei por um difícil teste para meus valores e minha personalidade. Tive de cavar fundo para ver quem eu era. Lutei em uma cultura de casamento extremamente tradicional no qual as mulheres têm certo papel a cumprir e não se impõem nem têm opiniões. Percebi que, depois de dar meu melhor por quatro anos nesse relacionamento, aquela não era eu, eu era outra pessoa, que tinha grandes sonhos e grandes esperanças e queria colocar isso para fora."

Sankar criou a plataforma Piazza para dar voz às estudantes, uma voz que ela não teve.

Tanto Sankar como Sandberg falam sobre casamentos fracassados e como aprenderam valiosas lições, que tiveram papel fundamental em seu crescimento como líderes. Suas histórias pessoais de tensão e triunfo ecoam em seus ouvintes porque as pessoas veem parte de si mesmas nas narrativas e são transportadas para outro mundo – o mundo das empreendedoras. E, uma vez que a emoção influencia bastante o processo de tomada de decisões, os ouvintes são mais propensos a adotar a visão do fundador e abraçá-la como sendo sua.

Em *Leadership and the Art of Struggle* [Liderança e a arte da luta], Steven Snyder nos lembra que a história está repleta de líderes que fracassaram – alguns de maneira espetacular (Steve Jobs sendo demitido e John F. Kennedy na baía dos Porcos) – e que emergiram mais fortes e resilientes por causa disso. "Uma nova perspectiva surge quando a luta é reconhecida como aspecto intrínseco da liderança e uma oportunidade para que líderes atinjam seu potencial por completo",[8] escreve Snyder. "Quando a luta é vista como uma arte a ser dominada, um novo conjunto de estratégias e ações sobrevém, permitindo aos líderes elevar suas capacidades a patamares não imaginados."

O livro dos Provérbios 24:16 diz: "Pois ainda que o justo caia sete vezes, tornará a erguer-se". Na primeira leitura, o trecho sugere que uma pessoa de sucesso se ergue *apesar* de ter caído uma vez após outra. Os líderes mais inspiradores do mundo sabem o verdadeiro significado desse provérbio: as pessoas de sucesso se erguem *porque* caíram sete vezes. O fracasso e a luta são os dois melhores professores do planeta. E é a partir deles que as grandes histórias são feitas.

O SEGREDO DOS STORYTELLERS

Os líderes não movem montanhas com montes de dados. Fazem isso dando a seus ouvintes uma parte de seu coração.

CAPÍTULO 35

A HISTÓRIA DE 60 SEGUNDOS QUE TRANSFORMOU O MUNDO DO VINHO

"O poder das narrativas de mudar concepções nunca foi questionado." – professora Melanie Green

Nunca comi tanto queijo em minha vida como quando visitei Paris. Há uma loja de queijos em cada esquina, com centenas de variedades à venda. E não é queijo light, não. Os queijos franceses são ricos em gordura e os franceses os comem muito, por volta de 20 quilos por pessoa ao ano. Na verdade, os franceses comem cerca de 60% mais queijo que os norte-americanos. Eles também consomem carnes com mais gordura e maior teor de colesterol. Por que, então, os norte-americanos sofrem muito mais de doenças cardíacas do que os franceses?

Em 17 de novembro de 1991, o popular programa de TV *60 Minutes* revelou uma possível resposta. O apresentador Morley Safer olhou para a câmera, segurando um copo de vinho tinto, e disse: "A resposta para o baixo índice de doenças cardíacas na França pode estar neste copo".[1] Naquele instante, nascia o "Paradoxo Francês". Antes do programa, a comunidade médica considerava o álcool um fator de risco na dieta de uma pessoa. Da noite para o dia, a comunidade médica (e as diretrizes dietéticas federais) começou a sugerir que quantidades moderadas de vinho tinto pudessem ser parte de um estilo de vida saudável. Mais tarde, uma substância chamada resveratrol, com propriedades para proteger o coração, foi encontrada no vinho.

O programa *60 Minutes* desencadeou um boom do vinho. Em um ano, o consumo de vinho tinto cresceu mais de 40% nos Estados Unidos. Os norte-americanos passaram a beber mais vinho do que nunca. Compravam mais Cabernet Sauvignon e Merlot, duas variedades de crescimento fácil e preços mais atraentes. A variedade que não participou do boom foi Pinot Noir.

O Pinot Noir é considerado difícil de vender. É produzido de uma uva de cultivo complicado. Um bom Pinot Noir custará, no mínimo, US$ 20, e alguns tornam-se clássicos cult, com preço superior a US$ 100. O Pinot também tem um gosto diferente do perfil de vinho tinto que a maioria dos norte-americanos está acostumada a beber. A hora do Pinot chegaria, contudo – na forma de uma história.

No filme *Sideways – Entre Umas e Outras*, de 2004, Paul Giamatti interpreta Miles Raymond. Miles, divorciado e escritor malsucedido, está deprimido. É professor de inglês do ensino médio e sonha em escrever um romance, mas os editores sempre o recusam. Enquanto sua vida pessoal e profissional afunda, ele leva um amigo prestes a casar para um fim de semana de degustação de vinhos em Santa Barbara. Miles é um conhecedor de vinhos. A bem da verdade, é um pouco esnobe por causa disso, mas é um sujeito simpático – engraçado, atencioso e apaixonado.

Durante a viagem, Miles conhece Maya, uma garçonete muito atraente, interpretada por Virginia Madsen. Miles e Maya têm uma paixão em comum: vinhos. Em uma das cenas mais importantes do filme, os dois vão para uma varanda com copos de vinho nas mãos.

"Por que você gosta tanto de Pinot?",[2] pergunta Maya.

Nos 60 segundos seguintes, o personagem Miles Raymond conta uma história que faria disparar as vendas de Pinot Noir.

> É uma uva difícil de cultivar. Tem a casca fina, é temperamental e amadurece cedo. Não é uma sobrevivente como a Cabernet, que cresce em qualquer lugar e se desenvolve bem mesmo quando é negligenciada. Não, a Pinot necessita de cuidado e atenção constantes. Na verdade, só pode se desenvolver em lugares bem específicos, aninhada em certos cantos do mundo. E apenas o mais paciente e carinhoso dos plantadores consegue isso. Só alguém que realmente se empenhe em entender

o potencial da Pinot pode aproveitar todo o seu esplendor. Seu sabor é o mais assombroso, brilhante, emocionante, sutil e antigo do planeta.

Miles está descrevendo a si mesmo e usando a uva Pinot como uma metáfora para sua personalidade. Nessa cena, os espectadores do filme projetam-se no personagem, sentindo seu desejo e sua busca de compreensão. *Sideways* foi um sucesso e ganhou o Oscar de Melhor Filme e de Melhor Roteiro Adaptado. Também lançou um movimento, transformando o incompreendido Pinot Noir em um dos vinhos *must-have* do ano.

Menos de um ano após o lançamento do filme, no outono de 2004, as vendas de Pinot Noir subiram 18%. Os vinicultores passaram a plantar mais dessa uva para atender à demanda. Só na Califórnia, 70 mil toneladas de uvas Pinot Noir foram colhidas e esmagadas em 2004. Em dois anos, o volume ultrapassou 100 mil toneladas. Hoje, os vinicultores da Califórnia esmagam mais de 250 mil toneladas de Pinot Noir por ano.

O interessante é que a versão japonesa do filme não teve o mesmo "efeito Sideways" nas vendas de vinho. Uma razão é que a uva de destaque é a Cabernet, uma variedade já bastante popular no Japão. No entanto, ainda mais crítico e relevante para a discussão sobre storytelling é que a plateia japonesa não viu a "cena da varanda" porque não havia. A cena não foi incluída no filme. Sem história, sem apego emocional a uma variedade em particular. Veja só, o filme *Sideways* não lançou um movimento Pinot Noir; foi a história contada por Miles que acionou o boom. Em 60 segundos, Maya se apaixonou por Miles e milhões de norte-americanos se apaixonaram por um vinho caro do qual eles pouco sabiam.

AS FERRAMENTAS DOS STORYTELLERS

Todos já nos sentimos "perdidos" em um bom livro. Os neurocientistas estão descobrindo que, quando lemos a parte transformadora de um romance, nos projetamos na pele do protagonista. Examinando o cérebro de pessoas enquanto elas liam um livro, os pesquisadores puderam perceber atividade nas áreas do cérebro associadas à experiência que os personagens tinham no momento. Nós nos colocamos na pele dos personagens e, para todos os efeitos, fazemos tudo aquilo de verdade. A história da uva Pinot que Miles conta para Maya em *Sideways* transporta os espectadores para outro lugar. Eles mergulham na história.

Os professores Melanie Green e Timothy Brock estudam o papel que a "teoria do transporte" desempenha em persuadir as pessoas a mudar seus conceitos. "O poder das narrativas de mudar concepções nunca foi questionado",[3] dizem eles. Quando a pessoa está absorta em uma história, isso impacta suas crenças. Quanto mais envolvida emocionalmente com os personagens, mais empatia ela sentirá pelo herói e mais provável será ela compartilhar a visão dele. "Participantes que se transportaram mais para a história demonstraram crenças mais parecidas com as conclusões da história, bem como apresentaram avaliações mais positivas sobre o protagonista [...] os indivíduos alteram suas crenças do mundo real em resposta às experiências que tiveram no mundo da história. Os indivíduos 'transportados' tendem a ter maior afinidade pelos personagens da história e, em consequência disso, são mais propensos a ser levados pelos sentimentos e crenças expressos por aqueles personagens."

Green e Brock descobriram que algumas histórias e personagens são melhores em mudar crenças. O público tende a ser "transportado com mais eficiência" para uma história quando duas condições são cumpridas: os personagens são simpáticos e têm de passar por uma luta difícil. "Os contos mais poderosos tendem a ser aqueles que envolvem aspectos negativos, como dilemas a superar e obstáculos a derrubar." Miles é um pouco esnobe, mas, ao mesmo tempo, adorável. Ele é engraçado, característica de personalidade que os psicólogos dizem ser bastante apreciada. É leal, generoso e apaixonado por seu trabalho e seu hobby. Também é vulnerável e autêntico. Miles é humano, e nós nos importamos com ele. Usando a jornada da uva Pinot Noir, ele conta uma história de sofrimento e redenção. A uva vence sua luta e alcança seu total esplendor.

De acordo com os professores Green e Brock, o "transporte" não está limitado à forma escrita. Sim, como discutimos anteriormente, um bom livro pode transportar o leitor para outro mundo, mas filmes, conversas, palestras e apresentações também podem. Qualquer "receptor de informação narrativa" pode ser transportado, desde que se identifique com o personagem (goste da pessoa) e ouça uma história convincente com uma dose de sofrimento humano.

UM CAMPO MADURO PARA O STORYTELLING

A indústria do vinho está madura para o storytelling. Sentado em um bar no aeroporto de Seattle, conheci um distribuidor de vinhos da Califórnia que voltava para casa depois de um encontro com comerciantes do noroeste do Pacífico. "Por que você não pode apenas mandar amostras para eles?", perguntei. "Não há nada melhor do que sentar com meu cliente cara a cara e contar a história de onde o vinho é produzido e das pessoas que fazem isso. Quando eu envio amostras, recebo alguns pedidos. Quando encontro meus clientes e conto a história do vinho que estou vendendo, recebo tantos pedidos que compensa o gasto com a viagem." O distribuidor não usou a palavra "transporte", mas era exatamente o que ele estava fazendo: transportando seus clientes para outro lugar por meio das histórias que contava.

Fui convidado para fazer uma palestra sobre habilidades de comunicação para a Court of Master Sommeliers [Corte dos Mestres Sommeliers], um grupo exclusivo dos maiores especialistas em vinhos do mundo. O título de "mestre sommelier" é muito difícil de obter. Um mestre "somm" tem de saber muito mais do que como servir vinho ou qual variedade acompanha melhor tal prato. Eles mergulham no mundo do vinho. Com base apenas no aroma ou no sabor, devem identificar qual o tipo de vinho do copo, de onde veio, quantos meses envelheceu no barril, em que ano as uvas foram colhidas etc. Em muitos casos, uma pessoa leva em média cinco anos de estudos antes de conseguir passar em todos os exames. Os cursos são dados por instrutores que já possuem o título de mestre somm.

Antes do evento, conversei com três instrutores que foram avaliados como os melhores apresentadores entre os colegas. Pedi a cada um deles que me enviasse suas apresentações no PowerPoint e apontasse quais partes receberam o retorno mais positivo. Cada um dos instrutores destacou slides que lhe permitiam contar histórias – histórias que transportavam seus espectadores para uma época e um lugar diferentes. Por exemplo, um deles me mandou um slide chamado "Introdução a Champagne". O slide mostrava um mapa da França com a região de Champagne em destaque. A história do instrutor era mais ou menos assim:

> A região de Champagne fica a leste de Paris. Essa área da França presenciou cada um dos invasores e batalhas que atravessaram a Europa. Os hunos saquearam-na, os gauleses passaram por ela e as duas guerras mundiais a devastaram. Na verdade, a pior parte da guerra de trincheiras durante a Primeira Guerra Mundial aconteceu no vale do Marne. Balas e bombas não detonadas ainda podem ser encontradas nas vinícolas. Por outro lado, essa é a região-chave para celebração. Todos os reis da França foram coroados na Catedral de Reims.

Outro instrutor me mandou um slide com uma simples foto de uma vinícola. Em uma placa, na entrada, lia-se "Côte-Rôtie". Esse instrutor disse:

> Esse lugar é história viva! Você vê a muralha de pedras? Os romanos a construíram! Eles descobriram que as videiras cresceriam quase em qualquer lugar onde houvesse árvores frutíferas, inclusive nas incrivelmente íngremes encostas ao longo do rio Ródano, na Côte-Rôtie. Caminhamos pelas vinhas, e Philippe, nosso guia, estendeu a mão e disse: "Alguém já pegou uma cerâmica romana nas mãos antes?". Encontramos dez peças de terracota, entre telhas romanas e cacos de potes. Tudo mudou tanto e ao mesmo tempo tão pouco nos milhares de anos em que o norte do Ródano tem sido usado para o cultivo de uvas. É um lugar maravilhoso.

Essas histórias são importantes porque evocam emoções, e, nas primeiras aulas do curso de mestre sommelier, é tão importante deixar os alunos animados sobre a indústria do vinho quanto ensiná-los o necessário para passarem nos exames.

"Ainda me lembro de meu primeiro dia de aula", um mestre sommelier relembrou. "Quando cheguei em casa, minha mulher me perguntou se eu tinha gostado do programa. Eu disse a ela: 'Não consigo explicar, mas quero ser amigo daquelas pessoas'." Esse é outro exemplo do poder das histórias. Em geral, as pessoas que assistem a uma apresentação com histórias e narrativa atraentes não conseguem explicar por que a apresentação as inspirou. Só sabem que foram tocadas. Querem ser "amigas" do palestrante. Querem fazer parte da jornada.

O SEGREDO DOS STORYTELLERS

Os storytellers que desencadeiam movimentos sabem mais do que apenas inundar sua plateia com uma enxurrada de fatos, cifras e dados. Os fatos são um componente necessário de persuasão, mas devem ser equilibrados com o habilidoso uso da narrativa para transportar os ouvintes para outro tempo e lugar. Uma vez que os ouvintes se coloquem no lugar do protagonista – o herói –, sentirão como se tivessem um papel no resultado e farão o que for necessário para ajudar o herói a chegar a seu destino.

CAPÍTULO 36

MALALA

"DE CORAÇÃO, E NÃO DE UMA FOLHA DE PAPEL"

"Há algumas coisas que só se consegue enxergar com os olhos lavados por lágrimas." – Papa Francisco

A terça-feira, 9 de outubro de 2012, começou do mesmo jeito que a maioria dos outros dias para uma jovem estudante de 15 anos a caminho da escola. Ela embarcou em um "ônibus escolar", pequeno caminhão com um toldo e três bancos de madeira na caçamba. O veículo estava em uma estrada enlameada, passando por um local fétido, quando, de repente, foi forçado a parar, e dois homens encapuzados subiram. Um deles pediu ao grupo que identificasse a garota e então puxou um Colt calibre 45 e disparou três tiros sucessivos nela. O primeiro tiro a acertou no olho esquerdo e a bala saiu pelo ombro esquerdo. Ela caiu, com sangue jorrando da orelha.

A garota foi levada a um hospital na Inglaterra e sobreviveu. Ela ainda vive no Reino Unido, porque o risco de retornar a seu país natal, o Paquistão, ainda é muito alto. Seu nome tornou-se um símbolo de resiliência e coragem: Malala.

Malala Yousafzai não está sozinha. Estima-se que, no mundo todo, 62 milhões de meninas estejam fora da escola. A cada três segundos, uma garota é forçada a casar, e quatro entre cinco vítimas de tráfico de pessoas são meninas.[1] Esses números são alarmantes, mas, como sabemos, a mente humana não lida muito bem com abstrações. E é por isso que um rosto – uma história – pode humanizar essa atrocidade e dar voz a milhões que não podem falar por si mesmos. E, quando o rosto pertence a uma brilhante storyteller, um movimento começa.

AS FERRAMENTAS DOS STORYTELLERS

Malala é uma adolescente que fala com uma sabedoria inestimável. Comunicadora excepcional, cresceu em uma família de storytellers. As pessoas iam para sua casa, no vale do Swat, noroeste do Paquistão, ouvir seu pai contar histórias. Elas amavam ouvi-lo falar, tanto quanto Malala. "Eu o ouvia, extasiada, contar histórias sobre tribos guerreiras, líderes pachtos e santos, frequentemente na forma de poemas, que lia com voz melodiosa, algumas vezes chorando."[2] Malala lembra que seu avô também era famoso por seus discursos. Como imã da mesquita local, seus sermões eram tão populares que "as pessoas desciam das montanhas montadas em burros ou a pé só para ouvi-lo".

Ouvir as histórias de sua família fez com que Malala quisesse se tornar uma grande storyteller também. Ela participou de uma competição de falar em público e, de acordo com suas tradições culturais, fez um discurso escrito pelo pai. Malala terminou em segundo lugar e aprendeu uma lição valiosa: "Comecei a escrever meus discursos e mudei a forma como os apresentava, de coração, e não de uma folha de papel".

Um ano depois do atentado que quase tirou sua vida, Malala discursou nas Nações Unidas para chamar a atenção para milhões de garotas, no mundo todo, a quem é negada educação. Foi ovacionada e deu início a um movimento global de liberação do potencial de meninas.

As habilidades de falar em público de Malala deram voz a milhões de garotas às quais foi negada educação por fatores sociais, políticos e econômicos. Celebridades entraram em ação. A atriz Angelina Jolie doou US$ 200 mil para o Fundo Malala. A cantora pop Madonna dedicou uma música para Malala em sua turnê e fez uma tatuagem dela em suas costas. O movimento tinha começado. A autobiografia *Eu Sou Malala* ficou mais de um ano na lista de best-sellers do *The New York Times*.

DÊ À PLATEIA ALGO POR QUE TORCER

Austin Madison é animador e criador de storyboards de filmes da Pixar, como *Ratatouille, WALL-E, Toy Story 3, Valente* e outros. Em uma apresentação reveladora, ele destacou o processo de sete passos que todos os filmes da Pixar seguem.[3]

1. Era uma vez um ______.
(Um protagonista/herói com um objetivo é o elemento mais importante de uma história.)
2. Todo dia ele _______.
(O mundo do herói deve estar em ordem no primeiro ato.)
3. Até que um dia _______.
(Uma história atraente apresenta um conflito. O objetivo do herói enfrenta um desafio.)
4. Por causa disso _______.
(Esse passo é crítico e separa um sucesso de uma história mediana. Uma história atraente não é feita de cenas aleatórias juntadas umas às outras. Cada cena tem um pedacinho de informação que se liga à seguinte.)
5. Por causa disso _______.
6. Até que finalmente _________.
(O clímax revela o triunfo do bem sobre o mal.)
7. Desde então ________.
(A moral da história.)

Os passos são feitos para imergir a plateia na jornada do herói e dar a ela alguém por quem torcer. Esse processo é usado em todas as formas de storytelling: jornalismo, roteiros, livros, apresentações, discursos. Madison usa um clássico filme de herói/vilão para mostrar como o processo se desenvolve: *Star Wars*. Eis a história de Luke Skywalker:

Era uma vez um menino de fazenda que queria ser piloto.
Todo dia ele ajudava na fazenda.
Até que um dia sua família é assassinada.

Por causa disso, ele se junta ao lendário Jedi Obi-Wan Kenobi.
Por causa disso, contrata o contrabandista Han Solo para levá-lo a Alderaan.
Até que finalmente Luke alcança seu objetivo e torna-se piloto de guerra e salvador da pátria.
Desde então, Luke está a caminho de se tornar um cavaleiro Jedi.

Como milhões de outras pessoas, fiquei impressionado com o discurso de Malala ao receber o Prêmio Nobel da Paz. Ainda que eu tenha apreciado a beleza e a força de suas palavras, apenas ao ler seu livro é que entendi completamente o porquê de me inspirarem. A fala dela segue perfeitamente o processo de storytelling de sete passos da Pixar. Duvido que ela o tenha feito intencionalmente, mas isso demonstra, uma vez mais, o tema deste livro: há diferença entre uma história, uma boa história e uma história que inicia um movimento.

A seguir, o processo de storytelling da Pixar sobreposto ao discurso de aceitação do Prêmio Nobel de Malala:

Era uma vez uma garotinha que vivia em uma "casa paradisíaca" no vale do Swat, Paquistão, "um lugar belo e turístico".[4]
Todo dia ela demonstrava "sede de educação" e ia para a aula "sentar e aprender e ler".
Até que um dia o vale do Swat "se tornou um lugar repleto de terroristas".
Por causa disso, a educação das meninas passou a ser crime e "as garotas foram proibidas de frequentar a escola".
Por causa disso, as prioridades de Malala mudaram. "Eu decidi me fazer ouvir!"
Até que finalmente os terroristas atacaram Malala. Ela sobreviveu. "Nem suas ideias nem suas balas poderiam vencer."
Desde então, a voz de Malala "se faz ouvir cada vez mais alto", porque Malala está falando por 66 milhões de garotas privadas de educação. "Conto minha história não porque é única, mas porque não é", disse Malala. "É a história de muitas garotas. Sou uma das 66 milhões de garotas que são privadas de educação."

De acordo com Austin Madison, da Pixar, os sete passos do storytelling funcionam melhor depois que você já tiver conseguido a atenção da plateia com uma cena de abertura "que a deixa grudada na cadeira".

O primeiro parágrafo de *Eu Sou Malala* gruda os leitores na cadeira. A primeira cena começa com estas palavras: "Venho de um país criado à meia-noite. Quando quase morri, era meio-dia. Há um ano saí de casa para ir à escola e nunca mais voltei. Levei um tiro de um dos homens do Talibã e mergulhei no inconsciente do Paquistão".[5]

Só depois de Malala deixar você grudado na cadeira com sua sequência de abertura, ela volta no tempo para apresentá-lo aos personagens "antes do Talibã, um tempo em que tudo ia relativamente bem".

Histórias não inspiram movimentos. Histórias bem contadas, sim!

Malala fez seu discurso do Prêmio Nobel aos 17 anos. Um grande storyteller não tem idade e é atemporal. Se você voltar no tempo o suficiente, encontrará uma história atrás de cada momento e uma história atrás daquela história.

Por exemplo, uma história inspirou Malala. "Todas as crianças da etnia pachto crescem ouvindo a história de como Malalai inspirou o exército afegão a derrotar o britânico em 1880, em uma das maiores batalhas da Segunda Guerra Anglo-Afegã",[6] escreve Malala. Malalai de Maiwand era uma adolescente que socorria os feridos no campo de batalha. De acordo com a história, o porta-bandeira foi morto, e Malalai ergueu seu véu branco e caminhou entre os oponentes. Ela foi morta e tornou-se um símbolo de bravura e de voz para os oprimidos. Malalai é conhecida como a Joana d'Arc afegã, e muitas instituições levam seu nome.

Seria mera coincidência o fato de que proeminentes ativistas de direitos humanos afegãs ganharam o nome da heroína dessas batalhas, como Malala e Malalai Joya? Ou é possível que a história de Malalai de Maiwand tenha formado essas jovens, a percepção que elas têm de si mesmas e a impressão que passam para os outros? Talvez nunca saibamos ao certo, mas sabemos que as histórias ficam em nossa alma e moldam a pessoa que somos hoje. As histórias constroem confiança. As histórias inspiram as pessoas a sonhar mais alto – a plateia e o storyteller. "Certa vez, pedi a Deus que me fizesse 3 ou 4 centímetros mais alta, mas em vez disso ele me fez tão alta quanto o céu, tão alta que não poderia medir a mim mesma",[7] disse Malala. Ela pode ter apenas 1,52 metro (1,57 metro com saltos, como gosta de brincar), porém cresce em face dos inimigos. Nosso futuro está na mão de storytellers como Malala, a quem admiramos pela coragem e que nos inspira com suas palavras.

O SEGREDO DOS STORYTELLERS

Se você for contar uma história, faça-o de maneira magnífica. Uma boa história pode levar alguém às lágrimas; uma história magnífica pode dar início a um movimento.

CAPÍTULO 37

JOHN LASSETER

HISTÓRIA, HISTÓRIA, HISTÓRIA

"Sua voz vale a pena. Tenha fé nisso." –
John Lasseter

John amava desenhar. Desenhava em todo lugar, até mesmo na igreja. Enchia blocos de desenho com páginas e páginas de esboços, geralmente noite adentro. Seus pais tinham bastante trabalho para acordá-lo pela manhã para a escola. As manhãs de sábado, contudo, eram diferentes. John acordava sozinho, ao raiar do sol, para não perder um minuto sequer de suas adoradas manhãs de sábado repletas de desenhos animados, especialmente Pernalonga e Papa-Léguas.

No ensino médio, a paixão de John pela animação ficou ainda mais forte depois que ele leu *The Art of Animation*, livro que explora a história da animação na Disney. A mãe de John, Jewel, professora de artes que considerava o trabalho artístico uma nobre profissão, incentivou-o quando ele deixou a Pepperdine University para se matricular como um dos primeiros estudantes de um novo curso de arte no California Institute of the Arts (CalArts). Alguns dos mais importantes veteranos da animação da Disney, conhecidos como "os nove velhos", davam aulas no curso. Depois da formatura, John estava excitado por ter sobrevivido ao processo de seleção ultracompetitivo para tornar-se animador na Walt Disney. Ele tinha conseguido o trabalho de seus sonhos – ao menos, acreditava nisso.

John foi um dos primeiros animadores a reconhecer o potencial da animação digital. Empolgado com esse potencial, começou a trabalhar em um filme para demonstrar a nova tecnologia a seus colegas. Seu chefe, porém, estava decididamente menos entusiasmado com isso e, certo dia, de uma hora para outra, cancelou o projeto e demitiu John. Até hoje, ele não consegue falar desse momento sem ficar com os olhos marejados, especialmente na parte em que conta quando um de seus supervisores virou para ele e disse: "Não queremos ouvir suas ideias. Faça apenas o que lhe mandarem fazer".

Em 1983, John e sua mulher seguiram para o norte, para a baía de San Francisco, onde ele conseguiu um emprego na divisão de computação gráfica da Lucasfilm, grupo formado para desenvolver tecnologia digital para a indústria cinematográfica. Em 1986, um visionário chamado Steve Jobs comprou a divisão por US$ 10 milhões e estabeleceu-a como companhia independente, a Pixar. Nos cinco anos que se seguiram, a empresa ficou sem dinheiro por diversas vezes, e Jobs investiu cerca de US$ 50 milhões do próprio bolso para manter o sonho vivo. Ele tinha certeza de que a Pixar revolucionaria a indústria cinematográfica.

John relembra seu primeiro encontro com Steve Jobs. "Queríamos fazer um curta-metragem. Tive de apresentar a ideia para ele. Apresentei o curta que se tornou mais tarde *Tin Toy*. Steve estava em sua clássica pose com os dedos juntos, pensando. Estava pensando não nos desenhos que eu estava apresentando; estava olhando para o futuro. Ao final da reunião, ele me pediu que fizesse algo, e foi a única coisa que me pediu. Ele disse: 'John, faça com que isso seja grandioso'."[1]

Tin Toy venceu o Oscar de Melhor Curta de Animação, o primeiro dado a uma animação digital. Steve Jobs, John Lasseter e Ed Catmull transformaram a Pixar de uma empresa de tecnologia de computador em um estúdio de animação. *Tin Toy* serviu de inspiração para *Toy Story*. Outros sucessos da Pixar se seguiram: *Vida de Inseto*, *Carros*, *Monstros S.A.*, *Ratatouille*, *Procurando Nemo*, *Enrolados* e, claro, um dos maiores filmes de animação de todos os tempos, *Frozen – Uma Aventura Congelante*. A vida de Lasseter voltou ao ponto de partida quando a Disney comprou a Pixar, convertendo o investimento original de US$ 10 milhões feito por

Jobs em uma fortuna de US$ 7,5 bilhões. Lasseter foi nomeado diretor de criação da Pixar e dos Walt Disney Animation Studios.[2]

O pedido feito por Jobs a Lasseter – "faça disso algo grandioso" – passou a inspirar cada quadro de cada filme que ele criou daquele dia em diante. Tudo tinha de ser grandioso. Cada produto. Cada história. Todas as vezes.

AS FERRAMENTAS DOS STORYTELLERS

John Lasseter foi o primeiro a dizer que o público não estava interessado somente em tecnologia. A tecnologia apoia a história. A história *sempre* vem em primeiro lugar. E não há história sem "coração". "Conforme desenvolvemos a história, o enredo muda drasticamente, personagens vêm e vão, mas... o coração do filme – algo como a fundação de um prédio –, você deve tê-lo pronto desde o começo, porque tudo é construído a partir dele. Você não pode adicioná-lo depois. Não pode inserir o coração mais tarde."[3]

Lasseter também disse que a emoção vem do personagem principal. "O que o personagem aprende? Como ele muda?" Tudo no filme deve ser um apoio à jornada do personagem principal. O filme gira em torno da narrativa.

A TECNOLOGIA COMPLEMENTA A HISTÓRIA, MAS A HISTÓRIA SEMPRE VEM EM PRIMEIRO LUGAR

Muitos profissionais são apaixonados por PowerPoint. Há uma estimativa de 40 milhões de apresentações feitas diariamente com esse software. Enquanto isso, um crescente número de comunicadores vem usando ferramentas de apresentação como o Prezi e o Apple Keynote, que estão tentando reinventar o campo das apresentações. O que espero que este livro – e que a história de John Lasseter – tenha lhe ensinado é que um software de apresentação é maravilhoso e deve ser usado para ilustrar uma história, contanto que seja para complementá-la. A história – a tensão e o triunfo – sempre deve vir em primeiro lugar.

O cofundador da Pixar, Ed Catmull, chamou Lasseter de o primeiro storyteller a se juntar à companhia, ainda quando ela era, acima de tudo, uma empresa de tecnologia de hardware. O papel de Lasseter era garantir que a tecnologia não se sobrepusesse ao propósito da Pixar: fazer grandes filmes. "Nós nos orgulhamos do fato de que os espectadores falam principalmente de como se sentiram com *Toy Story* e não das bruxarias digitais que nos permitiram colocar isso na tela",[4] de acordo com Catmull.

Certa vez, Steve Jobs foi questionado do porquê de tantos filmes serem terríveis, enquanto a Pixar emplacava um sucesso atrás do outro. Ele explicou que a animação é tão cara que um estúdio não pode se dar ao luxo de criar muitas cenas que acabarão sendo deixadas para trás na sala de edição. Walt Disney solucionava esse problema editando o filme antes de ele ser criado, e fazia isso ainda nos storyboards. Os animadores desenham cada cena e usam uma "faixa de rascunho" para encaixar as vozes e a música. "Basicamente, construímos o filme antes de fazê-lo",[5] explicou Jobs. "Uma das coisas que me deixam mais orgulhoso sobre a Pixar é: temos uma crise durante a história em todos os filmes, e a produção está rolando; há bocas para alimentar e algo simplesmente não funciona. E nós paramos. Paramos e consertamos a história, porque John Lasseter instigou uma cultura de história, história, história. Mesmo sendo a Pixar o estúdio com tecnologia mais avançada do mundo, John costuma dizer – e isso realmente pegou – que nenhuma tecnologia no mundo transformará uma história ruim em uma boa história."

Steve Jobs e John Lasseter estreitaram seus laços por causa de uma paixão em comum: criar histórias que sobrevivessem a eles e fossem assistidas pelas próximas gerações.

A MÚSICA MATADORA DE ELSA

Sem Steve Jobs, não haveria Pixar, e, sem Pixar e Disney, John Lasseter não teria a plataforma que nos trouxe alguns dos filmes mais amados de nosso tempo. *Frozen* é um deles.

Se você tem filhos pequenos, provavelmente todas as músicas de *Frozen* já grudaram em sua cabeça. A heroína do filme, Elsa, foi criada originalmente para ser uma vilã. Uma música obrigou os escritores a reescrever o filme todo.

No rascunho original do roteiro, baseado na adaptação do conto de fadas de Hans Christian Andersen *A Rainha da Neve*, Elsa tem poderes mágicos que usa para o mal. A Elsa de *Frozen* era um tanto diferente. Em vez de vilã, era uma protagonista incompreendida, alguém que tinha um poder excepcional, cometeu um erro e aprendeu a direcionar seu poder para o bem.

O casal de roteiristas Robert Lopez e Kristen Anderson-Lopez estava fazendo um brainstorming para compor a música para o filme enquanto caminhava pelo Prospect Park, no Brooklyn. Eles lançavam questões um ao outro: "Como seria ser considerada uma pessoa muito nobre, mas só porque você escondeu um segredo?". Robert disse que seria como "estar em um reino de isolamento". Ele queria sentir as emoções de Elsa quando ela finalmente decidiu revelar seus dons secretos, e então ele pulou em uma mesa de piquenique com os braços abertos e recitou trechos da letra que acabaria se tornando famosa pela mensagem de empoderamento que carrega.

Quando os produtores e roteiristas ouviram a música, perceberam que precisavam reescrever o filme todo. Tudo mudou: o enredo, os diálogos, até mesmo a aparência de Elsa, já que não era mais uma vilã. *Let It Go* ganhou o Oscar de Melhor Canção Original.[4]

Os compositores de *Frozen* disseram que *Let It Go* era a "música matadora" de Elsa, porque os ajudou a encontrar um norte para o resto da história.

Você só consegue alcançar a plenitude de seu potencial quando encontra seu verdadeiro norte e fica confortável em expressar quem você é de verdade. Os storytellers deste livro, todos eles, abraçaram seu passado, abriram o tesouro que tinham dentro de si e usaram seus dons para criar as próprias histórias. Fazendo isso, captaram nossa imaginação, agitaram nossa alma e nos inspiraram a sonhar mais alto do que imaginávamos.

O storytelling não é algo que fazemos. O storytelling é o que somos, e há um storyteller em cada um de nós. Sua história pode mudar o mundo. Coloque-a para fora.

O SEGREDO DOS STORYTELLERS

É a história quem manda. Os softwares de apresentação servem para ilustrar a narrativa, mas a história *sempre* vem em primeiro lugar.

Escaneie o QR code ou procure no canal HSM Publishing do YouTube por "Storytelling - Vídeo 5".

Nesse vídeo, Bruno Scartozzoni, tradutor e prefaciador do livro, finaliza a série de vídeos que produzimos especialmente para esta obra.

CONCLUSÃO

O UNIVERSO DO STORYTELLER

O storytelling não é supérfluo, disse o escritor Robert Stone. "Contar histórias é tão necessário quanto o pão. Não podemos nos imaginar sem isso, porque somos uma história."[1] Se somos uma história, então somos todos storytellers. Quanto mais cedo você aceitar isso, mais cedo poderá começar o trabalho de remodelar seu futuro.

O storytelling fortalece as culturas e, mais importante, preserva a cultura para as gerações futuras. Dizem que o povo judeu é uma "nação de storytellers" por causa de sua rica tradição de contar parábolas, fábulas, contos folclóricos e sagrados, que são passados de geração em geração. "As histórias, especialmente quando contadas cara a cara, transmitem as experiências, a vida, os conhecimentos e as lições de gerações passadas. Em outras palavras, a voz, que é o instrumento musical mais requintado de uma pessoa, carrega a mensagem de uma história de um coração para o outro"[2], disse-me Peninnah Schram, professor de oratória e storyteller. O povo judeu não conta histórias apenas por entretenimento. As pessoas são "impelidas" a contar a história de seu povo para as gerações mais novas. "As mensagens são passadas adiante da maneira mais bonita e imaginativa no que chamamos de história. Essas imagens permanecerão na memória por mais tempo do que qualquer palestra ou sermão."

Um negócio também é uma cultura de pessoas, homens e mulheres que se unem para vender produtos e serviços capazes de melhorar a vida de seus clientes e levar o mundo adiante. "Grandes marcas e negócios têm de ser grandes storytellers",[3] diz Angela Ahrendts, diretora da Apple Store. "Temos de contar histórias autênticas, emotivas e envolventes porque estamos construindo relacionamentos com as pessoas, e todo grande relacionamento deve ser construído com base em confiança."

Ahrendts defende um ponto. Um relacionamento saudável é construído com base em confiança, e as histórias constroem confiança. Elas também conectam as pessoas de maneira profunda. Os storytellers influenciam uns aos outros a sonhar grande e mover montanhas. O fim de uma história é o começo de outra. O filósofo grego Platão disse: "Venham, pois, e passem uma hora de lazer contando histórias, e nossa história será a educação de nossos heróis". Platão queria dizer que as histórias inspiram e guiam os outros a serem os heróis da narrativa da vida deles.

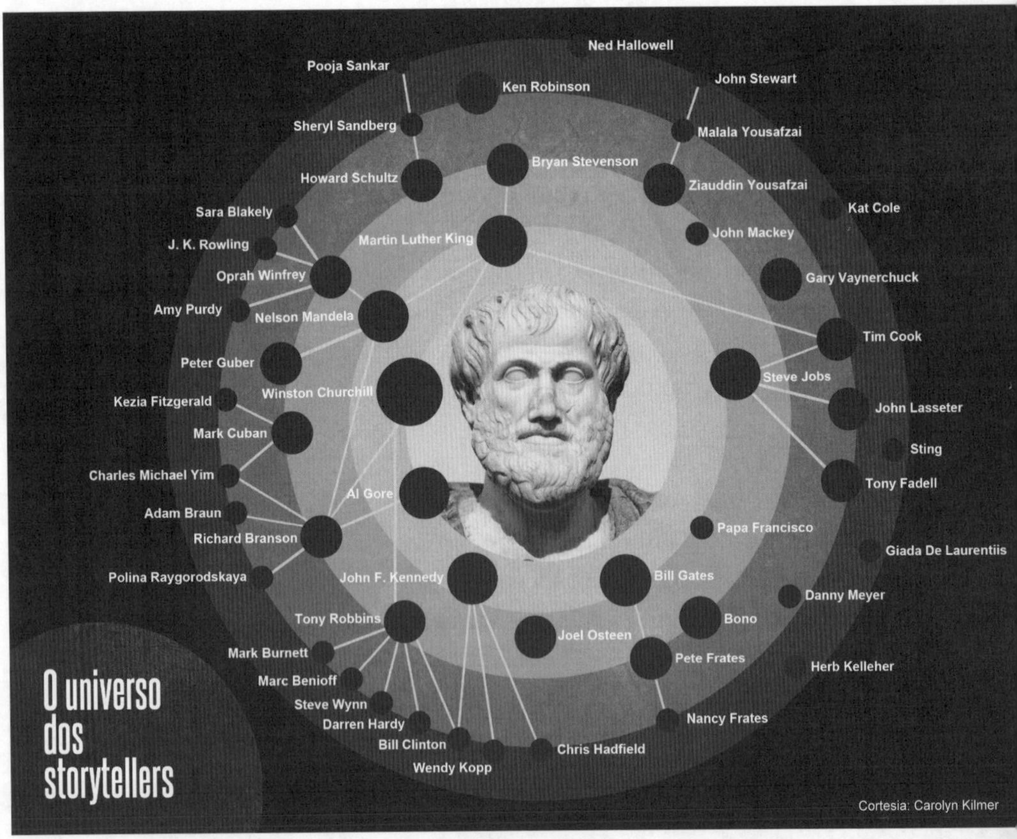

O poeta Muriel Rukeyser certa vez afirmou: "O universo é feito de histórias, e não de átomos". Pense no universo de conexões que há só neste livro. Nelson Mandela inspirou o mundo com suas palavras e ações, mas sua abordagem nos discursos foi inspirada por Winston Churchill, cujos livros ele "devorou". Mandela também se lembrava do próprio pai, um "orador excelente, que cativava seu público entretendo-o, assim como ensinando-o". Mandela era hábil na arte da persuasão porque tinha um aguçado entendimento de que o caminho para a mente de alguém passava pelo coração. A combinação de sua coragem e personalidade, de seus valores e visão resultou na criação de um símbolo icônico de liberdade e igualdade racial. No entanto, foi o dom de Mandela como storyteller que levou as pessoas a derrubar o muro da injustiça.

Storytellers como Oprah Winfrey, Peter Guber e Bryan Stevenson estão entre os milhões de pessoas que Mandela inspirou. Oprah, por sua vez, foi uma inspiração direta para Amy Purdy, Sara Blakely e inúmeros outros que contaram suas histórias. No mundo dos negócios, Steve Jobs inspirou Tony Fadell, Tim Cook e incontáveis empreendedores que estão vendendo produtos que mudam o modo como vivemos, trabalhamos e nos divertimos. Al Gore criou uma apresentação sobre mudanças climáticas que foi mostrada a Richard Branson. Intitulada "Uma verdade inconveniente", a apresentação foi estruturada como narrativa visual. Branson me contou que ficou tão comovido com a apresentação que se comprometeu a investir parte dos lucros da Virgin em projetos para combater o aquecimento global. Uma apresentação pode mudar o mundo. Mark Burnett, Marc Benioff e Bill Clinton citam Tony Robbins como um storyteller que influenciou a maneira como enxergam o mundo. Robbins foi inspirado por storytellers que vieram antes dele.

Malala Yousafzai, a mais jovem ganhadora do Prêmio Nobel da Paz, inspirou uma geração de mulheres a se levantar contra a opressão. Malala diz que sua coragem vem das histórias que seu pai contava, especialmente as da princesa guerreira Malalai.

Mostre-me um líder inspirador e eu lhe mostro um storyteller que influenciou o modo como esse líder vê o mundo. O que os storytellers fazem? De acordo com Walt Disney, eles "nos dão esperança de novo, e de novo". Os storytellers nos dão esperança, e a esperança é um desejo universal.

A CAIXA DE FERRAMENTAS DO STORYTELLING

UMA OLHADA NOS SEGREDOS DOS STORYTELLERS

- **Identifique o propósito de sua marca.** (Steve Jobs, Richard Branson)
- **Sonhe grande.** (Mark Burnett, Howard Schultz, Elon Musk)
- **Reformule a história que você conta a si mesmo.** (Joel Osteen, Darren Hardy)
- **Conte a história de sua vida.** (Sting, Kat Cole, Sara Blakely)
- **Conte histórias de luta e as lições aprendidas.** (Tony Robbins, Amy Purdy, Adam Braun)
- **Apresente um "herói" – pessoa ou produto – que triunfa sobre a adversidade.** (Oprah Winfrey, Sideways, Darren Hardy, Peter Guber)
- **Transmita sua visão por meio da história do fundador, com consistência e publicamente.** (Howard Schultz, Walnut Hill Medical Center, John Mackey, Herb Kelleher)
- **Faça com que as histórias sejam pelo menos 65% de sua apresentação.** (Bryan Stevenson, Sheryl Sandberg)
- **Quebre expectativas.** (Bill Gates, Elon Musk)
- **Use palavras simples e analogias para esconder a complexidade.** (dr. Ned Hallowell, Martin Luther King, Elon Musk)
- **Enriqueça sua história com detalhes específicos e relevantes.** (Sara Blakely, Pete Frates)

- **Libere seus melhores storytellers.** (Tóquio 2020, Steve Wynn, Danny Meyer)
- **Fale sobre assuntos sérios com humor.** (Sir Ken Robinson)
- **Conte histórias autênticas e pessoais sob medida para seu público.** (Gary Vaynerchuk, Giada De Laurentiis)
- **Seja sucinto; use poucas e boas palavras.** (Richard Branson, Charles Yim, Winston Churchill)
- **Divida sua história em três partes.** (Papa Francisco, Steve Jobs, Sheryl Sandberg)
- **Use imagens para ilustrar sua história.** (Chris Hadfield)
- **Embale dados em histórias para criar conexões pessoais.** (Sheryl Sandberg, John Lasseter)
- **Aproveite todas as oportunidades para aperfeiçoar suas habilidades de apresentação.** (Martin Luther King)
- **Inspire os funcionários a serem os heróis de suas histórias com os clientes.** (Danny Meyer, Steve Wynn)
- **Não conte uma boa história; conte uma grande história.** (Malala Yousafzai, John Lasseter)

O CHECKLIST DOS STORYTELLERS

Inspire-se. Compartilhe sua paixão. Storytellers inspiradores são eles mesmos inspirados. Têm muita clareza sobre sua motivação e compartilham entusiasticamente sua paixão com seu público.	□ Por que você começou sua empresa? □ Por que está nesse papel? □ O que faz sua empresa, produto, serviço ou causa? □ Pelo que você é apaixonado? □ O que alegra seu coração?
Reformule a história que você conta a si mesmo antes de contá-la aos outros. A história que você escolhe contar a si mesmo exerce uma poderosa influência sobre sua habilidade de cativar pessoas. Algumas crenças limitam seu potencial. Se você não acredita que algum dia dominará a arte de falar em público, provavelmente não dominará.	Qual é seu diálogo interno? Marque o campo da(s) frase(s) que normalmente passa(m) por sua cabeça. Depois, reescreva a(s) frase(s) de maneira positiva. □ Sou terrível dando palestras. Reescreva: □ Uma vez fiquei nervoso e isso me arruinou. Sou um orador horrível. Reescreva: □ Ninguém quer me ouvir. Sou chato. Reescreva: □ ____________________________ ______________________ . Reescreva:

Mostre um herói que supera uma dificuldade e aprende uma lição valiosa. Oprah usa uma técnica narrativa clássica para inspirar sua audiência: começa de maneira simples, ajuda o público a se identificar com a história e transforma a experiência em lição.	□ Sua apresentação conta uma história estruturada em três partes? □ Qual é o evento-gatilho – aquele momento desastroso no qual tudo dá errado e vem o fracasso? □ Qual é a transformação – aquele momento no qual você supera sua falha e obtém a vitória? □ Qual é a lição de vida – aquela lição aprendida da experiência?
Construa uma história em três passos. De acordo com Peter Guber, qualquer um pode construir uma história em três passos: 1. Obtenha a atenção de seus ouvintes com uma questão ou desafio inesperado. 2. Conte-lhes uma história de superação de dificuldades que, por fim, levará à conquista do desafio. 3. Estimule-os com um chamado para uma ação.	□ Qual o assunto de sua apresentação? □ Qual o desafio que você apresenta? □ Qual a luta por trás desse desafio? □ Qual a resolução? E o chamado para a ação?
Veja o cenário maior antes de mergulhar nos detalhes. Toda grande história precisa de um título. Em uma apresentação de negócios, o título é aquela frase que capta a atenção do ouvinte e dá contexto à narrativa. Essa frase deve ser específica e sucinta, "do tipo Twitter" (140 caracteres ou menos).	□ Qual é a principal mensagem da apresentação que as pessoas precisam lembrar quando forem embora? □ Você revela seu título no comecinho da apresentação? Se não, apresente-o nos primeiros 60 segundos.

Use a regra dos três. Começando com Aristóteles e continuando hoje em dia com o Papa Francisco, os maiores storytellers do mundo usam a regra dos três porque ela abrange três coisas: 1. Oferece um formato simples para estruturar sua história. 2. Simplifica sua história para que o público se lembre das mensagens-chave. 3. Leva as pessoas para o objetivo final de toda persuasão: a ação!	□ Você consegue dividir toda a sua apresentação em três partes? O que mais, dentro da apresentação, você consegue dividir em três pontos-chave? □ Quais histórias você utilizará? Você consegue identificar uma história para cada uma das três partes de sua apresentação?
O vídeo é um amigo do storyteller. Se você planeja contar sua história em vídeo, lembre-se de três coisas: paixão, sorrisos e conversa.	□ A paixão leva à energia, e, sem energia e entusiasmo, fica muito difícil prender a atenção. A paixão autêntica transparece no vídeo. Pelo que você é apaixonado? Tenha certeza de que seu conteúdo se relaciona com isso. □ Lembre-se de que contar histórias é sempre sobre emoções, e sorrir se relaciona à mais forte reação emocional. Sorrisos autênticos vêm de um interesse genuíno pelo assunto. Se você é apaixonado pelo assunto, seu entusiasmo será mais autêntico. □ Você interiorizou sua história? Ler um teleprompter ou anotações resulta em um discurso menos natural e mais lento. Praticar seu roteiro é um passo importante para se tornar mais natural diante da câmera. Lembre-se de usar palavras curtas e simples. Elas são mais fáceis de lembrar e soam mais naturais.

Imagens superam palavras. Uma imagem – por exemplo, a fotografia de um rosto humano – ativa até 30 milhões de neurônios no córtex visual, de acordo com o neurocientista Uri Hasson. Slides de PowerPoint cheios de textos, gráficos e números não essenciais para a ideia que o palestrante tenta passar ficam com muito "ruído" e, portanto, complicados. Substituir palavras por imagens ajuda os ouvintes a se lembrar do conteúdo.	□ Criar sua história vem em primeiro lugar. Depois é o momento de dar a ela um toque visual. Identifique os pontos da apresentação que você quer que as pessoas levem para casa. Esses pontos-chave devem ser ilustrados para que os ouvintes seja capaz de se lembrar e agir. □ Quais imagens, vídeos ou fotos podem ser usados em sua apresentação para substituir os textos que você normalmente usaria?
Quão legível é sua história? O teste de legibilidade Flesch-Kincaid é uma ferramenta que avalia quão fácil é ler e entender um texto ou um livro. Ele mede a estrutura das frases, o tamanho das palavras e outros fatores, indicando o grau de escolaridade que os estudantes precisam ter para compreender. Os conteúdos de Hemingway e Steve Jobs são legíveis por alunos do ensino fundamental. Simplificar a linguagem aumenta o poder de persuasão do conteúdo.	□ Teste o conteúdo de sua apresentação. Acesse www.readability-score.com. Corte e cole um trecho de sua história na caixa de texto da página inicial. À direita dessa caixa aparecerá o nível de legibilidade de seu texto, calculado automaticamente. □ Qual o grau de escolaridade médio de seu texto? Se estiver acima do 5º ano do ensino fundamental, você deve reconsiderar a escolha das palavras para seu público. Simplicidade significa maior poder de influência, ao contrário de complexidade.

Compartilhe histórias para fortalecer culturas. As histórias sobre cultura organizacional são mais impactantes quando compartilhadas entre os funcionários. Quando um funcionário recebe uma carta escrita à mão ou um telefonema do chefe, contará a outra pessoa, que contará a outra, que contará a outra. As histórias se perpetuam e reforçam a cultura organizacional.	□ Você tem a oportunidade de compartilhar histórias em sua empresa? □ Compartilhe uma história de sucesso de um colega de trabalho ou cliente na próxima reunião de equipe. Como você pode conectar essa história com a cultura que quer disseminar?
Palavras curtas têm impacto mais duradouro. Winston Churchill, o storyteller, era um estudioso da linguagem. Ele tinha obsessão por encontrar as palavras certas que levassem seu público à ação, e sua experiência nisso lhe ensinou uma coisa: palavras curtas maximizam o efeito. Uma cópia do discurso que Churchill fez pelo rádio, quando a Alemanha invadiu a França na Segunda Guerra Mundial, mostra palavras longas riscadas e substituídas por curtas. Por exemplo, ele substituiu "libertado" por "livre".	□ Qual o tamanho das palavras que você usa? Há palavras longas que você pode substituir por curtas? □ Peça a um amigo que leia o conteúdo de sua palestra ou história e que grife as partes que lhe pareçam estranhas ou complexas. Ter uma perspectiva de fora ajudará você a identificar as partes que precisam de refinamento... ou cortes.

Analogias e metáforas funcionam como mágica. No meio da comunicação, gostamos de usar Shakespeare para explicar o que é metáfora. Se você diz "Julieta é como o sol", está fazendo uma analogia (A é como B). Se diz "Julieta é o sol", está criando uma metáfora (A é B). Em ambos os casos, B é a coisa concreta que as pessoas reconhecem, tornando A, seja lá o que for, mais fácil de ser entendido.	□ Existe alguma ideia abstrata ou conceito em sua apresentação que se beneficiaria do uso de analogias ou metáforas? Qual? □ Analogia: A é como B. ____________________ é como Sua ideia ou conceito (A) ________________________. Algo concreto, que a maioria das pessoas conheça (B). □ Metáfora: A é B. ______________________ é Sua ideia ou conceito (A) ______________________ . Algo concreto, que a maioria das pessoas conheça (B).
O amor dos storytellers pela anáfora. No "Discurso do Sonho", Martin Luther King usa com maestria o recurso da anáfora. Anáfora é uma ferramenta de storytelling em que uma palavra ou um grupo de palavras se repete no começo de sucessivas frases. A anáfora é eficiente na construção de um movimento porque aumenta a intensidade da ideia, e as ideias intensas acabam "colando" em nossa cabeça.	□ Nem todas as histórias precisam de anáforas. Se o propósito de sua apresentação for inspirar e motivar o público a trabalhar por sua causa, você deve experimentar esse recurso nos pontos-chave. □ Perguntas retóricas funcionam bem com anáforas. Por exemplo, "Nós vamos fazer isso? Nós vamos fazer aquilo? Nós vamos...?" ou "Alguma vez você já fez isso? Alguma vez você já fez aquilo? Alguma vez você já…?". □ Usar "nós" de forma afirmativa também funciona bem com anáforas. Por exemplo, "Nós somos isso. Nós somos aquilo. Nós somos..." ou "Nós vamos isso. Nós vamos aquilo. Nós vamos…".

Dê à plateia algo por que torcer... em sete passos. Austin Madison é animador e criador de storyboards de filmes da Pixar, como Ratatouille, WALL-E, Toy Story 3, Valente e outros. Em uma apresentação reveladora, ele destacou o processo de sete passos que todos os filmes da Pixar seguem (veja os passos ao lado). Os passos são feitos para imergir a plateia na jornada do herói e dar a ela alguém por quem torcer. Esse processo é usado em todas as formas de storytelling: jornalismo, roteiros, livros, apresentações, discursos.	Aplique os sete passos da Pixar a sua apresentação, caso caibam em seu conteúdo: □ Passo 1: Era uma vez um ________________________. (Um protagonista/herói com um objetivo é o elemento mais importante de uma história.) □ Passo 2: Todo dia ele ________________________. (O mundo do herói deve estar em ordem no primeiro ato.) □ Passo 3: Até que um dia ________________________. (Uma história atraente apresenta um conflito. O objetivo do herói enfrenta um desafio.) □ Passo 4: Por causa disso ______________________. (Esse passo é crítico e separa um sucesso de uma história mediana. Uma história atraente não é feita de cenas aleatórias juntadas umas às outras. Cada cena tem um pedacinho de informação que se liga à seguinte.) □ Passo 5: Por causa disso ______________________. □ Passo 6: Até que finalmente ________________________. (O clímax revela o triunfo do bem sobre o mal.) □ Passo 7: Desde então ____________________. (Moral da história.)

NOTAS

INTRODUÇÃO
RICHARD BRANSON – DOPAMINA E O POVO DO KALAHARI

1. BRANSON, Richard. Great balls of fire and the power of storytelling. Blog de Richard Branson, 13 abr. 2015. Disponível em: <http://www.virgin.com/richard-branson/great-balls-of-fire-and-the-power-of-storytelling>. Acesso em: 15 jun. 2015.
2. WIESSNER, Polly. Embers of society: firelight talk among the Ju/'hoansi Bushmen. *PNAS Early Edition*, v. 111, n. 39, p. 14027-35, 30 set. 2014.
3. Ibidem.

PARTE I
STORYTELLERS QUE ACENDEM NOSSA CHAMA INTERIOR

CAPÍTULO 1
STEVE JOBS – O QUE ALEGRA SEU CORAÇÃO?

1. GALE, Kevin. Palm Beach Resident Sculley issues statement on Jobs' death. Bizjournals.com, 6 out. 2011. Disponível em: <http://www.bizjournals.com/southflorida/news/2011/10/06/sculley-issues-statement-on-jobs-death.html>. Acesso em: 1 abr. 2015.
2. YOUTUBE. Apple confidential-Steve Jobs on 'Think Different'-internal meeting Sept. 23, 1997. Youtube.com, 5 nov. 2013. Disponível em: <https://www.youtube.com/watch?v=9GMQhOm-Dqo>. Acesso em: 27 abr. 2015.
3. GARDNER, Chris. Fundador e CEO da Gardner Rich & Co, em conversa com o autor, 18 jul. 2007.

CAPÍTULO 2
MARK BURNETT – DE VENDEDOR DE CAMISETAS A MEGAPRODUTOR

1. BURNETT, Mark. *Jump In!: Even if You Don't Know How to Swim.* Nova York: Bellatine Books, 2005, p. 28.
2. Ibidem, p. 83.
3. Ibidem, p. 93.
4. Ibidem, p. 82.
5. Ibidem, p. 191.
6. Ibidem, p. 192.
7. BURNETT, Mark. Executivo, produtor de TV e autor, em conversa com o autor, 24 fev. 2014.
8. FLORA, Carlin. The X-factors of success. *Psychology Today*, 1 maio 2005. Disponível em: <https://www.psychologytoday.com/articles/200505/the-x-factors-success>. Acesso em: 27 abr. 2015.
9. BURNETT, em conversa com o autor.

CAPÍTULO 3
JOEL OSTEEN – DOMINANDO O MEDO DE PALCO PARA LOTAR O YANKEE STADIUM

1. OSTEEN, Joel. Pastor da Lakewood Church, em Houston, Texas, em conversa com o autor, 22 set. 2014.
2. Ibidem.
3. Ibidem.
4. YOUTUBE. Inside the psychologist's studio with Albert Bandura. Disponível em: <https://www.youtube.com/watch?v=-_U-pSZwHy8>. Acesso em: 2 abr. 2015.
5. BANDURA, Albert. Self-efficacy: toward a unifying theory of behavioral change. *Psychological Review*, v. 84, n. 2, p. 191-215, 1977.
6. YOUTUBE. It's too small – Joel Osteen. Youtube.com, 25 jul. 2014. Disponível em: <https://m.youtube.com/watch?v=53d1uZEfVXU>. Acesso em: 16 jun. 2015.

CAPÍTULO 4
STING – UM ASTRO DO ROCK REDESCOBRE SEU TALENTO NA HISTÓRIA DE SUA JUVENTUDE

1. STING. How I started writing songs again. TED.com, maio 2014. Disponível em: <http://www.ted.com/talks/sting_how_i_started_writing_songs_again/transcript?language=en#t-1202075>. Acesso em: 2 abr. 2015.
2. Ibidem.
3. Ibidem.
4. Ibidem.
5. HERRERA, Bobby. Presidente do Populus Group, deu permissão para o autor usar a carta em 29 maio 2015.
6. HERRERA, em conversa com o autor, 12 maio 2015.

CAPÍTULO 5
TONY ROBBINS – MUDE SUA HISTÓRIA, MUDE SUA VIDA

1. A&E AWARD-WINNING SERIES. *Biography: Tony Robbins, the Secret of His Success*. DVD, lançado em 27 dez. 2005.
2. Ibidem.
3. ANTHONY ROBBINS BUSINESS AND FINANCE BLOG. Peter Guber interviews Tony (until Tony Turns the tables and starts interviewing him), 7 mar. 2011. Disponível em: <http://business.tonyrobbins.com/peter-guber-interviews-tony-until-tony-turns-the-tables-and-starts-interviewing-him>. Acesso em: 2 abr. 2015.
4. Ibidem.
5. HAWKER, Tom. 25 things you (probably) didn't know about Sylvester Stallone. IGN, 30 jan. 2013. Disponível em: <http://www.ign.com/articles/2013/01/30/25-things-you-probably-didnt-know-about-sylvester-stallone>. Acesso em: 27 abr. 2015.

CAPÍTULO 6
OPRAH – O PODER DE SUA LENDA PESSOAL

1. MCELROY, Colleen. How to tell a captivating story. Oprah.com, mar. 2003, edição da *O, The Oprah Magazine*. Disponível em: <http://www.

oprah.com / spirit / Storytelling-Tell-a-Story-How-to-Tell-a-Story>. Acesso em: 16 jun. 2015.

2. OPRAH.COM. Oprah talks to Maya Angelou. Oprah.com, dez. 2000, edição da *O, The Oprah Magazine*. Disponível em: <http: / / www.oprah.com / omagazine / Oprah-Interviews-Maya-Angelou>. Acesso em: 16 jun. 2015.
3. YOUTUBE. Oprah Winfrey on career, life and leadership. Youtube.com, 28 abr. 2014. Disponível em: <https: / / www.youtube.com / watch?v=6DlrqeWrczs>. Acesso em: 27 abr. 2015.
4. Ibidem.
5. Ibidem.
6. Ibidem.
7. YOUTUBE. Oprah receives Bob Hope humanitarian award. VOB. Youtube.com, 1 jun 2012. Disponível em: <https: / / www.youtube.com / watch?v=FQxrZ7jT0iM>. Acesso em: 2 abr. 2015.
8. YOUTUBE. Oprah Winfrey on career, life and leadership. Youtube.com, 28 abr. 2014. Disponível em: <https: / / www.youtube.com / watch?v=6DlrqeWrczs>. Acesso em: 27 abr. 2015.
9. YOUTUBE. J.K. Rowling Harvard commencement speech / Harvard Commencement 2008. Youtube.com, 1 dez. 2014. Disponível em: <https: / / www.youtube.com / watch?v=UibfDUPJAEU>. Acesso em: 2 abr. 2015.

CAPÍTULO 7
HOWARD SCHULTZ – O REI DO CAFÉ COLOCA SEU CORAÇÃO NA EMPRESA

1. SCHULTZ, Howard; YOUNG, Dori Jones. *Pour Your Heart Into It: How Starbucks Built a Company One Cup at a Time.* Nova York: Hyperion, 1999, p. 3.
2. Em *The Big Idea with Donnie Deutsch*, transmitido pela primeira vez em 6 out. 2006, propriedade da CNBC.
3. SCHULTZ; YOUNG, op. cit., p. 4.
4. YOUTUBE. Coffee culture Howard Schultz wanted to bring to America / Super Soul Sunday / Oprah Winfrey Network. Youtube.com, 8 dez. 2013. Disponível em: <https: / / www.youtube.com / watch?v=-oXDiZ42zvs>. Acesso em: 3 abr. 2015.

5. YOUTUBE. The man behind Starbucks reveals how he changed the world. Youtube.com, 23 jan. 2015. Disponível em: <https://www.youtube.com/watch?v=LnA7n9qSB7E>. Acesso em: 3 abr. 2015.
6. SCHULTZ; YOUNG, op. cit., 1999, p. 7.
7. STEPHENS, Greg J.; SILBERT, Lauren J.; HASSON, Uri. Speaker-listener neural coupling underlies successful communication. *Proceedings of the National Academy of Sciences of the United States of America*, v. 107, n. 32, p. 14425-30, 10 ago. 2010. Disponível em: <http://www.ncbi.nlm.nih.gov/pmc/articles/PMC2922522>. Acesso em: 3 abr. 2015.
8. SCHULTZ; YOUNG, op. cit., p. 35.

CAPÍTULO 8

JOHN MACKEY – NÃO SOMOS VENDEDORES COM UMA MISSÃO, SOMOS MISSIONÁRIOS QUE VENDEM

1. MACKEY, John; SISODIA, Rajendra. *Capitalismo Consciente: Como Libertar o Espírito Heroico dos Negócios*. São Paulo: HSM, 2014, p. 7.
2. Ibidem, p. 7.
3. Ibidem, p. 52.
4. Ibidem, p. 52
5. LEVY, Dan. The purpose-driven company: Q&A with whole foods' John Mackey. Sparksheet.com, 12 jun. 2013. Disponível em: <http://sparksheet.com/the-purpose-driven-company-qa-with-whole-foods-john-mackey>. Acesso em: 3 abr. 2015.
6. SAFIAN, Robert. Generation flux's secret weapon. *Fast Company*, 14 out.2014. Disponível em: <http://www.fastcompany.com/3035975/generation-flux/find-your-mission>. Acesso em: 3 abr. 2015.
7. WARTZMAN, Rick. What Unilever shares with Google & Apple. *Fortune*, 7 jan. 2015. Disponível em: <http://fortune.com/2015/01/07/what-unilever-shares-with-google-and-apple>. Acesso em: 3 abr. 2015.
8. CONFINO, Jo. Paul Polman: 'The power is in the hands of the consumer'. *The Guardian*, 21 nov. 2011. Disponível em: <http://www.theguardian.com/sustainable-business/unilever-ceo-paul-polman-interview>. Acesso em: 3 abr. 2015.

9. MCMILLON, Doug. One customer at a time. Walmart.com, 5 jun. 2015. Disponível em: <http: / / news.walmart.com / executive-viewpoints / one-customer-at-a-time>. Acesso em: 16 jun. 2015.

CAPÍTULO 9
PETER GUBER – SE VOCÊ NÃO PODE CONTAR O QUE VENDE, NÃO PODE VENDER

1. GUBER, Peter. *Tell To Win: Connect, Persuade, and Triumph with the Hidden Power of Story.* Nova York: Crown Business, 2011, p. 3.
2. Ibidem, p. 48.
3. Ibidem, p. 59.
4. Ibidem, p. 21.
5. Ibidem, p. 101.
6. YOUTUBE. Steve Jobs introducing the iPhone at Macworld 2007. Youtube.com, 2 dez. 2010. Disponível em: <https: / / www.youtube.com / watch?v=x7qPAY9JqE4>. Acesso em: 3 abr. 2015.
7. GUBER, op. cit., p. vii.

PARTE II
STORYTELLERS QUE EDUCAM

CAPÍTULO 10
BRYAN STEVENSON – COMO UM STORYTELLER ENFEITIÇOU O PÚBLICO E CONSEGUIU A MAIS LONGA OVAÇÃO NO TED

1. STEVENSON, Bryan. We need to talk about an injustice. TED.com, mar. 2012. Disponível em: <http: / / www.ted.com / talks / bryan_stevenson_we_need_to_talk_about_an_injustice / transcript?language=en>. Acesso em: 3 abr. 2015.
2. Ibidem.
3. STEVENSON, Bryan. Fundador e diretor da Equal Justice Initiative, em conversa com o autor, 17 dez 2012.
4. BARRETT, Paul. Bryan Stevenson's death defying acts. *NYU Law Magazine,* outono 2007. Disponível em: <http: / / blogs.law.nyu.

edu/magazine/2007/bryan-stevenson's-death-defying-acts>. Acesso em: 3 abr. 2015.

5. STEVENSON, op. cit.
6. BARRETT, op. cit.
7. STEVENSON, em conversa com o autor.
8. ZAK, Paul. How stories change the brain. Greater Good, 17 dez. 2013. Disponível em: <http://greatergood.berkeley.edu/article/item/how_stories_change_brain>. Acesso em: 27 abr. 2015.

CAPÍTULO 11

BILL GATES – TRANSFORMANDO ESGOTO EM ÁGUA POTÁVEL

1. YOUTUBE. Bill Gates releases malaria mosquitoes TED!! Must see. Youtube.com, 6 fev. 2009. Disponível em: <http://www.youtube.com/watch?v=tWjpVJ8YNtk>. Acesso em: 11 abr. 2015.
2. PRADEEP, A. K. Autor de O Cérebro *Consumista: Conheça os Segredos mais bem Guardados para Vender para a Mente Subconsciente*, em conversa com o autor, 2 set. 2010.
3. YOUTUBE. Cisco telepresence magic. Youtube.com, 6 nov. 2007. Disponível em: <https://www.youtube.com/watch?v=rcfNC_x0VvE>. Acesso em: 27 abr. 2015.
4. YOUTUBE. Macworld 2007 – Steve Jobs introduces iPhone – Part 1. Youtube.com, 7 jan. 2008. Disponível em: <http://www.youtube.com/watch?v=Svo45oepsI0>. Acesso em: 30 jan. 2009.
5. BRUNER, Jerome. The narrative construction of reality. *Critical Inquiry*, v. 18, n. 1, p. 1-21, outono 1991.

CAPÍTULO 12

DR. NED HALLOWELL – O QUE VOCÊ NÃO ENTENDE PODE (E VAI) MACHUCÁ-LO

1. LOW, Keath. Adam Levine talks about ADHD. About Health, 4 dez. 2014. Disponível em: <http://add.about.com/od/famouspeoplewithadhd/a/Adam-Levine-Talks-About-Adhd.htm>. Acesso em: 27 abr. 2015.
2. Ibidem.

3. HALLOWELL, Edward; RALEY, John. *Driven to Distraction: Recognizing and Coping with Attention Deficit Disorder From Childhood Through Adulthood.* Nova York: Anchor Books, 1994, p. 45.
4.. HALLOWELL, Edward. Autor best-seller do *The New York Times* e especialista em TDAH mundialmente renomado, em conversa com o autor, 28 jul. 2014.
5. Ibidem.
6. JACKSON, Adam. Cofundador e CEO da Doctor on Demand, em conversa com o autor, 28 jan. 2015.
7. HALLOWELL, em conversa com o autor.
8. MEISEL, Zachary; KARLAWISH, Jason. Narrative vs. evidence-based medicine – and, not or. *Journal of American Medical Association*, v. 306, n. 18, 9 nov. 2011.
9. KIM, Eun Kyung. President Obama on Measles: 'You should get your kids vaccinated'. *Today News*, 2 fev. 2015. Disponível em: <http://www.today.com/news/president-obama-measles-you-should-get-your-kids-vaccinated-2D80467430>. Acesso em: 27 abr. 2015.
10. MEISEL; KARLAWISH, op. cit.
11. GEBREYES, Rahel. Melinda Gates speaks out against the Anti-Vaccine Movement. Huffingtonpost.com, 22 jan. 2015. Disponível em: <http://www.huffingtonpost.com/2015/01/22/melinda-gates-anti-vaccine_n_6519464.html>. Acesso em: 27 abr. 2015.

CAPÍTULO 13
SARA BLAKELY – AS CALÇAS DE US$ 98 QUE INAUGURARAM UM IMPÉRIO

1. BLUESTEIN, Adam. How to tell your company's story. *Inc.*, fev. 2014. Disponível em: <http://www.inc.com/magazine/201402/adam-bluestein/sara-blakely-how-i-got-started.html>. Acesso em: 27 abr. 2015.
2. YOUTUBE. Seth Combs: SOL REPUBLIC, co-founder/Revolution Season 4/Brian Solis TV. Youtube.com, 23 dez. 2013. Disponível em: <https://www.youtube.com/watch?v=IJCCKTmLYpc>. Acesso em: 16 jun. 2015.

3. Ibidem.
4. YOUTUBE. Content marketing world conference keynote speech/Kevin Spacey. Youtube.com, 8 out. 2014. Disponível em: <https://www.youtube.com/watch?v=udQXwyuUnn4>. Acesso em: 16 jun. 2015.

CAPÍTULO 14
TÓQUIO 2020 – JAPÃO LIBERA SEUS MELHORES STORYTELLERS PARA GANHAR O OURO OLÍMPICO

1. SATO, Mami. *Tokyo 2020 Presentation IOC Session in Buenos Aires*. Disponível em: <http://www.japanportal.jp/T2020_Final%20Presentation%20Script.pdf>. Acesso em: 27 abr. 2015.
2. Ibidem.
3. GIBSON, Owen. Japanese bid's passion earns Tokyo the 2020 Olympic Games. *The Guardian*, 7 set. 2013. Disponível em: <http://www.theguardian.com/sport/2013/sep/07/tokyo-2020-olympic-games>. Acesso em: 17 abr. 2015.
4. NAGATSUKA, Kaz. Sato shines as role model. *The Japan Times*, 4 out. 2012. Disponível em: <http://www.japantimes.co.jp/sports/2014/10/04/more-sports/track-field/sato-shines-role-model/#.VLqhYFsnUah>. Acesso em: 17 abr. 2015.
5. PARALYMPC.ORG. "No. 9: Tokyo lands 2020 Paralympic Games. Paralympic.org/Media Centre, 23 dez. 2013. Disponível em: <http://www.paralympic.org/feature/no-9-tokyo-lands-2020-paralympic-games>. Acesso em: 17 abr. 2015.
6. GIBSON, op. cit.
7. ROEHM, Julie. Storyteller-chefe e vice-presidente de marketing da SAP, em conversa com o autor, 17 abr. 2014.

CAPÍTULO 15
SIR KEN ROBINSON – UM OLHAR ENGRAÇADO SOBRE A PALESTRA MAIS POPULAR DO TED DE TODOS OS TEMPOS

1. EQUIPE NPR/TED. How do schools kill creativity?. TED Radio Hour, 7 out. 2014. Disponível em: <http://health.wusf.usf.edu/

post/how-do-schools-kill-creativity>. Acesso em: 27 abr. 2015.
2. Ibidem.
3. MEDINA, John. *Brain Rules*. Seattle: Pear Press, 2008, p. 2.
4. ROBINSON, Ken. Do schools kill creativity?. TED.com, fev. 2006. Disponível em: <http://www.ted.com/talks/ken_robinson_says_schools_kill_creativity>. Acesso em: 18 maio 2013.
5. PENN STATE. Ken Robinson: education innovation – Conversations from Penn State. News.psu.edu. Disponível em: <http://news.psu.edu/video/223269/2011/06/10/ken-robinson-education-innovation-conversations-penn-state>. Acesso em: 27 abr. 2015.
6. MEDINA, op. cit., p. 80.
7. SENG, Ernest Lim Kok; KHOO-LATTIMORE, Catheryn. Up close and personal: employing in-depth interviews to explore international students' perceptions of quality learning environment at a private University in Malaysia. In: KING, David; DYER, Karina; RTP (ed.). *Proceedings of Intellectbase International Consortium*. v. 22. San Antonio: Intellectbase International Consortium, primavera 2012, p. 278-86. Disponível em: <http://www.intellectbase.org/e_publications/proceedings/IHART_Volume_22.pdf>. Acesso em: 12 maio 2017.
8. WIESSNER, Polly. Embers of society: firelight talk among the Ju/'hoansi Bushmen. *PNAS Early Edition*, v. 111, n. 39, p. 14027-35, 30 set. 2014.
9. APPLE. Apple Special Event. Apple.com, 2 jun. 2014. Disponível em: <http://www.apple.com/apple-events/june-2014>. Acesso em: 28 abr. 2015.
10. ROBINSON, Do schools kill creativity?.
11. ROBINSON, Ken. *The Element: How Finding Your Passion Changes Everything*. Nova York: Penguin Books, 2009, p. 22.

CAPÍTULO 16

GARY VAYNERCHUK – SUJEIRA, CHARUTO E MEIAS SUADAS COLOCAM UM MARQUETEIRO NO MAPA

1. VAYNERCHUCK, Gary. *Why Now is the Time to Crush It! Cash in on Your Passion*. Nova York: Penguin Books, 2009, p. 18.
2. Ibidem, p. 54.

3. Ibidem, p. 31.
4. VAYNERCHUCK, Gary. Episode 1 – Verite. Wine Library TV, 21 fev. 2006. Disponível em: <http: / / tv.winelibrary.com / 2006 / 02 / 21 / episode-1-verite>. Acesso em: 28 abr. 2015.
5. VAYNERCHUCK, *Why Now is the Time to Crush It!*, p. 86.
6. IBLOGGEDTHIS. Conan eats dirt, cigars, and wet rocks. Funny or Dye, 3 ago. 2007. Disponível em: <http: / / www.funnyordie.com / videos / 87d3bf2270 / conan-eats-dirt-cigars-and-wet-rocks-from-ibloggedthis>. Acesso em: 21 abr. 2015.
7. Ibidem.
8. VAYNERCHUCK, *Why Now is the Time to Crush It!*, p. 101.
9. Ibidem, p. 104.
10. VAYNERCHUCK, Gary. Gary Vaynerchuk on how to tell stories in an ADHD world. Speaktips.com, 1 ago. 2014. Disponível em: <http: / / www.speaktips.com / home / gary-vaynerchuck-on-how-to-tell-stories-in-an-adhd-world>. Acesso em: 21 abr. 2015.

CAPÍTULO 17
DANNY MEYER – UM HAMBÚRGUER COM UMA PORÇÃO DE HISTÓRIA

1. MEYER, Danny. CEO do Union Square Hospitality Group, em conversa com o autor, 16 fev. 2015.
2. MEYER, Danny. *Setting the Table: The Transforming Power of Hospitality in Business.* Nova York: Harper Collins, 2006, p. 6.
3. MEYER, em conversa com o autor.
4. Ibidem.
5. MEYER, *Setting the Table*, p. 142.
6. MARSH, Steve. The Tao of Danny. Deltaskymag.delta.com, dez. 2014. Disponível em: <http: / / deltaskymag.delta.com / Sky-Extras / Favorites / The-Tao-of-Danny.aspx>. Acesso em: 21 abr. 2015.
7. MEYER, em conversa com o autor.
8. MEYER, *Setting the Table*, p. 95.

PARTE III
STORYTELLERS QUE SIMPLIFICAM

CAPÍTULO 18
RICHARD BRANSON – SE ALGO NÃO PUDER SER EXPLICADO NO VERSO DE UM ENVELOPE, É LIXO

1. BRANSON, Richard. *Losing My Virginity: How I Survived, Had Fun, and Made a Fortune Doing Business My Way*. Nova York: Crown Publishing Group, p. 25.
2. NEWSLINES. Richard Branson – Anderson Cooper interview. Newslines.org, 21 maio 2004. Disponível em: <http://newslines.org/richard-branson/anderson-cooper-interview-2>. Acesso em: 28 abr. 2015.
3. BRANSON, *Losing My Virginity*, p. 34.
4. BRANSON, Richard. Complexity is your enemy. Blog de Richard Branson. Disponível em: <http://www.virgin.com/richard-branson/complexity-is-your-enemy>. Acesso em: 28 abr. 2015.
5. BRANSON, Richard. Fundador do Virgin Group, em conversa com o autor, 22 abr. 2013.
6. BRANSON, Richard. *The Virgin Way: Everything I Know About Leadership*. Nova York: Portfolio, 2014, iBook, p. 249.
7. BUSINESSWEEK ARCHIVES. Back to the future at Apple. *Bloomberg BusinessWeek*, 24 maio 1998. Disponível em: <http://www.bloomberg.com/bw/stories/1998-05-24/back-to-the-future-at-apple>. Acesso em: 28 abr. 2015.
8. BRANSON, Richard. How to inspire change. Blog de Richard Branson, 3 jun. 2014. Disponível em: <http://www.virgin.com/richard-branson/how-to-inspire-change>. Acesso em: 28 abr. 2015.

CAPÍTULO 19
PAPA FRANCISCO – O EVANGELIZADOR-CHEFE

1. GLATZ, Carol. Short, sweet, simple: Francis and the rule of three. Catholic News Service, 24 set. 2013. Disponível em: <https://cnsblog.wordpress.com/2013/09/24/short-sweet-simple-francis-the-rule-o-

f-three>. Acesso em: 22 abr. 2015.

2. ROCCA, Francis X. Pope, at mass with millions, tells Filipinos to protect the family. Catholic News Service, 18 jan. 2015. Disponível em: <https://cnsblog.wordpress.com/2015/01/18/pope-at-mass-with-millions-tells-filipinos-to-protect-the-family>. Acesso em: 28 abr. 2015.
3. PAPA FRANCISCO. Solemnity of the Nativity of the Lord. Homília na Basílica de São Pedro. Vaticano, 24 dez. 2014. Disponível em: <http://w2.vatican.va/content/francesco/en/homilies/2014/documents/papa-francesco_20141224_omelia-natale.html>. Acesso em: 28 abr. 2015.
4. PAPA FRANCISCO. Holy mass, blessing and imposition of the ashes. Homília na Basílica de Santa Sabina, 18 fev. 2015. Disponível em: <http://w2.vatican.va/content/francesco/en/homilies/2015/documents/papa-francesco_20150218_omelia-ceneri.html>. Acesso em: 28 abr. 2015.

CAPÍTULO 20
GIADA DE LAURENTIIS – A NETA DE UM MAGNATA DO CINEMA COZINHA A PRÓPRIA RECEITA PARA O SUCESSO

1. POWERS, Lindsay. Giada De Laurentiis: grandfather Dino 'was a true inspiration'. *The Hollywood Reporter*, 11 nov. 2010. Disponível em: <http://www.hollywoodreporter.com/news/giada-de-laurentiis-grandfather-dino-44543>. Acesso em: 28 abr. 2015.
2. STUMP, Scott. Celeb chef Giada De Laurentiis to release series of children's books. *Today*, 21 mar. 2013. Disponível em: <http://www.today.com/books/celeb-chef-giada-de-laurentiis-release-series-childrens-books-1C9002346>. Acesso em: 22 abr. 2105.
3. MOTTRAM, James. Dino De Laurentiis, Hannibal. BBC Home, 12 fev. 2001. Disponível em: <http://www.bbc.co.uk/films/2001/02/12/dino_de_laurentis_hannibal_120201_interview.shtml>. Acesso em: 28 abr. 2015.
4. YOUTUBE. UCLA Department of Anthropology, Commencement 2009: speaker Giada De Laurentiis. Youtube.com, 11. Ago. 2009. Disponível em: <https://www.youtube.com/watch?v=Sojqm9FUmEc>. Acesso em: 28 abr. 2015.

5. Ibidem.
6. Ibidem.
7. Ibidem.
8. ROW, Melissa. You are Never Fully Dressed without a Smile. Women of Worth, 8 jan. 2015. Disponível em: <http://www.womenofworth.co/you-are-never-fully-dressed-without-a-smile>. Acesso em: 28 abr. 2015.

CAPÍTULO 21
CHRIS HADFIELD – UM ASTRONAUTA STORYTELLER DEIXA A PLATEIA DO TED DE BOCA ABERTA

1. HADFIELD, Chris. *An Astronaut's Guide to Life on Earth: What Going to Space Taught Me About Ingenuity, Determination and Prepare for Anything*. Nova York: Macmillan, 2013.
2. HADFIELD, Chris. Primeiro canadense a ir para o espaço, em conversa com o autor, 14 nov. 2014.
3. Ibidem.
4. LEVY, Ifat; HASSON, Uri; MALACH, Rafael. One picture is worth at least a million neurons. *Current Biology*, v. 14, 8 jun. 2004, p. 996-1001. Disponível em: <https://psych.princeton.edu/~psych/psychology/research/hasson/pubs/Levy_CurrentBiology_2004.pdf>. Acesso em: 27 abr. 2015.
5. BRAIN RULES. Worth a thousand words. Brain Rules Blog, 10 dez. 2009. Disponível em: <http://brainrules.blogspot.com/2009/12/worth-thousand-words.html>. Acesso em: 28 abr. 2015.
6. HADFIELD, Chris. What I learned from going blind in space. TED.com, mar. 2014. Disponível em: <http://www.ted.com/talks/chris_hadfield_what_i_learned_from_going_blind_in_space?language=en>. Acesso em: 27 abr. 2015.
7. GONZALEZ, Julio et al. Reading cinnamon activates olfactory brain regions. *NeuroImage*, v. 32, 2006, p. 906-12, 2006. Disponível em: <http://www3.uji.es/~gonzalez/neuroimage.pdf>. Acesso em: 27 abr. 2015.
8. GEARY, James. *I Is an Other: The Secret Life of Metaphor and How it Shapes The Way We See the World*. Nova York: Harper Perennial, 2011, p. 175.

CAPÍTULO 22
ELON MUSK – "O CARA ESTÁ VENDENDO UMA BATERIA" E, AINDA ASSIM, INSPIRA

1. VANCE, Ashlee. *Elon Musk: Tesla, SpaceX, and The Quest for a Fantastic Future.* Nova York: Ecco, 2015, p. 30.
2. TESLA. Powerwall Tesla home battery. Evento de lançamento da Tesla Powerwall em Los Angeles, 30 abr. 2015. Disponível em: <http: / / www.teslamotors.com / powerwall>. Acesso em: 16 jun. 2015.
3. YOUTUBE. Elon Musk debuts the Tesla Powerwall. Youtube.com, 1 maio 2015. Disponível em: <https: / / www.youtube.com / watch?-v=yKORsrlN-2k>. Acesso em: 16 jun. 2015.
4. SOTTEK, T. C. Watch Elon Musk announce Tesla Energy in the best tech keynote I've ever seen. TheVerge.com, 1 maio 2015. Disponível em: <http: / / www.theverge.com / 2015 / 5 / 1 / 8527543 / elon-musk--tesla-battery-feels>. Acesso em: 16 jun. 2015.
5. YOUTUBE. Apple music event 2003 – iTunes Music Store introduction. Youtube.com, 8 nov. 2007. Disponível em: <https: / / m.youtube.com / watch?v=B2n86TROxzY>. Acesso em: 16 jun. 2015.
6. REGGIO, Ronald E. What is charisma and charismatic leadership?. *Psychology Today*, 7 out. 2012. Disponível em: <https: / / www.psychologytoday.com / blog / cutting-edge-leadership / 201210 / what-is-charisma-and-charismatic-leadership>. Acesso em: 1 abr. 2015.

CAPÍTULO 23
CHARLES MICHAEL YIM – UM EMPREENDEDOR FAZ HISTÓRIA NO SHARK TANK

1. YOUTUBE. Shark Tank, $1 million deal from ALL Sharks, Breathometer. Youtube.com, 28 jan. 2015. Disponível em: <https: / / www.youtube.com / watch?v=4690Nxgobrw>. Acesso em: 28 abr. 2015.
2. YIM, Charles. CEO da Breathometer, em conversa com o autor, 19 fev. 2015.
3. Ibidem.
4. MONARTH, Harrison. The irresistible power of storytelling as a strategic business tool. *Harvard Business Review*, 11 mar. 2014. Disponível

em: <https://hbr.org/2014/03/the-irresistible-power-of-storytelling-as-a-strategic-business-tool>. Acesso em: 9 maio 2017.

5. ROSEN, Jil. Super Bowl ads: stories beat sex and humor, Johns Hopkins researcher finds. Johns Hopkins News Network, HUB, 31 jan. 2014. Disponível em: <http://hub.jhu.edu/2014/01/31/super-bowl-ads>. Acesso em: 27 abr. 2015.

PARTE IV
STORYTELLERS QUE MOTIVAM

CAPÍTULO 24
DARREN HARDY – ENCONTRE SUA LUTA

1. YOUTUBE. Darren Hardy – How did I develop my message, brand and skills. Youtube.com, 11 dez. 2011. Disponível em: <https://www.youtube.com/watch?v=0T6LXuzfRwQ>. Acesso em: 28 abr. 2015.
2. HARDY, Darren. Fundador e editor da revista *Success*, em conversa com o autor, 12 mar. 2015.
3. HARDY, Darren. *The Entrepreneur Roller Coaster: Why Now is the Time to #JoinTheRide*. Lake Dallas: Success, 2015, p. 46.
4. Ibidem, p. 47.
5. CALLHOUN, Lawrence; TEDESCHI, Richard. *The Foundations of Posttraumatic Growth: An Expanded Framework: Handbook of Posttraumatic Growth, Research and Practice*. Mahwah: Lawrence Erlbaum Associates, Publishers, 2006, p. 4.
6. MCADAMS, Dan. *The Stories We Live By: Personal Myths and the Making of the Self*. Nova York: The Guilford Press, 1993, p. 28.
7. HARDY, *The Entrepreneur Roller Coaster*, p. 53.
8. Ibidem, p. 51.
9. MATTHEWS, Chris. *Jack Kennedy, Elusive Hero*. Nova York: Simon & Schuster Paperbacks, 2011, p. 65.
10. Ibidem.

CAPÍTULO 25
O HOSPITAL QUE STEVE JOBS TERIA CONSTRUÍDO

1. GUERRA JR., Ricardo. Internista e cardiologista do North Texas Heart Center, em conversa com o autor (um link de vídeo foi compartilhado), 20 fev. 2015.
2. THE DISNEY INSTITUTE; KINNI, Theodore. *Be Our Guest: Perfecting the Art of Customer Service*. Nova York: Disney Enterprises, 2011, p. 69.
3. GILL, Rob. An integrative review of storytelling: using corporate stories to strengthen employee engagement and internal and external reputation. *PRism*, v. 8, n. 1, p. 1-15, 2011.
4. LEONHARDT, Howard. Fundador da Leonhardt Ventures, em conversa com o autor, 20 jan. 2015.
5. YOUTUBE. Dr. Oliver Sacks – Narrative and medicine: the importance of the case history. Youtube.com, 20 mar. 2013. Disponível em: <https://www.youtube.com/watch?v=7PYAnB5Jx-k>. Acesso em: 27 abr. 2015.
6. SACKS, Oliver. *The Man Who Mistook His Wife For a Hat and Other Clinical Tales*. Nova York: Touchstone, 1970, p. 110.
7. FITZGERALD, Kezia. Cofundador e CEO da CareAline Products, em conversa com o autor, 27 mar. 2015.
8. Ibidem.

CAPÍTULO 26
STEVE WYNN – UM MAGNATA DA HOTELARIA TRANSFORMA 12 MIL FUNCIONÁRIOS EM HERÓIS DO SERVIÇO AO CLIENTE

1. YOUTUBE. Part I: Steve Wynn discusses his journey into the Las Vegas Hotel and Casino Business. Youtube.com, 17 jul. 2014. Disponível em: <https://www.youtube.com/watch?v=m9Lg7uKhTMs>. Acesso em: 27 abr. 2015.
2. Ibidem.
3. Ibidem.
4. Ibidem.
5. Ibidem.

CAPÍTULO 27

HERB KELLEHER – UMA IDEIA REVOLUCIONÁRIA QUE GANHOU VIDA NO VERSO DE UM GUARDANAPO

1. LUCIER, Chuck. Herb Kelleher: The thought leader interview. *Strategy+business*, 1 jun. 2004. Disponível em: <http://www.strategy-business.com/article/04212?pg=all>. Acesso em: 28 abr. 2015.
2. CBS NEWS. Herb and his airline. *60 Minutes*, 15 out. 1989. Disponível em: <http://www.cbsnews.com/videos/herb-and-his-airline>. Acesso em: 28 abr. 2015.
3. LUCIER, op. cit.
4. YOUTUBE. Herb Kelleher: People are your competitive advantage. Youtube.com, 9 mar. 2012. Disponível em: <https://www.youtube.com/watch?v=Fw6_LpI0BDQ>. Acesso em: 28 abr. 2015.
5. LUCIER, op. cit.
6. GALLO, Carmine. Southwest Airlines motivates its employees with a purpose bigger than a paycheck. Forbes.com, 21 jan. 2014. Disponível em: <http://www.forbes.com/sites/carminegallo/2014/01/21/southwest-airlines-motivates-its-employees-with-a-purpose-bigger-than-a-paycheck>. Acesso em: 28 abr. 2015.
7. YOUTUBE. Southwest purpose and vision. Youtube.com, 19 dez. 2013. Disponível em: <https://www.youtube.com/watch?v=eGxMf88I5g4>. Acesso em: 28 abr. 2015.
8. Ibidem.
9. Ibidem.
10. MARSH, Rob. 9 inspirational quotes on business by Herb Kelleher. LogoMaker, 21 maio 2012. Disponível em: <http://www.logomaker.com/blog/2012/05/21/9-inspirational-quotes-on-business-by-herb-kelleher>. Acesso em: 28 abr. 2015.
11. Ibidem.

CAPÍTULO 28

AMY PURDY – QUANDO ELA PERDEU AS PERNAS, ENCONTROU SUA VOZ

1. PURDY, Amy. Medalhista de bronze nas Paraolimpíadas de 2014 e cofundadora da Adaptive Action Sports, em conversa com o autor, 17 fev. 2015.

2. PURDY, Amy. *On My Own Two Feet: From Losing My Legs to Learning the Dance of Life*. Nova York: HarperCollins, 2014, p. 156.
3. PURDY, em conversa com o autor.
4. Ibidem.
5. PURDY, *On My Own Two Feet*, p. 170.
6. PURDY, Amy. Living beyond limits. TED.com, maio 2011. Disponível em: <https://www.ted.com/talks/amy_purdy_living_beyond_limits/transcript?language=en>. Acesso em: 28 abr. 2015.
7. PURDY, em conversa com o autor.
8. Ibidem.

CAPÍTULO 29

KAT COLE – DO HOOTERS PARA O ALTO ESCALÃO: UMA EX-GARÇONETE COMPARTILHA SUA RECEITA DE SUCESSO

1. YOUTUBE. Inspirational leaders luncheon with Kat Cole, president of Cinnabon. Youtube.com, 4 ago. 2014. Disponível em: <https://www.youtube.com/watch?v=etULbJaEwsw>. Acesso em: 27 abr. 2015.
2. Ibidem.
3. COLE, Kat. Presidente e executiva-chefe de operações da Cinnabon, em conversa com o autor, 27 jun. 2014.
4. YOUTUBE, op. cit.
5. Ibidem.
6. GARDNER, Howard; LASKIN, Emma. *Leading Minds: An Anatomy of Leadership*. Nova York: Basic Books, 2011, p. 30.
7. YOUTUBE, op. cit.

CAPÍTULO 30

ADAM BRAUN – TROCANDO OS RICOS DE WALL STREET PELA PROMESSA DE UM LÁPIS

1. BRAUN, Adam. *The Promise of a Pencil: How an Ordinary Person Can Create Extraordinary Change.* Nova York: Scribner, 2014, p. 35.
2. Ibidem, 152.
3. Ibidem, 64.

4. BRAUN, op. cit., p. 25.
5. BRAUN, Adam. Fundador da Pencils of Promise, em conversa com o autor, 25 mar. 2014.
6. ZAK, Paul. Why your brain loves good storytelling. *Harvard Business Review,* 28 out. 2014. Disponível em: <https://hbr.org/2014/10/why-your-brain-loves-good-storytelling>. Acesso em: 27 abr. 2015.
7. BRAUN, em conversa com o autor.

CAPÍTULO 31
PETE FRATES – O DESAFIO DO BALDE DE GELO DERRETEU O CORAÇÃO DE MILHÕES

1. FRATES, Nancy. Palestrante motivacional e defensora da esclerose lateral amiotrófica (ELA), em conversa com o autor, 3 set. 2014.
2. Ibidem.
3. Ibidem.
4. ROSE, Charlie. Brain Series 2 Episode 10: Disorders of motor neurons. Charlierose.com, 19 jul. 2012. Disponível em: <http://www.charlierose.com/watch/60100481>. Acesso em: 28 abr. 2015.
5. YOUTUBE. Pete presents to the staff at Biogen Idec. Youtube.com, 14 jun. 2014. Disponível em: <https://www.youtube.com/watch?v=G-vkUWQtQvyk&feature=youtu.be>. Acesso em: 28 abr. 2015.
6. RYAN, Marie-Laure. *Narrative Across Media: The Languages of Storytelling (Frontiers of Narrative).* Lincoln: University of Nebraska Press, 2004, p. 147.
7. OTIS, John. Despite making sacrifices for family, a college student still pursues his dream. *The New York Times,* The Neediest Cases, 11 dez. 2014. Disponível em: <http://www.nytimes.com/2014/12/12/nyregion/despite-making-sacrifices-for-family-a-college-student-still-pursues-his-dream.html?rref=collection%2Fundefined%2Fundefined>. Acesso em: 28 abr. 2015.
8. COHEN, Patricia. Unsteady incomes keep millions behind on Bills. *The New York Times,* Business Day, 3 dez. 2014. Disponível em: <http://www.nytimes.com/2014/12/04/business/unsteady-incomes-keep-millions-of-workers-behind-on-bills-.html?_r=2>. Acesso em: 27 abr. 2015.

9. EL-ERIAN, Mohamed. Father and daughter reunion. Worth.com, Live Philanthropy and Luxury, maio-jun. 2014. Disponível em: <http://www.worth.com/index.php?option=com_content&view=article&id=6722:father-and-daughter-reunion&catid=4:live>. Acesso em: 29 abr. 2015.

CAPÍTULO 32

WINSTON CHURCHILL – SEU MELHOR MOMENTO: 180 PALAVRAS QUE SALVARAM O MUNDO

1. WIKIPEDIA. May 1940 War Cabinet Crisis. Wikipedia.com. Disponível em: <https://en.wikipedia.org/wiki/May_1940_War_Cabinet_Crisis>. Acesso em: 16 jun. 2015.
2. JOHNSON, Boris. Prefeito de Londres, em conversa com o autor, 13 nov. 2014.
3. JOHNSON, Boris. *The Churchill Factor: How One Man Made History*. Nova York: Riverhead Books, 2014, p. 129.
4. Ibidem.
5. CHURCHILL, Winston. Their finest hour: June 18, 1940, House of Commons, listen to an excerpt here at the BBC Archives. Winstonchurchill.org. Disponível em: <http://www.winstonchurchill.org/resources/speeches/1940-the-finest-hour/their-finest-hour>. Acesso em: 29 abr. 2015.
6. JOHNSON, *The Churchill Factor*, p. 94-5.
7. Ibidem, p. 97.
8. SHELLENBARGER, Sue. How to look smarter: the tactics people use to look intelligent often backfire; fancy words don't work. *The Wall Street Journal*, Work & Family, 13 jan. 2015. Disponível em: <http://www.wsj.com/articles/how-to-look-smarter-1421189631?autologin=y. Acesso em: 29 abr. 2015.

PARTE V
STORYTELLERS QUE CRIARAM MOVIMENTOS

CAPÍTULO 33
MARTIN LUTHER KING JR. – GRANDES STORYTELLERS SE FAZEM, NÃO NASCEM ASSIM

1. JONES, Clarence; CONELLY, Stuart. *Behind the Dream: The Making of the Speech that Transformed a Nation*. Nova York: Palgrave Macmillan, 2011, p. 76.
2. Ibidem, p. 110.
3. Ibidem, p. 106.
4. KENNICOTT, Philip. Revisiting King's metaphor about a nation's debt. *The Washington Post*, Style, 24 ago. 2011. Disponível em: <http://www.washingtonpost.com/lifestyle/style/revisiting-kings-metaphor-about-a-nations-debt/2011/07/26/gIQArshBaJ_story.html>. Acesso em: 16 jun. 2015.
5. GEARY, James. *I Is an Other: The Secret Life of Metaphor and How it Shapes the Way We See the World*. Nova York: Harper Perennial, 2011, p. 3.
6. THE WHITE HOUSE. President Obama's 2015 State of the Union Address. Whitehouse.gov, 20 jan. 2015. Disponível em: <https://obamawhitehouse.archives.gov/blog/2015/01/20/watch-president-obamas-2015-state-union>. Acesso em: 12 maio 2017.
7. THE STATE OF TEXAS. Greg Abbott delivers 2015 Texas inaugural speech. Office of the Governor Greg Abbott, 20 jan. 2015. Disponível em: <http://gov.texas.gov/news/speech/20415>. Acesso em: 28 abr. 2015)=.
8. VITAL SPEECHES OF THE DAY. Winer: banking and financial services, 'We are the Cavalry'. Vsotd.com, 2014. Disponível em: <http://vsotd.com/sites/default/files/2014_CiceroAwardsWinnersF.pdf>. Acesso em: 29 abr. 2015.

CAPÍTULO 34

SHERYL SANDBERG – MILHÕES DE MULHERES FAZEM ACONTECER QUANDO UMA DELAS SE ATREVE A DIZER O QUE PENSA

1. SANDBERG, Sheryl. So we leaned in... now what?. TEDWomen 2013, dez. 2013. TED.com. Disponível em: <http://www.ted.com/talks/sheryl_sandberg_so_we_leaned_in_now_what?language=en>. Acesso em: 29 abr. 2015.
2. SANDBERG, Sheryl. Why we have too few women leaders. TED.com, dez. 2010. Disponível em: <http://www.ted.com/talks/sheryl_sandberg_why_we_have_too_few_women_leaders/transcript?language=en>. Acesso em: 29 abr. 2015.
3. SANDBERG, So we leaned in... now what?.
4. Ibidem.
5. SANKAR, Pooja. Fundadora da Piazza, em conversa com o autor, 14 jul. 2014.
6. PIAZZA.COM. Our story. Disponível em: <https://piazza.com/about/story>. Acesso em: 29 abr. 2015.
7. SANKAR, em conversa com o autor.
8. SNYDER, Steven. *Leadership and the Art of Struggle: How Great Leaders Grow Through Challenge and Adversity*. San Francisco: Berrett-Koehler Publishers, 2013, p. xi.

CAPÍTULO 35

A HISTÓRIA DE 60 SEGUNDOS QUE TRANSFORMOU O MUNDO DO VINHO

1. CBS NEWS. The French Paradox. *60 Minutes*, 17 nov. 1991. Disponível em: <http://www.cbsnews.com/videos/the-french-paradox>. Acesso em: 29 abr. 2015.
2. YOUTUBE. *Sideways* movie scene. Youtube.com, 11 nov. 2012. Disponível em: <https://www.youtube.com/watch?v=PhUnqhMsm7g>. Acesso em: 29 abr. 2015.
3. GREEN, Melanie; BROCK, Timothy. The role of transportation in the persuasiveness of public narratives. *Journal of Personality and Social Psychology*, v. 79, n. 5, p. 701-21, 2000.

CAPÍTULO 36
MALALA – "DE CORAÇÃO, E NÃO DE UMA FOLHA DE PAPEL"

1. MALALA.ORG. Disponível em: <http://www.malala.org>. Acesso em: 29 abr. 2015.
2. YOUSAFZAI, Malala. *I Am Malala: The Girl Who Stood Up for Education and Was Shot by the Taliban.* Nova York: Little Brown and Company, 2013, p. 67.
3. YOUTUBE, Pixar's story process. Youtube.com, 13 mar. 2013. Disponível em: <https://www.youtube.com/watch?v=whnJSSkR_B0>. Acesso em: 29 abr. 2015.
4. NOBELPRIZE.ORG. Nobel lecture by Malala Yousafzai. Nobelprize.org, 10 dez. 2014. Disponível em: <http://www.nobelprize.org/mediaplayer/index.php?id=2424&view=2>. Acesso em: 29 abr. 2015.
5. YOUSAFZAI, op. cit., p. 1.
6. Ibidem, p. 10.
7. NOBELPRIZE.ORG, op. cit.

CAPÍTULO 37
JOHN LASSETER – HISTÓRIA, HISTÓRIA, HISTÓRIA

1. YOUTUBE. Steve Jobs Disney legends award accepted by John Lasseter at the 2013 D23 Expo. Youtube.com, 11 ago. 2013. Disponível em: <https://www.youtube.com/watch?v=6RcicFebqRE>. Acesso em: 29 abr. 2015.
2. Ibidem.
3. GOODMAN, Stephanie. Pixar's John Lasseter answers your questions. *The New York Times,* ArtsBeat: The Culture at Large, 1 nov. 2011. Disponível em: <http://artsbeat.blogs.nytimes.com/2011/11/01/pixars-john-lasseter-answers-your-questions/?_r=0>. Acesso em: 29 abr. 2015.
4. CATMULL, Ed; WALLACE, Amy. *Creativity, Inc.: Overcoming the Unseen Forces That Stand in the Way of True Inspiration.* Nova York: Random House, 2014, iBook, p. 371.
5. YOUTUBE. Steve Jobs on Pixar Success, Hollywood & Storytelling – D3 2005 [HQ]. Youtbue.com, 2 jun. 2013. Disponível em: <https://

www.youtube.com/watch?v=Oi2VlxdNuWU&app=desktop>. Acesso em: 29 abr. 2015.

CONCLUSÃO
O UNIVERSO DO STORYTELLER

1. RAYMOND, Spencer. The Archive Project – March 18, 2005. Opb.org, Books/Literary Arts: The Archive Project, 18 mar. 2015. Disponível em: <http://www.opb.org/radio/programs/literary-arts-archive-project/segment/the-archive-project-march-18-2015>. Acesso em: 29 abr. 2015.
2. SCHRAM, Peninnah Schram. Professor emérito de oratória e teatro na Yeshiva University, em conversa com o autor, 27 mar. 2015.
3. KATTAN, Omar. Lessons from Angela Ahrendts on brand storytelling. *Brand Stories: New Age Brand Building*. Disponível em: <http://www.brandstories.net/2014/09/13/angela-ahrendts-great-brands-great-storytellers>. Acesso em: 29 abr. 2015.

AGRADECIMENTOS

Eu não conseguiria agradecer o suficiente à equipe da St. Martin's Press por seu apoio a este projeto. Tim Barlett, editor-executivo, ofereceu inestimáveis sugestões e comentários para guiar o processo criativo. Foi um prazer trabalhar com toda a equipe da St. Martin's Press, incluindo Sally Richardson, George Witte, Laura Clark e o pessoal de outras áreas, de publicidade e promoção a edição e design. Muito obrigado por darem vida a *O Segredo dos Storytellers*.

Roger Williams sempre foi mais do que um agente literário. Sou grato por sua orientação, seus conselhos e seu inabalável entusiasmo.

Meus agentes de palestras, Tom Neilssen e Les Tuerk, junto de toda a equipe do BrightSight Group, exerceram o inestimável papel de me ajudar a compartilhar esse conteúdo com diversos grupos ao redor do mundo. Eles merecem reconhecimento e um agradecimento especial.

Mark Fortier e Norbert Beatty, da Fortier PR, nossos excepcionais relações-públicas, aos quais recorro para orientações, muito obrigado pela parceria valiosa.

Carolyn Kilmer, gestora de comunidade e expert em design na Gallo Communications, é parte importante de nossa equipe e faz um trabalho magnífico levando nosso conteúdo para mais longe e a mais pessoas.

Minha esposa, Vanessa Gallo, acredita no compartilhamento de nossa história e trabalha incansavelmente na gestão da Gallo Communications. Ela também exerce papel de liderança na escola de nossa filha, sendo presidente voluntária do grupo de pais e mestres. É inspirador vê-la aplicar nosso conteúdo sobre storytelling no campo da educação. Vanessa é minha estrela guia.

Como sempre, um agradecimento especial a minha família pelo apoio: Josephine, Lela, Tino, Donna, Francesco, Nick, Ken, Patty e minha mãe, Giuseppina. Meu pai, Francesco, não está mais entre nós, mas sua história de luta e triunfo sempre moldará minha visão de mundo. A história de meu pai me permitiu sonhar.